U0938644

语文课程与教学论

薛猛 编著

YUWEN KECHENG YU JIAOXUELUN

辽宁师范大学教师教育精品教材专项资助

西南师范大学出版社
国家一级出版社 全国百佳图书出版单位

图书在版编目(CIP)数据

语文课程与教学论 / 薛猛编著. — 重庆 : 西南师范大学出版社, 2019.10
ISBN 978-7-5621-9926-7

Ⅰ. ①语… Ⅱ. ①薛… Ⅲ. ①语文教学—高等师范院校—教材 Ⅳ. ①H19

中国版本图书馆CIP数据核字(2019)第181618号

语文课程与教学论

薛 猛 编著

责任编辑: 赖晓玥
责任校对: 雷 兮
封面设计: 尹 恒
排 版: 重庆大雅数码印刷有限公司•夏洁
出版发行: 西南师范大学出版社
地址:重庆市北碚区
邮编:400715
印 刷: 重庆市正前方彩色印刷有限公司
幅面尺寸: 185mm×260mm
印 张: 14.75
字 数: 400千字
版 次: 2019年11月 第1版
印 次: 2019年11月 第1次印刷
书 号: ISBN 978-7-5621-9926-7

定 价: 46.00元

总 序

近年来，我国高等师范院校课程改革加快了步伐，课程体系与模块体现出了人本性、创新性和实践性的特点，为教师教育职前人才的培养奠定了较为坚实的基础。而从教师专业化发展的角度看，随着《教师教育课程标准》(试行)的颁布，高等师范院校有关教师教育课程的内容也需要改革和调整，并要不断拓展课程选择的空间。教师教育学科教材是践行课程改革的重要载体。辽宁师范大学教师教育研究中心自成立以来，一直以加强教师教育学科教材的建设为目标。

随着教师教育课程改革的不断深入，教育实践中的问题日益复杂化，越来越需要研究者从课程原理和教学原理角度进行科学的解读，以提供解决问题的思路与方式。辽宁师范大学教师教育研究中心通过多种途径，积极鼓励和引导教学法专业教师深入中小学教学一线，切实研究教育教学中存在的问题；同时，注重提升教师的理论素养，强化教育科学与学科课程、教学的整合，试图从教育理论和学科教学理论来解析问题，加强教师教育职前阶段的课程与教材体系建设，提升人才培养的质量。

自2013年起，辽宁师范大学教师教育研究中心设立“教师教育学科精品教材”专项，通过专项课题研究引领各学科教师教育教材的研究与创新，实现教师教育教材建设的体系化和特色化。

首先，中心致力于建构统一化、系列化和专业化的教师教育学科教材体系。“统一化”力图实现统一的编写目的与宗旨；“系列化”力图实现编写的教材涵盖师范生培养的各个专业与学科；“专业化”力图体现多视角、跨学科的多元教学理论。

其次，中心成立了教材编写小组。编写小组的人员由高师院校、教学法教师、教科研专家和中小学优秀教师组成，他们均在各自领域有深厚的理论与实践经验，切实提高了教材的丰富性与科学性。

最后，中心给予经费资助，尽力支持本系列教材的编写与出版工作。

我们希望，这套教材能够成为教师教育领域的重要教学与研究资源，既可以作为教学用书，又可以作为教师教育研究的参考书，还可以为继续教育提供助力。

我们期待，这套教材能够有所超越和创新，能体现教师教育特色，为教师教育理论的丰富与发展提供资源支持，为教师与学生的教学及实践提供平台，为教育人才的培养提供实质性的支持。

欢迎各位同仁对我校教师教育学科精品教材提出批评与建议，同时，也希望能够加强交流，对教师教育学科课程与教学领域问题进行深入研究，取得实质性成效。

辽宁师范大学教师教育研究中心

2014年1月

目录

第一章

课程与教学论的基本内涵与演进

KECHENG
YU
JIAOXUELUN
DE
JIBEN
NEIHAN
YU
YANJIN

第一节
课程与教学论的历史沿革

课程与教学论的历史沿革经历了一个十分漫长的过程，其内涵与外延在随着时代发展不断演进，逐渐呈现出系统化、科学化、多元化的态势。

一、课程论的历史演进与反思

自从有了人类活动，教育便随之产生，但是课程的出现则较晚，虽然相关要素不断地丰富和发展，但是系统的研究则是伴随着心理学的发展而形成的。

（一）古代课程的一般形态

课程的形态与社会形态密切相关。对于课程的演进而言，古代课程形态主要指课程由萌芽期到发展期的形态。

1. 原始社会课程形态

原始社会是课程的萌芽期，这一时期的教育并没有从社会生产和生活中分化出来，没有成为独立的活动，教育内容只是浅层次的、混合的、碎片化的，没有具体的课程形态。

2. 西方古代课程沿革

西方教育家大多把古希腊教育思想与实践作为现代教育及课程的源头之一。古希腊是许多小规模的奴隶制城邦的统称，其中最有代表性的是斯巴达和雅典。斯巴达是一个实行贵族奴隶主专政的城邦，为了抵御其他城邦的入侵，为了争夺在希腊的霸主地位，也为了镇压奴隶起义，斯巴达教育及课程的特点是以军事、体育训练为主，设置赛跑、角力、投标、掷铁饼等具体科目，包括音乐在内的课程都是为满足国家发展和战争的需求。雅典原来实行贵族统治，后来逐渐向奴隶主民主政治过渡。伯里克利统治时期，雅典的文化、学术与教育水平达到顶峰，人们不再满足于体育与音乐教育，要求学习各种知识。由于自由民越来越多地参与政治，论辩术、修辞学和演说的重要性得以凸显，以教授论辩术、修辞学和文法为主的智者派由此应运而生。伯罗奔尼撒战争后，雅典国力衰微，以苏格拉底为代表的哲学家强调要开展美德教育，培养道德高尚、身体健康、学识渊博的“身心既善且美”的人，强调德智体美的教育，要求有相应的课程体系。柏拉图时期，“七艺”（文法、修辞、辩证法、算术、几何、天文、音乐）已经形成，柏拉图创建学园，讲授“七艺”。罗马时期的“学艺”使希腊时期的“自由学艺”得以继承和巩固，昆体良在《雄辩术原理》中强调了教育的重要性。[①]他认为教育分为四个阶段：第一阶段是家庭教育，强调语言学习和学习兴趣；第二阶段是初级学校，强调阅读和书写课程；第三阶段是文法学校，强调文法、修辞学、音乐、几何、天文、希腊语、拉丁语和哲学课程；第四阶段是雄辩术学校，强调学生学习更深的课程，如辩证法、伦理学、物理学。同时，他最早提出了集体教学思想，强调教育要“适度”，要持续改进教学方法。教育家普鲁塔克直接强调德育、智育和体育，并且要求建构相关课程。

中世纪，课程的发展受限，但是例如阿奎那提出的“教育应主要关心人类精神的存在”，强调“发现学习”，还是有一定时代意义的。文艺复兴前期，基督教神学和经院主义哲学使学校教育带有神学的性质，形式主义与脱离生活实际的教育束缚了学生的发展，也对西方的学校教育产生了消极的影响。教育家奥古斯丁主张把《圣经》作为主要教材，并指出希腊时期的各种学科，都应该成为学生理解《圣经》的工具。这一时期古典文化和基督教趋近于融合，所以恩格斯说“僧侣们获得了知识教育的垄断地位，因而教育本身也渗透了神学的性质”。费尔巴哈则指出了经院主义哲学的亮点，即显示了“独立思考的精神原则”“理性的自我意识的原则”。[②]

文艺复兴时期是继古希腊罗马文化之后的第二个文化高峰期。文艺复兴是一次新文化运动，表面看是复兴古希腊罗马文化，实质是要利用古代文化中反映人性和人的世俗成就的思想，去对抗以神学为核心的封建文化，从而形成新的文化和世界观。恩格斯说：“这是一个需要巨人并且产生了巨人的时代。”这一时期，具有代表性的是人文主义教育思想，强调培养身心两方面和谐发展的新人，强调学校课程内容的拓宽和学科范围的扩大。体育课程强调身体和精神发展之间的联系；智育课程重视人文学科，主张学习古希腊罗马文学作品；德育课程强调个性发展、思想自由；美育课程重新重视绘画、诗歌、音乐。智育、德育、美育、体育课程的分类标志着古典中心课程的兴起。随着人文主义的兴起，在文艺复兴后，自然科学逐渐取代神学。神学不再主导学校课程，以自然科学为主的学科教学成为学校课程的主要内容，因此这一时期的课程十分注重对科学的系统化阐述，呈现出“百科全书”式的特点。与此同时，人文学科和艺术学科也开始受到重视，课程体系中逐渐囊括了国语、历史、地理等人文学科和音乐、美术、体育等艺术学科。学校课程更趋系统化和全面化，更关注人本身的存在。

3. 中国古代课程形态

对中国而言，教育在奴隶社会和封建社会有了初步发展，较原始社会有了极大的进步和提高。中国古代课程沿革大约可以分为以下几个时期：先秦以前，这是中国古代课程的萌芽阶段；两汉时期，古代课程得到发展，经学教育系统化；魏晋隋唐时期，经学教育由两汉

① 姬庆红．古罗马教师研究[D]. 上海师范大学,2009.

② 王焕成．马克思宗教观与费尔巴哈宗教观的比较研究[D]. 苏州大学，2016.

后的长期纷争到重新统一，并发展到高峰；宋代至清代中叶是理学兴起和盛行的时期，这一时期课程的建设与研究取得了较大进展，陆续出现了目标清晰、教学要素完备的课程。

总体来说，从教育思想角度而言，中国古代教育显示了鲜明的特色。一是大教育观。教育问题实际上是社会问题，教育问题的解决会促进社会的发展和进步。中国古代教育重视个人的道德修养和社会道德水平，强调培养国家需要的人才，强调形成良好的社会道德风尚。那一时期出现了世界上最早的、自成体系的古典教育学专著——《学记》和《大学》，宋代形成了经典的十三经，课程目标、教学目标相对清晰。二是体现了对立统一的辩证观。中国古代强调道德教育，同时也强调知识教育。韩愈的《师说》揭示了深刻的教育辩证法，明代徐光启则强调教学还要培养学生的思辨能力。三是强调教育主体的内在自觉性，强调自省、自反、慎独。

当然，我国古代课程也存在着不足：第一，分类不够科学；第二，重视政治功能，人伦、道德教育比重过大；第三，对在学年限、年级、年龄和课程建设程度没有严格的规定，也没有建立起在课程上相互衔接的标准化的学校制度。

（二）近代课程理论与实践

由于社会形态的变革、科学技术的发展和人们对教育本质的深入了解，课程理论与实践也有了长足的进步，并在西方国家和中国分别展现出不同风采。

1.西方近代课程沿革

从教育史看，十七世纪科学革命时期，近代科学诞生，极大地开阔了新兴资产阶级的视野，新思想不断涌现。在教育上，则批判了中世纪的教养主义，有助于现实生活的实学主义的教育主张突显出来。这一时期具有代表性的是泛智教育和绅士教育。泛智教育思想的代表人物夸美纽斯强调泛智论和教育应适应自然。他强调要建立完整和简明的普通教育课程，以启迪人类智慧；还强调学制系统和具体的课程内容，认为教育应该分为婴儿期、儿童期、少年期、青年期四个发展阶段。儿童期要设置国语、计算、测量、政治、经济、道德、历史、地理等课程；少年期应学习四种语言，获得百科全书式的知识，应强调“七艺”教育，强调物理、地理、历史、伦理学、神学等课程教育；青年期的课程应该分为哲学、医学、法学、神学四类，实施班级授课制，以提高教学效率，获得教育动力。绅士教育的代表人物弥尔顿则强调建立新式学园，以满足资产阶级革命的需要，设立文史并重的课程体系，包括人文学科、社会学科、自然学科和军事训练四个部分。

十八世纪是启蒙时代、革命时代，法国教育家卢梭倡导自然教育思想，主张自然教育共分为四个时期：婴儿期强调体育教育，儿童期强调感觉教育，少年期进行智育和劳动教育，青年期进行道德教育、信仰教育和性教育。裴斯泰洛齐则提出教育心理学化理论，并在教育实践中探索以心理学为基础发展人的能力的方法。他强调要素教育，认为教育必须从人类最简单的要素开始，必须用事物的最基本形式给儿童以深刻的印象。他认为体育课程要发展儿童身体的力量和技巧；德育课程应使儿童发展良好的道德情感，培养自制力，形成正确的道德观念；智育课程则是通过感性经验获得知识。他还提出初等学校各科教学法，提出算术教学法、测量教学法、地理教学法和语文教学法，其中语文教学法要求儿童先学习发音和听音，然后学习字母、音节、单词以及短语，最后再学习语句，掌握文法并练习阅读。

十九世纪被称为不可思议的时代，自然科学的成就推动了学校教育的变革和教育思想的发展。赫尔巴特继承了裴斯泰洛齐的教育心理学化思想，强调教育学必须以心理学为基础。他认为，教育目的可以分为两部分：可能的目的和必要的目的。可能的目的是指与儿童未来从事的职业有关的目的；必要的目的是指教育所要达到的最高的、最基本的目的，即培养具备内心自由、完善、仁慈、正义和公平五种道德的人。他认为教学是教育的基本途径，在多方面兴趣的基础上，为了能够对学生进行充分的知识训练，他强调建立内容广泛的课程：根据经验的兴趣，设立自然、物理、化学、地理等学科；根据思辨的兴趣，设置数学、逻辑、文法、自然哲学等学科；根据审美的兴趣，设立文学、音乐、绘画、雕塑等学科，根据同情的兴趣，设置古典语、现代外国语、本国语等学科，根据社会的兴趣，设立历史、政治、法律等学科；根据宗教的兴趣，设立神学。①

2. 中国近代课程沿革

二十世纪初，基于国内外政治经济发展的实际情况，中国教育界在课程的建设上不得不与世界主流教育思想接轨，并进行了被动却影响深远的课程改革。1902年，清政府颁布《钦定学堂章程》(即“壬寅学制”)。这一学制主张将教育课程化，出现了星期时刻表、课程分年表，开始接受西方盛行的百科全书式学校课程模式，尝试突破以“经译”和“经训”为主的传统教育内容。因为“壬寅学制”中经学课程的课时少于外语课程的课时，被统治者认定会影响人的道德发展和社会稳定，并未实行。这一时期，中国课程发展集中在了部分特定学校，第一是早期教会学校，课程内容主要以《圣经》为主，辅以儒学、外语和自然科学；第二是洋务学堂，课程保留了中国古代经学教育传统，辅以部分科学课程；第三是维新学堂，开始废弃八股，建立书院，兴办各类新式学堂，开展近代科学教育。1904年“癸卯学制”颁布实行后，对经学作了调整，经学课9节，外语课8节。以中学堂为例，设置了修身、读经讲经、中国文学、外国语、历史、地理、算学、博物、物理及化学、法制及理财、图画、体操等百科全书式课程。相对于中国古代课程，这个学制的课程结构有了巨大进步，但是在课程目标上依然将维护统治者的利益及伦理道德放到重要地位，缺乏对学习者的地位、需求及发展的考量。

---

① 单中惠.西方教育思想史[M].北京:人民教育出版社,2017.

（三）现代课程理论的独立发展

20世纪以来，课程理论进入了独立发展阶段，这一时期的课程理论融合了心理学的研究成果，更加注重遵循教育的规律，呈现出“百家争鸣”的发展势头。

1.西方现代课程沿革

20世纪初，欧美教育革新运动中，产生了和传统教育相对立的新教育思想。英国教育家怀特海批判了传统学校教育，认为学校被无活力的概念压住了，这样的教育是有害的，他强调“必须使知识保持活力，防止知识僵化，这是一切教育的中心问题”。在课程内容上，他强调不要教过多的学科，而且所教的知识应该尽可能形成各种集合，他认为，“教育只是一种教材，那就是生活的一切方面”。他主张学生应该在适合的时间，在他们到达恰当的心理发展阶段时，学习不同的学科，采用不同的学习方式。新教育与旧教育的区别，在于在新教育下，儿童能使所学习的概念成为他自己的概念，并懂得这些概念在他自己实际生活环境中的应用。

这一时期，杜威提出新的教育思想，认为教育应以经验为内容，教育过程有两个方面，一个是心理学，一个是教育学。基于此，他认为教育即生活，不断地成长，不断地发展就是生活；他还提出学校即社会的观点。学校必须呈现儿童的社会生活。从批判传统的学校教育出发，他提出“做中学”这一基本原则，强调从活动中学，从经验中学。在课程与教材方面，他强调学校的课程计划必须能适应社会生活的需要。他认为课程与教材不仅与社会生活经验有关系，而且与儿童本身有关系，知识在发展，不是一成不变的，因此，课程、教材也要发生变化，儿童之所以厌倦课程与教材就在于课程与教材提供的东西与现在的社会生活经验相脱离。杜威还强调，课程与教材必须站在儿童的立场，相对于儿童的生长，一切课程与教材都处于从属地位；杜威反对分科教学，他认为学校课程的主要内容应该是不同形式的主动作业、活动，例如园艺、纺织、烹饪等。

相对于课程观的沿革，对课程本身的研究在现代社会有了突破性的发展，博比特的《课程》、查特斯的《课程编制》、泰勒的《课程与教学的基本原理》等课程理论著作相继问世，课程理论进入到独立发展的历史新时期。

（1）博比特《课程》与查特斯《课程编制》

1918年美国教育学者博比特出版《课程》，标志着课程成为一个专门的研究领域；1922年查特斯出版《课程编制》，将课程引入科学化开发理论；1924年博比特基于“课程是儿童及青年获得成人生活所必需的一系列经验”的观点，对社会生活进行科学分析，确定目标，编制课程，出版《怎样编制课程》。

（2）泰勒《课程与教学的基本原理》

美国著名教育学家、课程理论专家拉尔夫·泰勒是课程发展史上里程碑式的人物，被誉为“现代课程理论之父”“当代教育评价之父”，他的“泰勒原理”被公认为是里程碑式的课程研究范式。

1949年，泰勒出版《课程与教学的基本原理》。综合了博比特、查特斯、杜威、拉格等学者的思想，形成课程开发的主导模式。泰勒指出，开发任何课程和教学计划都必须基于4个问题：

①学校试图达到什么目标？

②提供什么教育经验最有可能达到这些目标？

③怎样有效地组织这些教育经验？

④我们如何确定这些目标正在实现？

这4个基本问题可以进一步归纳为“确定教育目标”“选择教育经验”“组织教育经验”“评价教育计划”。

2. 中国现代课程沿革

1922年“壬戌学制”将小学教育由七年改为六年，中学修业年限由四年延长为六年，三三制分段。以高中课程为例，高级中学分为普通科和职业科。普通科分为第一组和第二组。第一组注重文学和社会科学；第二组注重数学和自然科学。职业科分为师范科、商业科、工业科、农业科、家事科、其他。

这次课程改革具有三方面的特点：(1)倡导民主精神，尊重个性发展；(2)改造旧课程，使新课程更趋于科学化；(3)职业教育和普通教育分离。

这次课程改革显示了七个鲜明的指导思想：(1)适应社会进化之需要；(2)发挥平民教育之精神；(3)谋个性之发展；(4)注意国民经济力；(5)注意生活教育；(6)使教育易于普及；(7)多留各地方伸缩余地。

这一时期，以陶行知、胡适、晏阳初等为代表的教育家，为推进中国教育启蒙和教育民主化做出了卓越的贡献，并取得了积极的成就。

(四)当代课程理论的多元发展

20世纪60年代之后，课程理论进入了多元化发展阶段。这一时期，教育心理学的发展和规范化课堂教学实践的开展，使研究者们从理论与实践两方面反思课程体系，进而形成了不同的课程理论流派。

1. 要素主义课程理论

要素主义课程理论，产生于对以杜威为代表的实用主义儿童中心课程理论的反思和批判。要素主义课程理论认为，课程本质上意味着文化的传递，在课程目标上主张对学生传授文化遗产以及进行理智、道德训练。因此，要素主义课程观倾向于选择文化要素作为课程基本内容，认为课程应当把“真理”和“文化遗产”教给学生，通过系统讲授使学生打好文化知识与精神道德的基础。相应地，要素主义课程观在实施过程中坚持接受教学法，即学生要服从于教师的指导，配合教师进行心智训练，教学过程即学生“接受”社会文化遗产的过程。

2.结构主义课程理论

皮亚杰在1968年出版的《结构主义》从宏观方面论述了结构主义哲学；布鲁纳在1960年出版的《教育过程》则从微观上具体论述了结构主义课程理论，两部著作的出版标志着结构主义课程理论的兴起。结构主义课程理论以结构主义心理学为依据，认为儿童在不同的发展阶段具有不同的心理结构，必须基于儿童的心理结构发展开展教育。因此，结构主义课程观重视对学生认知发展水平的研究，认为“任何知识都能以某种方式教给任何年龄的任何儿童”，通过“内在奖励”的形式激励学生学习，重视发展学生的直觉思维。相应地，结构主义课程观在授课方法上提倡“发现法”，使学生在教师的帮助和引导下，探索和发现事物的规律，从而获取知识。

3.人本主义课程理论

人本主义课程理论产生于20世纪60—70年代，对结构主义课程理论的批判使得人本主义课程理论应运而生。人本主义课程理论的代表人物是马斯洛和罗杰斯，他们强调将学生的学习和生活联系起来，不把教学重心放在智力的培养上，而是以“人的能力的全域发展”为目的。人本主义课程观主张课程的综合性，其目的在于满足学生的自我发展与自我实现。

在课程实践中，罗杰斯等人强调“以学生为中心”。其一，教师必须是“促进者”，而不是权威者。要求教师完全尊重和接受学生，并具备良好的教学机智。其二，学生不是记诵或重复某位教师和权威人士的思想，而是出于自己的思想、热情和感觉，努力研究自己，重建自己的人格。其三，教学并非是纯粹的情感过程，还包含了大量的对人格发展具有重大意义的理智内容。每个学生在课上课后都在创造性地阅读和思考，吸收有益的东西。其四，为学生提供日益增多的自我指导机会，甚至要期望学生去犯错误，而不能过分关心规则和一致性。

4.多尔“后现代课程观”

后现代课程观代表人物小威廉·E.多尔提出了后现代课程观“四R特点”，即认为课程具有丰富性（Rich）、回归性（Recursive）、关联性（Relational）和严密性（Rigorous）四大特点，这是一种过程导向的课程观，被应用于基础教育阶段学生发展素养养成的诸多方面。①

① [美]多尔.后现代课程观[M].王红宇，译.北京:教育科学出版社，2015:179.

(1)丰富性

丰富性这个词是指课程的深度、意义的层次、多种可能性或多重解释。也就是说，课程应该具有适量的不确定性、异常性、无效性、模糊性、不平衡性、耗散性与生动的经验。课程所存在的问题需要学生、教师和文本三者予以协调，课程内在的疑问性、干扰性、可能性恰好赋予了课程丰富性。

(2)回归性

回归性主要强调的是关于思考的回归、循环运动，体现了人类的一种自觉性，即通过与环境、他人、文化的反思性作用形成自我感觉的方式，在课程中表现为一种"回归性反思"。需要注意的是，回归与简单的重复不同，重复的框架是封闭的，而回归的框架是开放的，重在发展能力，也就是启发性地运用某物的能力。回归性强调反思的积极作用，也就是说，必须要具有自己的思想，并且思想要深刻。

(3)关联性

关联性主要强调联系，表现在教育联系和文化联系这两个方面，前者体现课程中的联系，并赋予课程丰富的模体或网络，其核心是课程结构的内在联系，通过行动和感悟，使课程在日积月累中愈加丰富。后者则体现课程之外的文化或宇宙观联系，也就是课程赖以存在的大背景，文化联系为课程提供了深厚的文化底蕴。

(4)严密性

多尔将严密性视为4R标准中最重要的一项，"它防止转变性课程落入'蔓延的相对主义'或感情用事的唯我论"。严密性吸取了解释性和不确定性，也就是要不断地去探索，寻求新的组合、解释与模式，要有目的地寻找不同的选择方案、关系和联系。

二、教学论的历史沿革与特征

教学论的形成和发展经历了一个漫长的历史时期，它与人类社会的发展进步息息相关，是一个逐步阶段化、系统化、科学化的过程，从教学经验到教学思想，再到教学理论，教学论有着清晰的发展脉络，有着深厚的历史渊源。

(一)古代教学论的萌芽

古希腊、古罗马时期，是西方教学思想萌发、生成与累积的时期，这一时期的教育家们对教学目的、教学内容、教学方法等具体问题有了相对清晰的主张。如智者学派提出"人与自然"问题；苏格拉底提出"知识与美德"问题；亚里士多德提出"习惯"与"美德"问题；等。苏格拉底创造的"产婆术"，是众所周知的最早的启发式教学法；柏拉图在《理想国》中，对每一阶段的教学内容、方法、评价都做了规定，体现了终身教育的思想雏形。以强调实用性著称的古罗马教育，不仅创生了西塞罗以亲身教育经验为基础编撰的《论雄辩家》，并且产生了昆体良集合罗马教育经验而完成的巨著《雄辩术原理》，后者是西方最早的关于教学法的论著。

1. 苏格拉底的教学理论

公元前5世纪，古希腊出现了第一批以传授知识为职业的专业教师，其中最具影响力的是苏格拉底。苏格拉底重视知识与美德的教学，在教学过程中，他并不把知识直接教给学生，而是通过对话、诘问，让学生陷入矛盾的困境，然后引导学生通过自己的思考去获得真知。这种通过诘问来帮助学生主动获取知识的方法被称为“产婆术”，亦称为苏格拉底法。

“产婆术”教学法分为两个阶段。第一阶段：诘问。由施教者不断提出问题，使受教者在思想认识上陷入自相矛盾的境地，最终承认自己的错误与无知。第二阶段：助产。启发、引导学生，帮助对方在认清事实、明白道理的基础上，重新归纳和定义所探究概念的正确含义。“产婆术”是归纳法、探究法、发现法的源头。

2. 昆体良的教学理论

昆体良是古罗马教育家。他在《雄辩术原理》中，总结了他在修辞学校长期任教培养演说家的经验，提出“模仿、理论、练习”三个循序渐进的学习过程理论。这一学习过程理论重视直观性，注重知识的掌握、理论水平的提高和技能的训练，注重教学方法的研究与改进。

到了中世纪，教学理论的发展囿于神学思想，脱离社会实际，陷入烦琐哲学。不过，在注重理论的逻辑性、条理性以及进行论争等方面，其仍有一些可取之处。

（二）近代学科独立的教学论

经历了黑暗的中世纪后，教学论进入了独立形态阶段。文艺复兴运动体现和强调了现代教育思想，教育家们开展了广泛的教育实践，创办了数量众多且特色鲜明的人文主义学校。宗教改革运动是16世纪欧洲的重大事件，新教和旧教之间的斗争使教育改革成为社会改革的焦点，新教在教育改革上采取了开展平民化教育的重大措施，从而突破了中世纪贵族神学教育的钳制。

资产阶级革命不仅推翻了压制个人民主自由的君主专制制度，而且摧毁了长期禁锢人们思想的神权统治、蒙昧主义和文化专制主义。与此同时，资产阶级民主制度的建立，为工业革命提供了条件。新兴资本主义经济的不断发展、生产力水平的不断提高、近代自然科学的长足进步以及欧洲启蒙运动的深刻影响，使西方教育、教学领域也处于不断变革的浪潮中。在教学改革的实践中，涌现出夸美纽斯、卢梭、洛克、赫尔巴特、裴斯泰洛齐、斯宾塞等一批有影响的教育家，形成各种不同的教学思想流派，促进了教学理论和实践的繁荣，也催生出作为独立学科的教学论。

1.拉特克的教学理论

在西方教育史上，第一个较为系统思考教学理论问题的是德国教育学家拉特克，他在1612年给德意志帝国议会的奏书《改革学校和社会的建议书》中，自称是“教学论者”，称自己新的教学技术为“教学法”。他认为，受教育是人与生俱来的权利，要保障每一个人享有这一权利，使一切国民共享同一语言、同一学问、同一文化，以实现统一、和平和独立的德意志。拉特克要求，一切国民应获得一定程度的教养，因此他致力于探求“教授之术”，开拓教学理论的领域。拉特克认为，教学论是以教学方法和教学技术问题为中心的，其重点在于探讨如何使人最容易、最有效地获得知识和教养。

2.夸美纽斯的教学理论

夸美纽斯是捷克著名教育家，他进一步发展了拉特克的教学论观点，创立了理论化、系统化的教学理论，对教学理论和学校教育的发展作出了重大贡献。1632年，夸美纽斯出版了教育史上划时代的著作《大教学论》，标志着教学论学科的建立，17世纪也因此而被称为教学论的世纪。夸美纽斯将“教学论”定义为“教学的艺术”，即一种把一切事物教给一切人的艺术。他第一次明确了教学论的概念并构建了相应的教学论体系。

夸美纽斯及其《大教学论》在教育史上具有独特的历史地位，《大教学论》也因而成为现代教学研究的奠基之作，形成了以“教”为中心的西方教学论传统。夸美纽斯的《大教学论》提出了教育适应自然的教育原则和“泛智”的教育思想，对教育的目的和作用、学制和班级授课制、教学原则等重要教育教学问题进行了详细论证。他关注儿童天性，直接提出三大教学原则：便易性原则——教学应该适合学生的心灵，要从头开始，要激发学生的学习兴趣，教育应该从一般到特殊，强调最简单和实用的规则；彻底性原则——教学应该教有意义的重要的功课，要考虑到整体性，教学应该打好坚实的基础；简明性和迅速性原则：教学应当直奔预定目标，要实行班级授课制，要注意教科书的编写（全面、简明），要制定每门学科的教学计划。

3.赫尔巴特的教学理论

赫尔巴特是德国著名教育学家、心理学家、哲学家，他撰写的《普通教育学》被誉为教育科学第一部理论专著、教育理论发展史上具有里程碑意义的鸿篇巨制。

赫尔巴特力求探寻出一套符合儿童心理规律的教学程序，他依据心理学理论，研究了教师向学生传授新知识、形成观念体系的具体进程和方法，提出了教学“形式阶段”的理论，将课堂教学的过程分为以下四个阶段。①

（1）第一阶段：“明了”

“明了”是指专心地注意个别的事物。为了使学生真正明了个别事物，在这一阶段，教

① 闫守轩.课程与教学论：基础、原理与变革[M].北京：北京师范大学出版社，2015.

学速度应该放慢一些，教师尽量将教学内容分解为小步骤，讲解得明了、准确，让学生清楚地感知新教材，并和已掌握的知识联系起来进行比较分析。

(2)第二阶段："联想"

"联想"是将个别事物与经验中另外的事物联系起来，其实就是新旧观念之间通过联想而发生联系。引导学生将新获得的观念与已有的观念产生联系，在各种联系中获得新知。

(3)第三阶段："系统"

"系统"是指进一步看清新旧知识之间的联系。新旧观念与知识产生了联系，但还不系统、严密，教师可以通过综合教学，通过新旧教材的对比联系，将知识进行整理，最后形成概念、定义、定理。对于学生而言，在"联想"这一阶段后，新旧知识虽已产生联系，但却不够系统，因此需要通过审思来加深理解和思考。在这一阶段，学生的心理活动表现为探究。

(4)第四阶段："方法"

这一阶段，教师要引导学生把前几个阶段所获得的系统知识运用到实践中去，从而培养学生的逻辑思维能力。教学方法主要有作业和练习两种，通过作业和练习，学生在解决实际问题的过程中把所学到的知识加以重新组合，从而更加深入地掌握知识，并检验所学知识的正确性。

赫尔巴特的追随者齐勒，将其教学形式阶段理论发展成五段。齐勒把"明了"分为两个阶段，演变为"预备、提示、联合、总结、应用"五个阶段，在教育史上称为"五段教学法"。五段教学法曾风靡欧美各国大半个世纪之久，并于20世纪初传到我国，影响深远，被后人称为"传统教育"或"传统教学"。

赫尔巴特对教学理论的发展做出了巨大的贡献，他注重将心理学运用于教学中，重视系统知识与技能的传授。但他的教学理论也存在严重的弊端，它在一定程度上忽视了学生的主动性和积极性，脱离生活实际，热衷于教学的形式，使教学陷入千篇一律的僵化格局，遭到后世教育家的批判。

(三)现当代教学论的多元发展及其特征

1.现当代教学论的多元发展

20世纪以来，世界政治、经济、科技、文化迅速发展，一系列社会变革导致现代教育改革蔚然兴起，欧洲"新教育运动"和美国"进步主义教育运动"要求改造传统教学，强调教学要同社会生活相联系，强调儿童在教学过程中应占核心地位，由此产生了现代教育学派。从此，现代教育派和传统教育派的两大教育思潮成为现代教学理论发展的两大趋势，同时也呈现出了冲突、融合、并存的趋势，20世纪也成为新的"教学论世纪"。

(1)杜威的教学理论

约翰·杜威是20世纪最伟大的教育哲学家之一。他的教学论是建立在其实用主义哲学的基础之上的,他明确提出了四个教育哲学命题:“教育即经验的不断改造”“教育是一个社会的过程”“教育即生活”“教育即生长”。其教学论则是这四个基本教育哲学命题的引申和具体化。

①批判传统教学

杜威认为,传统的教学论在教育本质的问题上把经验的主体(儿童)与经验的客体(外部世界)对立起来,形成二元对立。而发展是儿童在先天本能与冲动的基础上,通过与环境的相互作用而不断增加经验的意义过程。他认为:教育是在经验中由于经验和为着经验的一种发展过程。

②基于经验的教学理论

杜威认为,教育的真正来源是经验。所谓经验,是指人与环境、主体与对象相互作用,并在此过程中产生的结果。教育主要是促使经验重组。他主张,将儿童的经验与课程的系统知识在教育教学过程中结合起来。

③探究思维

杜威强调儿童的思维习惯和思维能力养成的重要性,在《我们怎样思维》一书中强调“探究思维”。他直接提出了五个阶段:第一,问题的感觉;第二,问题的界定;第三,问题解决的假设;第四,对问题及其解决方法的逻辑推理;第五,通过行动检验假设。这五个阶段的顺序并非固定的,每一阶段均可进一步展开。上述阶段被概括为“探究五步教学法”,即困难、问题、假设、验证、结论。

(2)赞科夫的教学理论

赞科夫是苏联的教学论专家。从1957年开始,赞科夫开展了长达13年的“教学与发展”实验,提出了安排教学结构和组织教学过程时必须遵循的五条原则。

第一,高难度教学。即加大教材难度,更新教学内容,满足儿童的求知欲望;同时,要实现最近发展区的价值。

第二,高速度教学。教学应基于学生的理解和接受,不建议滥用复习。

第三,理论知识起主导作用。在教学基础上,要提高理论知识的比重,并且把握标准的尺度。

第四,使学生理解教学过程。基于学习活动的内部机制,强调培养学生的自学能力,探讨总结适合自己的学习方法。

第五,使全班学生都得到发展。教师并不放弃成绩较差的学生,帮助其提高观察力、思考力,掌握应该掌握的知识和技能。

2.现当代教学理论的发展特征

这一时期,教学论得到了长足的发展,特征鲜明。

(1)既有对“教学是什么”“教学为什么”“教学什么”和“怎样教学”等教育问题的深入探讨,又同时关注“应该怎样教学”这一本质问题,体现出对“教学价值”本质论的思考。

(2)不同流派的经典教学著作相继出版,例如科学主义代表作——博比特的《课程》、泰勒的《课程与教学的基本原理》;结构主义的代表作——布鲁纳的《教育过程》;进步主义代表作——杜威的《儿童与课程》;文化-历史学派的代表作——赞科夫的《教学与发展》等。

(3)教学理论心理学化。心理学已经成为教学理论发展的重要助力,心理学研究成果不断介入教学研究和实践过程中。例如,皮亚杰、维果茨基、加涅、布鲁纳等人本身即为著名的心理学家。

(4)课程论从教学论中彻底分离出来,成为独立的教育学分支学科,并且得以系统性呈现。

(5)信息化教学技术得到飞速发展。信息化技术已经从简单的教学手段演变为一种新的教学思维和模式,形成了新的教学原理。

第二节 课程与教学论的内涵与关系

课程论与教学论是相互促进、共同提升的,合二为一称之为“课程与教学论”,体现出了理论与实践相交融的发展态势。关于课程与教学论的内涵,人们在不同历史阶段有着不同的看法,随着时代的发展,人们的研究不断深入,对课程与教学之间的关系也有了更具创新性的观点。

一、课程与教学论的界定与内涵

课程与教学论的概念界定,受经济、政治、文化、科学发展水平的制约,并在一定程度上体现着社会意识形态的变化。

(一)课程的界定与内涵

课程是一个具有多重含义的教育学专业术语。由于不同时期对教育本质的诉求不同,课程的定义一直众说纷纭,长期以来很难得出一个较为一致的结论。

1.课程的概念厘定

"课程"一词在我国最早大约出现于唐代。唐代经学家孔颖达在《五经正义》里为《诗经·小雅·巧言》中的"奕奕寝庙,君子作之"一句注疏时,首次提出了"课程"一词:"维护课程,必君子监之,乃得依法制。"这里的课程其实指"秩序",与现在通常所说的课程大相径庭。宋代朱熹在《朱子全书·论学》中多次提到课程,如"宽着期限,紧着课程""小立课程,大作功夫"等,这里的"课程"是指学习内容的安排次序和条文规定,少有涉及教学方法上的要求和约成,因此只能称为"学程"。近现代以来,随着教育理论的不断深化和教育实践的不断丰富,"课程"也逐步演变成为具有多重意义的一个基本范畴。

"课程"一词的英文为curriculum。在西方教育史上,英国教育家斯宾塞在其著作《什么知识最有价值》中首先提出"课程"这一术语,并将之概念化为"教育内容的系统组织"。斯宾塞将"课程"这一术语引入教育中,并很快为西方教育者所普遍采用。

2.课程的不同类型

基于课程的不同内涵,研究者从不同的角度表达了对课程的理解和认识,大致可以分为以下几种类型。

(1)课程即教学科目

《中国大百科全书·教育》定义课程为:"课程是指所有学科(教学科目)的总和,或学生在教师指导下的各种活动的总和。"这是抽象、广义的课程;相对具体的课程则是指一门学科或一类活动。例如,古希腊时期的"七艺"(文法、修辞、辩证法、算术、几何、音乐、天文)、我国古代的"六艺"(礼、乐、射、御、书、数)。这种课程分类强调科目的知识体系,将课程视为外在于学习者的客观存在,既割裂了课程与学习者的关系,又无视知识发展、建构与时代、社会发展的必然关系。

(2)课程即学习结果

博比特、泰勒、加涅、约翰逊等人认为,课程是"一系列有组织的、有意识的学习结果"。他们视课程为目的性行为,强调目的和结果,强调效率和控制,但忽略了过程和方法,忽略了情感和态度,也忽视了教育环境及生态等相关因素。

(3)课程即有计划的教学活动

此观点强调课程是"教育计划"和"学习计划",具体表现为有教科书、课程标准、教学计划。麦克唐纳、斯坦豪斯、塔巴等人认为,课程是"一套学习的计划","一种事先规定好的知识体系以及传播这一知识体系的方法";布洛克则直接认为,课程是"由教育家和国家的其他成年人为了满足他们自己的需要及他们所认为的孩子的需要而制订的总体性计划"。这种课程观强调课程的计划性,但是忽视了课程的生成性、学生的学习心理、教育的发展性特点。

(4)课程即学习者的经验

强调课程是学习者的经验,是强调学生的实际收获,强调以学生为中心,强调发展。杜威认为,传统课程并没考虑到学生的学习兴趣和需要,没考虑学生的体验和经验。坎贝尔则认为,课程是由儿童在学校指导下所获得的不间断的经验所组成的,将课程由教材转向经验,由教师转向学生,由课堂转向生活,由获得转向发展,突显了学生的学习主体地位、价值和意义,但同时不利于知识的系统建构。

(二)教学的界定与内涵

不同的研究者在使用教学以及与教学相互关联的术语时,对教学有不同的界定。

1.教学的概念厘定

从词源上讲,教学由教、学两个部分组成。在我国,教学最早出现于《书·商书·兑命》:“斆(教)学半。”《学记》也强调:“学然后知不足,教然后知困。知不足,然后能自反也;知困,然后能自强也。故曰:教学相长也”“建国君民,教学为先”。这里的“教学”等同于教育。韩愈、欧阳修等人也在不同的文章中提出了对教学的认识,欧阳修提出“以其经传相传授,其教学之法最备,行之数年,东南之士,莫不以仁义礼乐为学”,这里的教学与今天的含义接近。

(1)英语国家对教学概念的表述

根据美国教育学家史密斯(B.O.Smith)的整理,教学内涵可以归为以下五类。

①描述性定义,可以表述为“教学即传授知识或技能”。

②成功性定义,意味着教与学不仅要发生某种相互关系,还要求学习者掌握所教的内容。

③意向式定义,表明“尽管教学在逻辑上可以不包括学,但人们可以期望教导致学”。

④规范式定义,即将教学作为规范性行为,教学的活动要符合特定的道德条件。

⑤科学式定义,即关于教学的一个专门性定义将由用“和”“或”“含义为”等词连接起来的一组句子构成。

(2)我国对于教学概念的表述

综合近几年的教学论著作,有代表性的观点大约有以下几种。

①强调教学是以课程内容为中介的师生双方教和学的共同活动。

②强调教学是教的人指导学的人进行学习的活动。进一步说,指的是教和学相结合或相统一的活动。

③强调教学是教师与学生以课堂为主渠道的交往活动,是教师的教与学生的学的统一活动。通过这个交往过程和活动,学生掌握一定的知识技能,形成一定的能力态度,人格获得一定的发展。教学既是科学,又是艺术。

综合上述关于教学的基本内涵，我们发现教学具有以下共同特点：

①教学是有目的的活动

教学从本质上说，是学生个体的收获与发展，教和学的出发点和归宿都以学生个体的学习和发展为基准。

②教学是教与学的有机统一

此观点强调教学是教师、学生、教学影响的组合，教和学各有侧重，但教服务于学，学要求高水平地教，二者本质上的相同性、表现形式上的差异性显示出教和学的共有价值和独立特点，彼此依存，互为前提。

③教学是科学与艺术的统一

此观点强调教学是科学与艺术的统一，既强调教学活动要按照一定的规律科学开展，教师要充分把握认识；同时强调教学是艺术，有其独特的审美特点、思维特点和文化特点。既强调教学的科学本质，又强调将艺术精神内化于教学活动中。

二、课程与教学论的科学范畴与关系

长期以来，人们将研究的焦点集聚在教学理论内部的构建和完善上，忽视了课程与教学的关系。现在，随着课程理论和教学理论研究的深化，关于课程与教学的关系已逐渐派生出不同的观点。

（一）大课程观

这种观点就是把教学看作课程的一部分，把教学理论归入课程理论的范畴。这种认识源于英美教育文献对“课程”与“教学”概念的交互使用。在大课程论视野下，课程是一个内涵更丰富的概念，是学校教育的一个大系统，而教学则是一个特殊的现象和子系统，远没有课程重要。美国课程专家博比特、泰勒等都持这种观点。近年来，随着基础教育课程改革的推进，我国也有很多学者持此观点。

（二）大教学观

这种观点就是“将课程作为教学内容，课程论作为教学论的一部分”，这一认识以苏联教学论为代表。不论是凯洛夫的《教育学》，还是巴班斯基的《教育学》，都没有出现过“课程”的概念。课程一直被作为教学内容来谈，而作为教育科学的一个相对独立部分的教学论便担负起研究教育过程的概念和本质、教学原则、教学内容、教学方法和组织等基本问题的任务。很明显，他们是把“课程”作为“教学内容”来看待的，都是在教学的概念框架下讨论课程问题的。我国长期受苏联这种教育学模式的影响，在实践中至今未发生根本性的变化。

（三）课程与教学关系的四种模式

课程与教学关系十分紧密，奥利瓦提出四种模式来说明课程与教学之间的关系。[①]

1. 二元独立模式

这一模式强调课程与教学论各自独立，并无任何联系，互不依赖，互不影响，各自发展。

2. 相互交叉模式

该模式强调课程与教学论存在共同内容，部分内容相互包含。这种模式也强调二者不包含部分的相对独立。

3. 包含模式

这一模式强调课程与教学论之间是相互包含的关系，有两种基本观点：一种认为课程包含教学，课程论包含着教学论；另一种认为教学包含着课程，教学论包含着课程论。

4. 二元循环联系模式

这一模式强调课程理论与教学理论之间相互作用与影响、相互独立又循环联系。

第三节 课程与教学论的理论基础

课程与教学论的理论基础主要来源于哲学、心理学、学习论三大方面，这三方面分别对课程与教学论在不同时期的发展起到了不可估量的作用。

① 闫守轩. 课程与教学论：基础、原理与变革[M]. 北京：北京师范大学出版社，2015.

一、课程与教学论的哲学基础

课程与教学论的形成和发展受到哲学的影响，主要体现在本体论、认识论、价值论三个方面。不同的哲学流派倡导不同的课程教学观念，对当时的课程教学发展产生了一定影响。

（一）课程与教学论的哲学基础的体现

课程与教学论的哲学基础主要体现在本体论、认识论和价值论三个方面。

1. 本体论

本体论所研究的是事物的本质，不同哲学本体论导致不同的课程主张。观念论哲学在本体论上强调先天理性和自由意志，于是在课程和教学上，强调普通教育课程而排斥实用的职业技术课程，忽视经验与科学的重要性；而实在论哲学在本体论上主张物质先于意识，强调客观环境的影响，于是在课程和教学上，重视科学课程，强调自然适应原则，忽视了人的主观能动性。

2. 认识论

不同哲学派别对知识问题的不同观点，直接形成了不同的课程与教学思想。观念论知识观要求学校开设神学、历史、文学、哲学、艺术、天文、地理等课程，重视人文学科、理论学科、传统学科课程；实在论知识观则要求学校开设自然科学和基本的读、写、算课程；实用主义知识观认为知识是解决问题的工具，强调经验的课程与教学论意义，主张经验中心课程，倡导“做中学”；而存在主义知识观强调人文学科的课程与教学，注重情意学习。

3. 价值论

本质上，课程与教学是一种价值创造与意义生成的实践活动。对价值问题的不同思考，影响着课程内容的选择、教学实施及教学评价。在哲学史上，英国学者斯宾塞最早运用价值论来探讨课程问题，他在《教育论》一书中提出并回答了“什么知识最有价值”这一经典的课程问题，为课程进入学校奠定了坚实的价值论基础。英国当代哲学家、教育家赫斯特认为有助于发展心智的知识最有价值，他探讨了不同知识形式的心智训练的价值，形成了以“博雅教育”为目标的课程与教学论。美国著名教育家杜威认为最有价值的知识是与儿童生活相联系的经验，以此为基础形成了独特的经验课程理论与活动教学理论。

（二）哲学流派与课程教学

不同的哲学观导致不同的课程教学观。20世纪的西方哲学对课程与教学理论产生了深刻影响。

1. 实用主义及其课程教学观

产生于19世纪末的美国的实用主义，是一种强调行动、实践、生活的哲学，它反对“形而上学”，以经验为中心形成了一种独特的知识观。

在杜威看来，儿童的世界具有儿童自己的生活特征，而不是一个事实和规律的世界。因此，他主张打破以学科为中心的课程体系，通过经验的、主动的作业，让儿童在活动中独立探讨、发现，获得经验的改造与重组，促进儿童生长。在课程与教学观上，他主张以儿童为中心，大力提倡活动课程，主张教法与教材的统一、目的与活动的统一，形成了以儿童为本位，以活动课程为中心，以“做中学”为特色的课程与教学思想。

2. 存在主义及其课程教学观

存在主义产生于20世纪20年代，其主要代表人物有法国的萨特、海德格尔等。存在主义以人为中心，尊重人的个性和自由，因此，存在主义十分重视智育与德育，同时也十分重视学习的目的，提出“课程的全部重点必须从事物世界转移到人格世界”，即必须重视人文学科，如哲学、文学、历史、艺术等学科的设置，以利于促进学生的人格发展。认为教育的目的是使学生充分认识并自由地发展自我和完善自己的人格。存在主义重视学习的目的，他们认为在确定教学内容以前，必须首先承认学生本人为他自己的存在负责，也就是说，教学内容最终要由学生的需要来决定。

由于存在主义高度强调个人，注重个体的独特性，而教育在某种程度上是一种使学生社会化的过程，这种社会化过程要求集体教学和科学组织，不可能实现学生个体的极端自由，因此，存在主义作为一种教育哲学，其应用范围是十分有限的。

3. 后现代主义及其课程教学观

后现代主义兴起于20世纪60年代，其代表人物主要有欧洲的福柯、利奥塔、马尔特，美国的奎因、罗蒂等。他们对理性至上的方法论进行了颠覆，渗透着反思与批判精神，强调“不确定性”“非中心性”“非整体性”“非连续性”，试图提供一种新的认识视角以更新传统的思维方式。

多尔在其代表作《后现代课程观》中提出了他的教育信条：教师同意帮助学生理解所给建议的意义，乐于面对学生提出的质疑，并与学生一起共同反思每个人所获得的心照不宣的理解。

二、课程与教学论的心理学基础

教育学基本原理揭示：学生的心理水平制约着课程与教学活动。因此，心理学理论是课程与教学论的基础。

(一)课程与教学论的心理学基础的体现

课程与教学的心理学基础,主要体现在心理学成果对课程目标的确定、课程知识的分类、课程内容的选择、教材内容的组织、学生在课程研制中的地位和作用等五个方面的作用上。

1.课程目标的确定

基于心理学研究成果,课程目标应具有整体性。课程设计应有一个统一的目标,促进学生在认知系统、操作技能系统、情意系统方面全面发展。

同时,课程目标应具有层次性和阶段性,在知识与技能、过程与方法、情感态度与价值观方面有具体的、三维的实践目标设定,有必要区分和设计目标层次与阶段。要注意的是,这里所指的层次性和阶段性其实是交融的,各有侧重,互有体现,互相支撑。

2.课程知识的分类

现代认知心理学派从信息加工的角度,提出了陈述性知识和程序性知识的观点。陈述性知识强调知识的基本内容“是什么”,强调认知的基本结构;程序性知识强调完成学习的一系列操作程序,即学会条件认知和学会操作步骤。

3.课程内容的选择

从心理学角度而言,课程内容的选择要把握两种联系。一是课程目标与学生学习动机的关系;二是知识设计与学生原有认知水平的关系。

4.教材内容的组织

现代心理学强调教材的逻辑顺序与学生的心理顺序相统一。泰勒在“课程组织三原则”中强调:第一是连续性,线性陈述课程内容;第二是顺序性,学习内容要以前面的学习内容为基础,同时不断增加广度和深度;第三是整合性,要注意各类课程的横向关系,促进学生课程综合观点的形成。

5.学生的地位和作用

人本主义心理学强调学生学习的主因,认知心理学派强调学习的过程,行为主义心理学派强调学习的效果,建构主义心理学派强调学习的发展,这都表明学生的学习心理、身心发展规律都对课程的建构与实施起着制约作用。否则,学生的学习就会出现障碍,无益于“学会学习、学会合作、学会生存、学会做人”目标的实现。

(二)心理学流派与课程教学

不同的心理学流派主张不同的课程教学观,具有代表性的教育心理学流派包括行为主义心理学、人本主义心理学、认知主义心理学和建构主义心理学。①

1.行为主义心理学及其课程教学观

行为主义心理学产生于20世纪上半叶，代表人物有华生、巴甫洛夫、斯金纳，强调学习效果的好坏在于强化的程度和程序，认为只有观察到的东西才能成为科学研究的对象，只有客观的实证的方法才是科学的方法，认为学习是由经验引起的行为相对持久的变化，其实质就是刺激与反应之间的联结。

基于此，行为主义心理学对学校课程的影响主要表现为：第一，强调目标的分层和具体化；第二，强调课程的基本逻辑顺序；第三，强调教学设计，重视教学基础；第四，强调对学生外显行为的评价。

2.人本主义心理学及其课程教学观

人本主义心理学兴起于20世纪50年代，主要代表人物是马斯洛和罗杰斯，人本主义心理学关注的是个人的感情、知觉、信念和意图，强调人的自我发展，强调人的自我实现。罗杰斯直接指出：怎样呈现课程内容并不重要，重要的是要引导学生从课程中获取个人自由发展的经验。

人本主义心理学对课程的影响主要表现在：第一，强调课程要给学生提供主动学习的情境；第二，强调课程要给学生提供有意义的教学影响，要注意关联生活以及学生个体的感受与体验；第三，强调课程设计要突出学生的学习主体地位。

3.认知主义心理学及其课程教学观

认知主义心理学的代表人物有皮亚杰、布鲁纳、奥苏贝尔等。认知主义心理学强调认知的阶段、过程与规律，重视学习过程中学生思维活动的过程和方式。布鲁纳指出：对一门学科来说，没有什么比它如何思考解决问题的方法更为重要的事情。

认知心理学对课程的影响主要表现在以下几个方面：第一，教材编制结构化、逻辑化、顺序化；第二，课程设计依据的是学生的认知结构水平与认知规律。

4.建构主义心理学及其课程教学观

建构主义心理学产生于20世纪初，代表人物有皮亚杰、维果茨基等，强调“人之所以能把握世界，是因为人对自身的经验做出了独特的理解和解释”，学习不是知识迁移和记忆，而是基于学生的个体经验和互动，来强调体验并进行学习要素的重组；认为知识并不是简单的、孤立的客观存在，其核心要素与关系不断变化，学习者要基于主动认知和发展的角度不断探索未知世界。

建构主义心理学对课程的影响主要表现在以下几个方面：第一，强调学生拥有与学习

① [美]约翰·W·桑切克.教育心理学[M].熊冠英，王学成，译.北京:世界图书出版公司，2007.

内容相匹配的学习心理和潜在能力，要信任和支持学生的自主发展，要给予学生学习的平台和信心；第二，课程的目的是引导学生重新解释学习信息，并亲自体验；第三，课程的学习具有规律性，不同的阶段体现出不同的学习心理和学习外在表征；第四，课程学习是与他人合作建构社会性意义的过程，课程强调让学生形成自己的学习策略，并将其应用于新的问题情境中，使之不断获得发展；第五，语言和言语在课程的学习中具有重要的价值和意义。

三、课程与教学论的学习论基础

课程与教学论的学习论基础是社会建构主义。社会建构主义认为，学生是具有一定的独立思考能力的个体，但是作为社会的组成要素，他们的认知是具有协作性的。社会建构主义强调学生学习的社会环境，认为学生学习到的知识是通过互动、合作的方式建立和建构起来的，学生与其他人开展合作，为自己的学习创造了机会，在了解他人的见解和参与创造的具体过程中，评价并且逐步完善自己的理解。这些都使得社会环境中的体验成为学生个体思维发展的重要方式。认知建构主义代表人物皮亚杰，强调学生通过转换、组织和重新组织已有知识和信息，完成新知识的建构；社会建构主义代表人物维果茨基则强调，学生是通过与他人合作，形成社会交互来建构知识的，知识的构成还受到学生所属的文化的影响，这些因素包括语言、信仰和技能。

（一）情境认知

社会建构主义强调情境认知，认为思维存在于社会及物理环境中，而不是存在于人的大脑中，还强调知识根源于环境。因此，教师要创造尽可能接近现实环境的学习情境，实现知识和思维的建构。

（二）共同学习

社会建构主义还强调共同学习，主要表现在“脚手架”的建构、认知学徒关系、辅导和合作学习等方面。

1.“脚手架”的建构

“脚手架”是指学生在实现“最近发展区”时，需要来自教师或是其他成人的主动支持。教师或者是能力较强的同伴，根据情境调整指导的方法，以适应学生个体在学习情境中的表现。例如学生学习新事物时，教师可以采取直接指导的方式；随着学生能力的提高，指导即脚手架应被逐步减少，甚至最终撤出。在最近发展区中实现脚手架的作用，将大大提升学生的学习能力。

2. 认知学徒关系

认知学徒关系是社会建构主义表现在教育中的重要手段,即教师对学生加强引导和示范,帮助学生理解和应用技巧。在认知学徒关系中,首先强调学习的情境建设,在学习情境中,教师为学生示范完成学习任务的必要策略,学生尝试独立完成学习任务。在此过程中,教师和能力较强的同伴给予支持。另外,认知学徒关系还要求教师对学生"何时进行下一步学习"进行恰当的指导和评定。

3. 辅导

辅导在根本上表现为教师和学生之间的认知学徒关系,辅导关系可以体现在教师和学生之间,也可以体现在能力较强的学生和能力较弱的学生之间。

4. 合作学习

社会建构主义还强调合作。合作学习其实就是培养学习者共同体(Fostering a Community of Learners,FCL),即通过学习共同体中榜样的示范作用、辅导关系及社会化的学习资源,鼓励学生进行思考,并且展开讨论,完成学习目标,促进伙伴合作。该方式有利于学生理解并灵活运用学科知识,从而提高阅读、写作和解决问题的能力。

【思考与探究】

1. 简述课程与教学论的几种关系。
2. 简述课程与教学论的心理学基础。

【拓展阅读】

闫守轩:《课程与教学论:基础、原理与变革》,北京师范大学出版社,2015年版。

第二章
语文课程的基本解读

YUWEN
KECHENG
DE
JIBEN
JIEDU

第一节
语文课程的性质与学科核心素养

2017年版《普通高中语文课程标准》重新调整并明确了语文课程的性质，并提出“语文学科核心素养”这一概念，纵观我国语文课程发展历史，可以从中梳理出语文课程的发展脉络。

一、语文课程的性质与基本理念

语文课程的性质与基本理念决定着语文学科“要培养什么样的人”这一本质问题，研究和分析语文课程的根本属性，有助于把握语文课程的发展方向，并为一线教学提供理论指导。

（一）语文课程的性质

学科性质是建立学科教育理论的逻辑起点，也是学科教学研究的根本问题和学科教学实践的重要依据，学科性质决定着学科的教学目的、教学任务、教材编制、教学规范、教学目标等。语文课程的性质体现着语文课程的总体价值取向，因此，不论是《义务教育语文课程标准》还是《普通高中语文课程标准》，都把课程性质置于首位，并明确语文课程的性质是“工具性和人文性的统一”。

对语文课程性质的认识是一个随着社会进步而不断深化的过程。自建国以来，我国学者对语文课程性质的认识不断深入。

（1）1963年以前，对语文学科性质的讨论主要集中于对“语文”这一概念的界定上。

（2）1963年以后，“语文”这一概念被确定为“口头语言和书面语言的合称”，这也是“工具说”理论的来源和基础。

（3）1996年颁布的《全日制普通高级中学语文教学大纲》（供试验用）指出：“语文是最重要的交际工具，也是最重要的文化载体。”2000年《全日制普通高级中学语文教学大纲（试验修订版）》将这一表述修改为：“语文是最重要的交际工具，是人类文化的重要组成部分。”

（4）2003年版《义务教育语文课程标准》（试验）将语文课程的性质定义为：“语文是最重要的交际工具，是人类文化的重要组成部分。工具性与人文性的统一，是语文课程的基本特点。”

（5）2017年版《普通高中语文课程标准》在2003年版课程标准的基础上，将语文课程性质修改为:“语言文字是人类社会最重要的交际工具和信息载体,是人类文化的重要组成部分。语言文字的运用,包括生活、工作和学习中的听说读写活动以及文学活动,存在于人类社会的各个领域。语文课程是一门学习祖国语言文字运用的综合性、实践性课程。工具性与人文性的统一,是语文课程的基本特点。”

工具性是语文课程的本质属性之一。2017年版《普通高中语文课程标准》将“语文”一词解释为“语言文字”,语言是用于交际的工具,语文学科中的阅读、写作、口语交际等教学内容都是为了帮助对话双方借助语言来交流思想。就学校教育而言,由于语言文字是文化传承的载体,语文学科同样也是学生学习其他各学科的工具。因此,肯定语文课程的工具性,不仅有助于明确语文学科的教学目的,还有助于将语文知识系统化,将语文能力的训练层次化和有序化,使学生科学地掌握语言文字这一沟通交流的工具。

同工具性一样,人文性也是语文课程的本质属性之一。2017年版《普通高中语文课程标准》中明确了语言文字是人类文化的重要组成部分,这体现了语文课程的人文性特征。语文课程是母语课程,母语课程往往都承担着传承民族文化习俗、民族精神的重要作用。因此可以说,语文学科关系到国家和民族的发展,具有十分重要的作用。

工具性与人文性的相互依存体现在,语文在作为交流工具使用时,不可避免地发挥着人文性的功能。换言之,人们在使用口头语和书面语交流的过程中,总会伴随着政治、经济、文化、科技等方面的信息传递,以及情感、态度、价值观等思维方式的输出,这就意味着语文学科的工具性和人文性往往是同时存在、不可分割的。

但在教学过程中,工具性与人文性的统一会呈现出比较复杂的教学样态。例如,在阅读教学的过程中,学生基于个体认知水平的差异,往往会对文章内容产生个性化的理解,这种理解并不全然是积极、正确的,这就需要我们有意识地帮助学生学会自觉分辨和选择,正确把握语文课程中所蕴含的人文性。

(二)语文课程的基本理念

2011年版《义务教育语文课程标准》和2017年版《普通高中语文课程标准》分别对语文课程的基本理念做了相关阐述和说明。

1.《义务教育语文课程标准》

2011年版《义务教育语文课程标准》中,对义务教育阶段语文课程的基本理念做出了相关阐释。

(1)全面提高学生的语文素养

《义务教育语文课程标准》提出了“全面提高学生的语文素养”的语文课程基本理念,具体表述为:“九年义务教育阶段的语文课程,必须面向全体学生,使学生获得基本的语文素养。语文课程应激发和培育学生热爱祖国语文的思想感情,引导学生丰富语言积累,培养语感，发展思维，初步掌握学习语文的基本方法，养成良好的学习习惯，具有适应实际生活需要的识字写字能力、阅读能力、写作能力、口语交际能力，正确运用祖国语言文字。语文课程还应通过优秀文化的熏陶感染，促进学生和谐发展，使他们提高思想道德修养和审美情趣，逐步形成良好的个性和健全的人格。”

所谓“语文素养”，包含了热爱祖国语文的思想感情、语言积累、语感、思维、学习语文的基本方法、良好的学习习惯、识字写字能力、阅读能力、写作能力、口语交际能力等诸多方面。课程标准中对语文素养的界定体现了语文课程的三个维度：“知识与技能”“过程与方法”“情感态度与价值观”。这说明语文课程不仅强调学生要获得基础知识和基本能力，也关注学生的学习动机、学习兴趣、学习体验与感受等主观学习因素，还重视对学生品格的塑造、人生态度的培养、民族精神的培育等。这一理念改变了以往语文课程只重视知识与能力的特点，使语文课程的育人功能得以显现，真正做到了有助于学生的全面发展。

此外，强调“全面”提高学生的语文素养即意味着，在具体的课程实施过程中，要注意正确处理和把握各项语文素养之间的关系，应做到不偏不倚、协同并进地提升学生各项语文能力，实现学生语文素养的全面发展。

（2）正确把握语文教育的特点

《义务教育语文课程标准》提出要“正确把握语文教育的特点”，具体表述为：“语文课程丰富的人文内涵对学生精神世界的影响是广泛而深刻的，学生对语文材料的感受和理解又往往是多元的。因此，应该重视语文课程对学生思想情感所起的熏陶感染作用，注意课程内容的价值取向，要继承和发扬中华优秀文化传统和革命传统，体现社会主义核心价值体系的引领作用，突出中国特色社会主义共同理想，弘扬以爱国主义为核心的民族精神和以改革创新为核心的时代精神，树立社会主义荣辱观，培养良好思想道德风尚，同时也要尊重学生在语文学习过程中的独特体验。

“语文课程是实践性课程，应着重培养学生的语文实践能力，而培养这种能力的主要途径也应是语文实践。语文课程是学生学习运用祖国语言文字的课程，学习资源和实践机会无处不在，无时不有。因而，应该让学生多读多写，日积月累，在大量的语文实践中体会、把握运用语文的规律。

“语文课程应特别关注汉语言文字的特点对学生识字写字、阅读、写作、口语交际和思维发展等方面的影响，在教学中尤其要重视培养良好的语感和整体把握的能力。”

语文课程既有丰富的人文内涵，又是一门实践性课程。因此，要准确把握语文教育的特点，就要准确把握人文性与工具性的辩证关系。根据语文学科的人文性特征，教育者应注重对学生品格的影响和塑造，使学生从丰富的学习资源中源源不断地汲取精神营养；根据语文学科的工具性特征，教育者应重视培养学生准确掌握和规范运用语言的能力。同时，对学生语文能力的培养和思想感情的熏陶应有机结合起来，在阅读、写作、口语交际、综合性学习等各环节的教学过程中注重对学生思想感情和优良品格的培养。

(3)积极倡导自主、合作、探究的学习方式

《义务教育语文课程标准》注重对学生学习方式的培养,提出“积极倡导自主、合作、探究的学习方式”的语文课程理念,具体表述为:“学生是学习的主体。语文课程必须根据学生身心发展和语文学习的特点,爱护学生的好奇心、求知欲,鼓励自主阅读、自由表达,充分激发他们的问题意识和进取精神,关注个体差异和不同的学习需求,积极倡导自主、合作、探究的学习方式。教学内容的确定,教学方法的选择,评价方式的设计,都应有助于这种学习方式的形成。

“语文学习应注重听说读写的相互联系,注重语文与生活的结合,注重知识与能力、过程与方法、情感态度与价值观的整体发展。综合性学习既符合语文教育的传统,又具有现代社会的学习特征,有利于学生在感兴趣的自主活动中全面提高语文素养,有利于培养学生主动探究、团结合作、勇于创新的精神,应该积极提倡。”

这一课程理念首先认同了学生学习的主体地位,改变了传统的“灌输式”教学思维,对于构建健康、和谐、高效的课堂环境有着不可忽视的重要作用。学习主体的转变必然带来教学方式、教学内容、评价方式的转变,因此要倡导自主、合作、探究的学习方式,以激发学生学习的主观能动性。“自主”意为自觉、主动,要求学生热爱语文学习,形成自我效能感;“合作”即合作学习,要求学生学会合作,在与同伴的沟通交流中逐步提升语文素养;“探究”既是语文学习方式,也是一种学习思维。学生在自主、合作的基础上实现探究学习,将知识与能力、过程与方法、情感态度与价值观有机结合,实现真正意义上的综合性学习。

(4)努力建设开放而有活力的语文课程

《义务教育语文课程标准》提出要“努力建设开放而有活力的语文课程”,具体表述为:“语文课程的建设应继承我国语文教育的优良传统,注重读书、积累和感悟,注重整体把握和熏陶感染;同时应密切关注现代社会发展的需要。拓宽语文学习和运用的领域,注重跨学科的学习和现代科技手段的运用,使学生在不同内容和方法的相互交叉、渗透和整合中开阔视野,提高学习效率,初步养成现代社会所需要的语文素养。

“语文课程应该是开放而富有创新活力的。要尽可能满足不同地区、不同学校、不同学生的需求,确立适应时代需要的课程目标,开发与之相适应的课程资源,形成相对稳定而又灵活的实施机制,不断地自我调节、更新发展。”

这一课程理念的提出对我国语文课程建设提出了新的要求。“开放”意味着打破传统、兼收并蓄;“有活力”则要求语文课程能够在不断适应时代发展的过程中保持活力、不断创新。从我国语文课程的发展沿革来看,人们逐渐意识到语文课程应从“教知识”转向“教能力”,因此语文课程应致力于促进学生个性的发展,在课程设置上增强选择性和灵活性,培养学生的多元化语文素养。

2.《普通高中语文课程标准》

2017年版《普通高中语文课程标准》对高中阶段语文课程的基本理念做出了相关阐述。

(1)坚持立德树人,增强文化自信,充分发挥语文课程的育人功能

《普通高中语文课程标准》重视语文课程的育人功能,提出"坚持立德树人,增强文化自信,充分发挥语文课程的育人功能"的语文课程基本理念,具体表述为:"祖国语文是中华儿女的精神家园,语文课程对继承和弘扬中华优秀传统文化、革命文化、社会主义先进文化,培养文化自信,推动文化的创新发展,具有不可替代的优势。

"普通高中语文课程,必须以习近平新时代中国特色社会主义思想为指导,坚持立德树人,弘扬民族精神,融入社会主义核心价值观教育,培养热爱中华文明、热爱祖国、热爱人民、热爱中国共产党的深厚感情,以及热爱美好生活和奋发向上的人生态度,使学生逐步形成自己的思想、行为准则,增强为中华民族伟大复兴而努力的历史使命感和社会责任感。坚持加强语文课程内容与学生成长的联系,引导学生积极参与实践活动,学习认识自然、认识社会、认识自我、规划人生,在促进人的全面发展方面发挥应有的功能。"

这一课程理念强调了语文课程对学生人格的塑造作用。"立德树人"是语文学科人文性的体现,我国自古以来就重视德育,语文课程作为母语课程,自然也要承担起德育任务,用中华传统优秀文化、革命文化和社会主义先进文化对学生进行道德培养,使学生自觉、自愿地接受先进文化的熏陶,逐步养成良好的道德品行;"文化自信"则是在利用先进文化对学生进行道德培养的基础上,将中华传统优秀文化与习近平新时代中国特色社会主义思想结合起来,使学生珍惜本国优秀文化,并将其内化为自身的文化底气,增强社会责任感和历史使命感。

(2)以核心素养为本,推进语文课程深层次的改革

《普通高中语文课程标准》注重对学生语文核心素养的培养,提出"以核心素养为本,推进语文课程深层次的改革"的语文课程理念,具体表述为:"随着社会和教育事业的发展,语文课程更加强调以核心素养为本。要进一步改革语文课程的目标和内容,既要关注知识技能的外显功能,更要重视课程的隐形价值,还要关注语文课程在社会信息化过程中新的内涵变化;通过改革,让学生多经历、体验各类启示性、陶冶性的语文学习活动,逐渐实现多方面要素的综合和内化,养成现代社会所需要的思维品质、精神面貌和行为方式。

"普通高中语文课程应继续引导学生丰富语言积累,培养良好语感,掌握学习语文的基本方法,养成良好的学习习惯,提高运用祖国语言文字的能力;语言文字运用和思维密切相关,语文教育必须同时促进学生思维能力的发展与思维品质的提升;语文教育也是提高审美素养的重要途径,要让学生在语言文字运用的学习中受到美的熏陶,培养自觉的审美意识和高尚的审美情趣,培养审美感知和创造表现的能力;语言文字的运用体现时代的发展状况和人的文化修养,语文课程应该引导学生自觉继承中华优秀传统文化和革命文化,吸

收世界各民族文化精华，积极参与中国特色社会主义先进文化的建设与传播。”

语文课程基本理念要求课程应“以核心素养为本”，这意味着教师要引导学生在学习过程中逐步形成语文学科的必备品格和关键能力，体现语文学科的育人价值，立德树人，引导学生全面发展、个性发展。

语文课程改革要以核心素养为本，也就意味着语文课程必须注重学生在语言、思维、审美、文化四个方面的发展与提升。需要注意的是，语言、思维、审美、文化四个方面的学科核心素养并不是独立存在的，在语文教育过程中，它们相辅相成，互相促进，教师既要引导学生丰富语言积累，又要使学生在语言运用的过程中获得思维品质的发展与提升，同时还要受到美的熏陶和优秀文化的感染，四者缺一不可。

(3)加强实践性，促进学生语文学习方式的转变

《普通高中语文课程标准》重视在实践中学习语文，提出要“加强实践性，促进学生语文学习方式的转变”，具体体现为：“语文课程作为一门实践性课程，应着力在语文实践中培养学生的语言文字运用能力。学习运用祖国语言文字的资源和实践机会无处不在，应增强学生学语文、用语文的自觉意识，积极利用信息技术以及身边的各种资源和机会，通过阅读与鉴赏、表达与交流、梳理与探究等语文实践，积累言语经验，把握语文运用的规律，学会语文运用方法，有效地提高语文能力，并在学习语言文字运用的过程中促进方法、习惯及情感、态度与价值观的综合发展。

“语文课程还应当适应当代社会发展的需要，为培养创新人才发挥重要作用。要引导学生在语言文字运用过程中发现问题，培养探究意识和发现问题的敏感性，探求解决问题和语言表达的创新路径。”

工具性是语文学科的本质属性，由此决定了语文课程是一门实践性课程，要在实践中培养学生的语言能力，这必然要求语文学习方式的转变。为此，语文课程理念强调要充分利用各类语文资源和信息技术，使学生在阅读与鉴赏、表达与交流、梳理与探究等各个方面加强实践，提升语文能力，掌握语文学习方法。在此过程中，同样要引导学生养成探究的思维品质，从根本上促进学生语文学习方式的转变。

(4)注重时代性，构建开放、多样、有序的语文课程

《普通高中语文课程标准》还提出“注重时代性，构建开放、多样、有序的语文课程”的语文课程基本理念，具体表述为：“普通高中语文课程应适应社会对人才的多样化需求和学生对语文教育的不同期待，精选学习内容，变革学习方式，确保全体学生都获得必备的语文素养；帮助学生认识自己语文学习的已有基础、发展需求和方向，激发学习兴趣和潜能，在跨文化、跨媒介的语文实践中开阔视野，在更宽广的选择空间发展各自的语文特长和个性。”

“普通高中语文课程应具有相对稳定的结构和富有弹性的实施机制。应在课程标准的指导下，提高教师水平，发展教师特长，引导教师开发语文课程资源，有选择地、创造性地实施课程；把握信息时代新特点，积极利用新技术、新手段，建设开放、多样、有序的语文课程

体系,使学生语文素养的发展与提升能适应社会进步新形势的需要。”

随着时代发展与社会变革,社会各界对人才的需求越来越呈现出多样化的态势,学生对语文学科的学习期待也同样呈现出个性化特征。为此,必须改变以往单一的教学内容和教学方式,从语言、思维、审美、文化四个方面全面提升学生的语文素养。而语文课程理念的变革势必带来语文课堂教学方式的改变,应着力建构开放、多样、有序的语文课程,以适应社会新形势对语文学科的新要求。

二、语文学科核心素养

《普通高中语文课程标准》中提出了“学科核心素养”这一概念,并对其进行了界定:“学科核心素养是学科育人价值的集中体现,是学生通过学科学习而逐步形成的正确价值观念、必备品格和关键能力。”同时细化了语文学科范畴内的学生核心素养,即“语文学科核心素养”,并解释:“语文学科核心素养是学生在积极的语言实践活动中积累与构建起来,并在真实的语言运用情境中表现出来的语言能力及其品质;是学生在语文学习中获得的语言知识与语言能力,思维方法与思维品质,情感、态度与价值观的综合体现。”在高中阶段,语文学科核心素养主要包括“语言建构与运用”“思维发展与提升”“审美鉴赏与创造”“文化传承与理解”四个方面。

(一)语言建构与运用

《普通高中语文课程标准》提出了“语言建构与运用”这一语文学科核心素养,具体表述为:“语言建构与运用是指学生在丰富的语言实践中,通过主动的积累、梳理和整合,逐步掌握祖国语言文字特点及其运用规律,形成个体言语经验,发展在具体语言情境中正确有效地运用祖国语言文字进行交流沟通的能力。”

这一语文学科核心素养要求学生积累和掌握语言文字的特点及规律,并提升自身的交流沟通能力。这一核心素养也是构成另外三个语文核心素养的基础和前提,只有在熟练运用语言文字的基础上,才能获得思维、审美、文化各方面的全面发展。

语言学习存在于阅读教学、写作教学、口语交际教学各个方面。在阅读教学中,语文教师不仅要将语言文字知识教给学生,还要选择适当的教学方式,帮助学生理解作品含义,客观评价文学作品;在写作教学中,语文教师一方面要教学生各类文体的写作方式,另一方面还要培养学生灵活运用各类写作手法和表达方式,准确、生动地表情达意;在口语交际教学中,语文教师要创设情境,帮助学生学会在不同情境中与人沟通;在综合实践活动中,语文教师可以灵活组织专题活动,促进学生语言建构与运用能力的提升和发展。

（二）思维发展与提升

《普通高中语文课程标准》提出了“思维发展与提升”这一学科核心素养，具体表述为：“思维发展与提升是指学生在语文学习过程中，通过语言运用，获得直觉思维、形象思维、逻辑思维、辩证思维和创造思维的发展，以及深刻性、敏捷性、灵活性、批判性和独创性等思维品质的提升。”

学习者的思维能力与语言能力往往相辅相成，因此思维发展与提升对学生的语文素养有着十分关键的作用。

学生的思维素养分为思维方式、思维方法和思维品质三个层面。思维方式决定了学生思考问题的角度与思路，例如批判性思维、逻辑思维等。要培养学生的思维方式，就要注重系统性、多元性和创造性，帮助学生打破思维定式，学会辩证地看待问题；思维方法则意味着学生用什么工具进行思考，例如联想、想象的思维方式；思维品质是指学生思维的质量，由于每个学生的思维都具有个体差异性，因此必须在遵循学生思维发展规律的基础上，因材施教，使学生思维的深刻性、敏捷性、批判性和独创性得到切实有效的训练。

（三）审美鉴赏与创造

《普通高中语文课程标准》提出了“审美鉴赏与创造”这一学科核心素养，具体表述为：“审美鉴赏与创造是指学生在语文学习中，通过审美体验、评价等活动形成正确的审美意识、健康向上的审美情趣与鉴赏品位，并在此过程中逐步掌握表现美、创造美的方法。”

这一语文学科核心素养的提出，肯定了美育对学生发展的重要作用，体现了语文学科的人文性特征，体现了审美鉴赏与创造的统一。

美育往往渗透和融合在各学科的课程教学中，而语文学科本身就富含着美的因素，因此语文学科在开展美育这一层面上具有独特的优势。语文课程中的美育因素首先体现在语言上，除了语言美之外，文本中还常常包含着丰富的人物形象。这种形象美在小说类文本中较为集中，一方面学生可以从中读出人物的经历、性格、思想；另一方面，刻画人物的写作手法也会使学生留下深刻的印象，从中获得美的熏陶。而作品中所蕴含的真挚情感和高尚情操，往往还会对学生产生强烈的影响。久而久之，学生就会逐步形成正确的审美意识、健康向上的审美情趣，并在此过程中逐步掌握表现美、创造美的方法。

（四）文化传承与理解

《普通高中语文课程标准》提出了“文化传承与理解”这一学科核心素养，具体表述为：“文化传承与理解是指学生在语文学习中，继承和弘扬中华优秀传统文化、革命文化、社会主义先进文化，理解和借鉴不同民族和地区的文化，拓展文化视野，增强文化自觉，提升中国特色社会主义文化自信，热爱祖国语言文字，热爱中华文化，防止文化上的民族虚无主义。”

语言文字是民族文化的载体，在语言学习过程中，学生也必然会受到相应的文化熏陶。一方面，语文课程要使学生树立文化自信和文化自觉的意识，自觉传承中华优秀文化；另一方面，还要使学生拓宽文化视野，尊重和理解本民族优秀文化传统。

母语课程必然要承担文化理解与传承的功能，语文课程同样肩负着中华优秀文化传承的重要责任。语文学科核心素养要求重视学生传统文化的学习，使学生认识到中华文化的博大精深，继承和发扬本民族的优秀文化，树立民族自信心和民族自豪感，培养文化自信。

（五）语文学科核心素养之间的关系

对于语文学科核心素养四个方面的关系，《普通高中语文课程标准》给出了明确的说明："语文学科核心素养的四个方面是一个整体。语言是重要的交际工具，也是重要的思维工具；语言的发展与思维的发展相互依存，相辅相成。语言文字是文化的载体，又是文化的重要组成部分；学习语言文字的过程也是文化获得的过程。语言文字作品是人类重要的审美对象，语文学习也是学生审美能力和审美品质发展的重要途径。语言建构与运用是语文学科核心素养的基础，在语文课程中，学生的思维发展与提升、审美鉴赏与创造、文化传承与理解，都是以语言的建构与运用为基础，并在学生个体言语经验发展过程中得以实现的。"语文课程的性质说明了核心素养之间的关系，除却语言的建构与运用是基础外，四个方面其实是融合在一起的，相互呈现，相互支撑，不宜独立化或者搞专项教育。

第二节
我国语文课程的演进与发展

语文课程的演进过程受到国家意志、社会发展水平、教育科学研究水平及学科自身发展的共同影响。我国语文课程经历了漫长的发展阶段，已经逐渐形成了科学、系统的语文课程理论与实践方法。

一、我国语文课程的演进与变化

我国语文课程的发展是由古至今循序渐进的，大致经历了古代、近现代、当代三个阶段，演进与变化的轨迹是清晰的。

（一）古代语文课程

我国古代没有独立的语文课程，往往是在识字写字、口语交际、阅读、写作的教学过程中加入了道德、政治与伦理方面的内容，但依然取得了丰硕的成果，使语文课程由萌芽而至发展。

1.原始社会阶段

在原始社会时期，社会生产力十分低下，人们的主要需求还停留在生存层面，没有足够的人力物力使教育从社会生产中分离，所以并不存在严格意义上的课程。但这一时期的教育内容却较为丰富，有生活技能、计数、语言交流等。文字的发明，方便了人们的交流与记事，这是语文课程工具性的雏形；人们口耳相传古代神话故事，而这些神话中所蕴含的道德伦理和民族品格，都潜移默化地给人以影响，这是语文课程人文性的雏形。

2.奴隶社会阶段

在奴隶社会时期，随着社会生产力的相对提高，一部分人从社会劳动中解放出来，教育也与社会生产分离开来，有了相对独立的课程。这一时期，学校教育内容多为礼、乐、射、御、书、数六门学科，合称“六艺”。其中，“礼”“书”两门课程中包含了大量的语文知识。

3.封建社会阶段

在封建社会时期，社会经济呈现出自给自足的特点，政治制度上又表现出专制主义的特征，因此课程也完全成为统治者教化的工具。课程内容主要以儒家经典为主，学生先集中识字，再学习“四书五经”，语文课程成为这一时期课程教学的重点。虽然这一时期的教育是为了使人民遵循“君君，臣臣”的等级关系，但许多识字教材、儒家经典、文选读本中也体现出了对人性的思考、对生命的关怀、对美德的赞扬等积极因素，并经过时代的洗礼成为中华传统优秀文化的结晶，影响深远。

（二）近现代语文课程

近现代是指从1840年鸦片战争到1949年中华人民共和国成立这一段历史时期。在这段时期，我国语文课程发生了巨大的变革，主要表现为以下几个方面。

1. 语文单独设科

随着社会的变革，教育改革逐渐开展。

1902年8月15日，清政府颁布了由张百熙拟定的《钦定学堂章程》，即“壬寅学制”。这是中国历史上第一个由政府正式颁布的现代学制，教学科目包括“读经”“词章”等各个方面，虽然最终由于种种原因最终并未实行，却开了新学制之先河，有着重要意义。

1904年1月13日，清政府又颁布了由张之洞、张百熙、荣庆拟定的《奏定学堂章程》，史称“癸卯学制”。癸卯学制实行分科教学，教学科目包括修身、外文、历史、算术、地理、化学、博物、格致、中国文学等方面，标志着我国现代教育的开始。就语文学科而言，癸卯学制最大的贡献就在于将其从综合类学科中分离出来，对语文课程的课程宗旨、课程设置、教学任务、教学原则、教材等都做出了详尽的说明，这标志着语文课程现代化的开始，具有划时代的意义。

2. 国文

在语文单独设科后，由于其性质的特殊性，有人提议将名称改为“国文”。辛亥革命后，临时政府颁布《中学校令施行规则》，规定中小学一律开设“国文”课，这是语文单独设科后的第一个正式名称。随着名称的改变，这一时期的语文课程也呈现出了新的特点。

首先是语文教育宗旨的变革。1912年，教育部公布了教育宗旨：“注重道德教育，以实利教育、军国民教育辅之，更以美感教育完成其道德。”这一教育宗旨融合了封建主义和资本主义的教育理念，否定了“三纲五常”式的封建道德教育，体现出了民主精神，也更加注重学生个体的全面发展。

其次是文道关系的变化。我国古代课程与教学强调“文以载道”，语文学习的最终目的在于道德教育，文与道融合在一起。而语文单独设科后，道德教育的内容被“修身”“读经”等科目分担，语文课程的主要任务是学习和研究各类文章及诗词歌赋的写作手法，一定程度上还原了语文课程性质的工具性要义。

最后是语文课程研究的萌发。我国自古代起就有着丰富的教育经验，但这些经验并没有转化为成体系的语文课程研究方法。直到维新运动时期，西方文化思想传入中国，教育学也相应地受到西方思想的影响，各类教学思想涌现出来。1909年，商务印书馆创办了《教育杂志》，大力推动教育改良运动，其中《论小学以上教授国文》一文，给语文课程研究提供了新的思路。

3. 现代文教学

传统语文教学以文言文为主，脱离了口语运用的实际需求，严重阻碍了语言文字的交流与应用。由此，“白话文运动”应运而生，五四时期的“国语运动”是白话文运动的延续与推进，在经过无数次论争后，北洋政府正式在1920年规定小学阶段开设“国语”课程，教授白话文，这是我国历史上第一次规定以白话文授课，具有积极作用。

1929年，国民政府颁布《中小学课程暂定标准》，并于1936年正式实施。这一文件规定了中小学语文课分别沿用“国语”和“国文”的名称，但“国文”课程中也要加入现代文。现代文比例的增大给语文课程带来新的挑战，相关学者纷纷提出关于现代文教学方法与目标的建议，这些建议具有共通之处：第一，讲解内容选择范围的扩大；第二，对学生理解和掌握文章的内容和技巧的训练；第三，精读和泛读相结合；第四，对学生自学的指导。这些教学意见促进了现代文教学的发展，具有积极意义。

（三）当代语文课程

1949年中华人民共和国成立，语文课程也进入了新的发展时期。当代语文课程在探索中不断前进，逐渐走向系统化、理论化。

1.语文学科名称的确定

1949年，教育部取消了“国语”和“国文”两个名称，统称“语文”。这一名称的改变纠正了以往语文教育重视书面语而脱离口头语、重读写轻听说的弊端，从根本上规定了语文课程听说读写并重的课程特性。

对于“语文”一词的内涵，1950年教育部颁布的《小学语文课程暂行标准（草案）》给出的解释为：“所谓语文，应是以北京音系为标准的普通话和照普通话写出的语体文。”叶圣陶在1949年《语文教育书简》中说：“‘语文’一名，始用于1949年华北人民政府教科书编审委员会选用中小学语文课本之时。前此中学称‘国文’，小学称‘国语’，至是乃统而一之。彼时同人之意，以为口头为‘语’，书面为‘文’，文本于语，不可偏指，故合言之。”由此可见，“语文”一词意味着口头的“语”和书面的“文”相结合，这就意味着语文课程应将口头语和书面语结合起来，以现代文为主，满足表达与交流的需要。

2.“红领巾”教学法

1953年5月，北京师范大学中文系学生在教育实习过程中组织了一次语文教学观摩课，教学内容为课文《红领巾》，教学方法为讲述法，采用凯洛夫的“五环节”教学结构，这堂课用时四个小时还未完成，学生活动时间却仅占十分之一。苏联教育学家普希金教授针对这堂课提出了质疑，引起国人对语文课程改良的反思。

“红领巾”教学法对语文教学改革起到了推动作用：第一，推动了教学方法的改革，改变了单一的授受式教学模式，提升了学生的学习主体地位；第二，建立了现代文教学的基本模式，在凯洛夫“五环节”教学法的基础上，根据语文课程特点确立了“题解—讲解生词—分析课文—总结主题思想—研究写作特点”的现代文教学模式。

3.“工具说”的确立

1963年,张志公发表《工具说》一文,深刻阐述和说明了语文课程的“工具性”这一根本性质。同年,教育部制定了新版中小学语文教学大纲,对1959—1962年全国规模的关于语文学科性质、目的、任务的大讨论作出了总结,提出了加强基础知识和基本能力教学的原则,使语文教学发展步入正轨。教育部还编写了供全国使用的统编教材,课文仍以现代文为主,体裁多样灵活,体现出了以现代文为主的语文教育思想。

4.改革开放以来的语文课程发展

自1986年改革开放以来,语文课程也进行了多次改革,逐步取得今天的成果。

(1)《全日制中学语文教学大纲》

1986年,国家教委颁布《全日制中学语文教学大纲(试行稿)》,后于1990年颁布正式大纲,并进行了统编教材的修订工作。试行版教学大纲第一次把“双基”的顺序调整为“语文基本能力和语文基础知识”,将语文能力视为语文教育的主要目的。

(2)《九年义务教育全日制初中语文教学大纲》

1992年,国家教委颁布《九年义务教育全日制初中语文教学大纲(初审稿)》;2000年又颁布《九年义务教育全日制初中语文教学大纲(试用修订版)》,这两版教学大纲将中小学教学大纲与高中教学大纲分离开来,满足了九年义务教育的实际需求,从此使中小学语文教育走入正轨。

(3)《全日制普通高级中学语文教学大纲》

1996年,国家教委颁布《全日制普通高级中学语文教学大纲(实验稿)》;2000年教育部颁布《全日制普通高级中学语文教学大纲(试验修订版)》。这两个版本的教学大纲具有以下新特点:第一,提出了语文学科性质的新概念,即“语文是最重要的交际工具,是人类文化的重要组成部分”,突出了语文学科的工具性特点;第二,提出了语文课程和教材的新概念,将语文课程分为学科类课程、活动类课程和课外活动三类,又将语文教材分为必修课教材、限定选修课教材、任意选修课教材和活动课教材四类;第三,建立了听、说、读、写能力训练体系;第四,提出了六项新的教学原则。

(4)《全日制义务教育语文课程标准》

2001年,教育部颁行《全日制义务教育语文课程标准》,标志着21世纪的课程与教学改革正式启动。这一版课程标准设计了“三个维度”“五个领域”的课程结构。其中,“三个维度”分别为知识与技能、过程与方法、情感态度与价值观;“五个领域”分别为识字与写字、阅读、写作、口语交际、综合性学习。这一版课程标准清晰明确地规定了语文课程结构,体现了先进的教育思想。

2011年,教育部颁行《义务教育语文课程标准》正式版,修订后的语文课程标准提出的目标很鲜明,就是打好“三个基础”:为学好其他课程打好基础;为学生形成正确的人生观、

形成健康的个性与人格打好基础;为学生的终身发展打好基础。修订后的课程标准相较实验版在以下几个方面有了重要调整:

第一,落实德育为先,突出了德育的时代特征。把落实科学发展观、社会主义核心价值体系作为修订的指导思想,结合学科内容进行了有机渗透,要求“重视语文课程对学生思想情感所起的熏陶感染作用,注意课程内容的价值取向……弘扬以爱国主义为核心的民族精神和以改革创新为核心的时代精神,树立社会主义荣辱观”。

第二,突出能力为重,强化了能力培养的基本要求。在“课程目标”和“实施建议”中,进一步强调关于语文学习的关键性要求,并补充了相应的措施和说明。例如,强调“读书”在语文学习和思想文化修养中的关键作用,要求高度重视阅读的“兴趣、习惯、品位、方法和能力”,对于推荐阅读书目和诵读篇目也做了一定的调整和补充。

针对语文教学中出现的偏差,如阅读教学中“以教师的分析代替学生的阅读实践”“用集体讨论代替个人阅读,或远离文本进行过度发挥”,明确要求予以改正。

另外,汉字教育是本次修订工作的重点内容之一。此次课程标准的修订,主要有如下几个方面的内容:首先,从第一到第四学段始终强调“正确的写字姿势”和“良好的写字习惯”,强调书写的规范和质量;其次,适当降低第一二学段识字写字量的要求。例如,第一学段,识字量由1600-1800个改为1600个左右,写字量由800—1000个改为800个左右;再次,针对识字写字学习负担过重的问题,在教学建议中进一步强调“多认少写”的教学原则,希望下功夫扭转多年来形成的每学一字必须达到“四会”要求的教学观念和做法;最后,在国家语委和有关专家组的支持下,推出了《识字写字教学基本字表》和《义务教育语文课程常用字表》。《识字写字教学基本字表》的作用就是让学生在初级阶段熟练掌握300个“基本字”。

第三,合理控制了课程容量和难度,有效减轻了学生课业负担。

在课程容量控制上,进一步精选了内容,减少了学科内容条目。同时,降低了一些知识点的学习要求,从“认识”和“理解”调整为“了解”,防止人为拔高教学要求。尤为重要的是,强调了对儿童童心与想象力的尊重。

(5)《普通高中语文课程标准(实验)》

2003年,教育部颁布《普通高中语文课程标准(实验)》,这是课程与教学改革运动在高中阶段的成果体现。这一版课程标准设计了必修课程和选修课程两大模块,规定了学生发展的五个方面:积累·整合、感受·鉴赏、思考·领悟、应用·拓展、发现·创新。

(6)《普通高中语文课程标准》

2017年,教育部调整颁布正式版《普通高中语文课程标准》,比较全面地体现了《普通高中课程方案》关于教育基本方针的要求:促进学生全面而有个性地发展,为学生适应社会生活、高等教育和职业发展作准备,为学生的终身发展奠定基础。坚持全面贯彻党的教育方针,落实立德树人的根本任务,发展素质教育,推进教育公平,努力构建具有中国特色、体现国际发展趋势、充满活力的课程体系，培养德智体美全面发展的社会主义建设者和接班人。

具体而言，新版《普通高中语文课程标准》根据《普通高中课程方案》和《中国学生发展核心素养》正式鲜明地提出"语言建构与运用""思维发展与提升""审美鉴赏与创造""文化传承与理解"四个方面的语文学科核心素养，并创新性地提出了18项语文学习任务群，设置了必修、选择性必修、选修三种课程类别。这一版课程标准关注时代与社会发展对语文的要求，体现了重在"发展"的教育哲学意识和以人为本的学术理念，凝练了语文学科核心素养，更新了语文课程的教学内容，同时还研制了学业质量标准，增强了课程标准对课程实施的指导作用，尤其是强调了三个方面的教育内容：有正确的理想信念和明确的社会责任感；有扎实的文化素养和终身学习能力；有自主发展能力和沟通合作能力。

二、现代语文课程的发展时段

我国古代没有成熟的语文课程体系，语文课程与教学论的研究是从20世纪后逐渐兴起的，我国语文课程演进具有如下几个阶段。①

（一）孕育及教授法时期

1902—1919年是我国语文课程研究的孕育时期。这一时期，钦定京师大学堂开设的教育学课程中，有"国文教授法"，这是我国近代第一次系统地对语文课程与教学进行研究。

1903年清政府颁布了《奏定学堂章程》，"中国文学"开始从哲学、史学、伦理学中分立出来，成为一门独立的课程。1913年，在中华民国教育部颁布的《高等师范学校课程标准》中"教授法"仍作为本科各部通习之科目。由于清末民初的初级师范学堂和高等师范学校数量很少，其中教授法的内容又是与教育史、学校卫生、教授实事练习、教育法令并讲，课时不多，加之这一时期所使用的教授法教材多是从日本或者西方翻译过来的，还没有中国人自己编写的教授法教材，因此，这一时期开设的"教授法"课还只能看作中学语文教学法学科的初始阶段。

（二）国文、国语教学法时期

1919—1924年是我国语文课程研究的国文教授法时期。这一时期将教学研究称为"教授法"，语文课程研究从教育学中脱离出来成为独立学科，但这一时期的研究多集中于教师的"教"，忽视了学生学习的主体地位。

---

① 王文彦，蔡明.语文课程与教学论[M].北京:高等教育出版社，2002.

1924—1939年是我国语文课程研究的国文、国语教学法时期，这一时期，小学称“国语”，中学称“国文”。根据陶行知的提议，将“教授法”改为“教学法”，强调了学生的“学”，为语文课程发展奠定了基础。

黎锦熙于1924年推出了《新著国语教学法》。这部书研究了国语教学的性质、目的、教材、教法等各个领域的问题，初步形成了中学国语(文)教学法的理论框架，为进一步发展和完善这门课程奠定了坚实的基础。以后的王森然所著的《中学国文教学概要》(1929)、阮真所著的《中学国文教学法》(1936)都是不可多得的好书，都为学科建设作出了重要的贡献。

(三)语文教材教法时期

1939—1949年是我国语文课程研究的语文教材教法时期。这一时期相继颁布了各类教学大纲和课程标准，突显了对语文教材的研究，进而推动了语文课程的发展，使语文课程研究在深度和广度上都有所创新。

1939年，国民党政府教育部颁布的《师范学院分系必修及选修科目表施行要点》中明确规定各系均要开设“分科教材及教法研究”课，把教材研究正式规定为课程内容。1941年，蒋伯潜的《中学国文教学法》(1941)加入了有关教材的章节，显示了这一时期语文课程的特征。

(四)语文教学法和语文教学论时期

1949—1989年是我国语文课程研究的语文教学法和语文教学论时期。这一时期许多讨论语文课程原理与语文教学论的著作相继问世，语文课程研究呈现出参与人数多、讨论范围广、改革意识强、思想交流频繁的特点，对后来教学法与教学论之间关系的明确起到了积极作用。

1952年教育部制定了《师范学院教学计划(草案)》，其中规定中文系要开设“中国语文教学法”和“文学教学法”两门教学法课程。1954年教育部又颁布了《师范学院暂行教学计划》，将原“中国语文教学法”改为“中国语言教学法”，同时仍开设“文学教学法”。1956年，中学实行文学与汉语分科教学，但由于中学的这次实验只实行了两年左右的时间就停止了，高师院校这两门教学法课也就合二为一变成了“中学语文教学法”。

1963年，教育部颁布了建国后的第三个教学计划，即《高等师范学院教学计划(草案)》。在这个计划中，教学法课程又恢复了“中学语文教材教法”这个名称，并一直沿用到“文革”开始。1980年中国教育学会语文教学法研究会正式成立，以后高师院校开设课程、编写教材大多沿用“语文教学法”这个名称。1981年《高等师范院校四年制本科教学计划(试行草案)》公布，其中，语文课程定名为“中国语文教材教法”，实际上出现了“中学语文教材教法”与“中国语文教材教法”并存的局面。[①]

（五）语文教育学时期

1989—1997年是我国语文课程研究的语文教育学时期。这一时期，语文课程与教学的学科概念和基本关系问题已经基本得到解决，研究者们开始尝试建立符合我国实际需求的语文教育学理论，为语文课程与教学论的发展起到了奠基作用。

（六）语文课程与教学论时期以及第八次课程改革

1997年至今，我国处于语文课程研究的语文课程与教学论时期。语文课程与教学论的理论与实践建设是与教育学发展水平、社会发展水平相适应的。在社会生产力极大提升、教育学理论不断完善的基础上，语文课程研究也从“语文教育学”转向了“语文课程与教学论”，这标志着研究者们开始将语文作为一门基础学科探索其教育规律的本质，强调语文课程原理与教学实践的有机结合。目前，对语文课程与教学论的探索仍在继续，语文课程也将随着社会发展而不断进步，更好地帮助学生实现全面发展。

2001年6月，教育部颁布《基础教育课程改革纲要（试行）》；2001年7月，出台《全日制义务教育语文课程标准》（实验稿）；2003年4月，出台《普通高中课程方案（实验）》；接着，出台《普通高级中学语文课程标准》（实验稿），标志着我国第八次课程与教学改革正式启动。

我国绝大多数课程改革是为了适应特定历史时期政治、经济的需要而进行的，学生的生存状态鲜被关注。本次课程改革第一次确立了“为了每位学生的发展”的课程哲学，第一次确立了“素质教育”的改革目标，我国的课程体系第一次关注了“学生”，这在我国教育史上具有里程碑式的意义。

第三节
语文课程的转型与重构

语文课程承载着立德树人的任务，随着经济、社会、科技文化的迅猛发展，新的时代对语文课程提出了新的要求。语文课程必须跟随时代，积极发展，在不断地转型与重构中适

① 于亚中，鱼浦江．中学语文教育学[M]．北京：高等教育出版社，1992.

应社会需要，更好地承担起培育“全面发展的人”的教育宗旨。

一、语文课程理念的转型与重构

语文学科是一门综合性、实践性课程，具有工具性与人文性相统一的基本特点。进入二十一世纪之后，时代与社会的发展、学科研究的进步、学生学习心理研究的推进，赋予了语文课程新的要求，推动了语文课程理念的转型与重构。

（一）坚持立德树人

普通高中语文课程必须以习近平新时代中国特色社会主义思想为指导，坚持立德树人，弘扬民族精神，融入社会主义核心价值观教育，培养学生热爱中华文明、热爱祖国、热爱人民、热爱中国共产党的深厚感情，以及热爱美好生活和奋发向上的人生态度，使学生逐步形成自己的思想、行为准则，增强为中华民族伟大复兴而努力的历史使命感和社会责任感。

我国自古以来就强调德育对学生人格健康发展的重要作用，随着习近平新时代中国特色社会主义思想的提出，语文课程理念也随之转型，强调立德树人的文化功能。

（二）增强文化自信

语文课程对继承和弘扬中华优秀传统文化、革命文化、社会主义先进文化，培养文化自信，推动文化的创新发展，具有不可替代的优势。

增强学生的文化自信是新时代语文课程理念的重要转变之一。面对当今世界纷繁复杂的多元文化背景，只有增强文化自信，中华民族才能屹立于世界民族之林。文化自信意味着对本国文化尊重、保护、继承和发展的态度，有助于培养学生自身的文化底蕴，培养学生的历史使命感和社会责任感。

（三）以核心素养的养成与发展为本

随着社会和教育事业的发展，语文课程更加强调以核心素养的养成与发展为本。要进一步改革语文课程的目标和内容，既要关注知识技能的外显功能，更要重视课程的隐形价值，还要关注语文课程在社会信息化过程中的内涵变化。通过改革，让学生多经历、体验各类启示性、陶冶性的语文学习活动，逐渐实现多方面要素的综合与内化，养成现代社会所需要的思想品质、精神面貌和行为方式。

“核心素养”这一概念的提出，打破了以往各学科教育偏重知识能力、轻视综合素养的弊端。语文学科核心素养涵盖了语文学习的各个方面，这一语文课程理念的革新真正地遵循了学生发展的规律和特点，体现出了语文学科的育人价值。

（四）促进学生语文学习方式的转变

学生学习运用祖国语言文字的机会无处不在，因此要促进学生语文学习方式的转变，不再把课堂视为唯一的学习渠道，应学会积极利用信息技术以及身边的各种资源和机会，使学生积累言语经验，把握语言文字运用的规律，学会语言文字运用的方法，有效地提高语文能力，并在学习语言文字运用的过程中促进方法、习惯及情感、态度与价值观的综合发展。

这一课程理念的转型从根本上否定了以教师为中心和灌输式教学法，要求学生具备一定的自主学习能力，能够善于利用各类学习资源提升自身的语文能力。这符合新时代对创新型人才的需求，有助于学生思维的发展与提升。

（五）注重时代性，构建多样化语文课程

时代的进步要求语文课程理念的革新，语文课程的理念、目标、教学内容、教材资源等各个方面都应注重显示时代性特征，不能固步自封。语文课程适应时代性要求有助于提升学生的思维品质，促进综合素养的发展，满足学生对语文教育的不同期待，并激发学生的学习兴趣和潜能。

同样地，时代的进步也呼吁着多样化的语文课程。社会各界对人才的需求越来越呈现出多样化态势，这要求语文课程要坚持实践与创新，不断调整课程与教学理念，改革教与学的方式，引导学生学会学习、学会合作、学会发展。

二、语文课程目标的转型与重构

随着语文课程理念的发展与进步，语文课程目标发产生了变革，主要表现为以下几个方面。

（一）课程目标要素化

课程目标从宏观上规定了语文课程的育人要求和具体实施方向，也是课堂教学目标的来源和依据。因此，课程目标必须清晰、明确地说明“要培养什么样的人”这一问题。

语文学科课程目标的变化与转型呈现出要素化特征，具体分为“语言积累与建构”“语言表达与交流”“语言梳理与整合”“增强形象思维能力”“发展逻辑思维”“提升思维品质”“增进对祖国语言文字的美感体验”“鉴赏文学作品”“美的表达与创造”“传承中华文化”“理

解文化多样性""关注、参与当代文化"等十二项小目标。这些目标围绕着语文学习的要点进行阐释,增强了对教学实践的指导意义,使每一项课程目标都可以在具体的语文教学实践中得到体现,具有较强的现实意义。

(二)由重视能力转向重视发展

语文课程目标的重构体现出语文课程理念从重视学生语文能力的提升向重视学生语文核心素养的发展转变,即指学生在"语言建构与运用""思维发展与提升""审美鉴赏与创造""文化传承与理解"四个方面的发展变化。

2017年《普通高中语文课程标准》公布之前,《义务教育语文课程标准》中强调了道德、文化、文字、语言、学习方式等十项课程总目标,强调学生语文素养的整体提高;《普通高中语文课程标准(实验)》的语文课程目标以"积累·整合""感受·鉴赏""思考·领悟""应用·拓展""发现·创新"为核心,体现出对学生三维目标习得的重视,力图通过课程目标的层层推进,最终实现语文素养的发展。2017年《普通高中语文课程标准》公布之后,语文课程目标发生了转型与重构,以学生的语文学科核心素养为依托,从"语言建构与运用""思维发展与提升""审美鉴赏与创造""文化传承与理解"等角度,具体列出十二项课程目标,均指向学生综合素养的发展与提升,指向信息与经验的转换与重组,指向理想与信念的树立,指向自主发展与沟通能力的提升,指向终身学习能力的养成,极大地丰富了语文课程的价值内蕴。

三、语文课程结构的转型与重构

语文课程目标的转型与重构必然带来语文课程结构的相应变化,语文课程结构的变化主要体现在学习内容设计、教材安排和学分设置上。以高中阶段为例,语文课程结构的转型与重构涉及了必修课程、选择性必修课程、选修课程三种课程类型。

(一)必修课程

必修课程是每位高中生都必须修习的课程,以往的必修课程主要是为了完成"阅读与鉴赏""表达与交流"两个方面的课程目标,强调课程的基础性和均衡性。

语文课程结构转型后,必修课程涵盖"整本书阅读与研讨""当代文化参与""跨媒介阅读与交流""语言积累、梳理与探究""文学阅读与写作""思辨性阅读与表达""实用性阅读与交流"7个学习任务群,更加重视对学生综合素养的培养。

(二)选择性必修课程

语文课程在转型之前，只有“必修课程”和“选修课程”两类，强调了课程结构的基础性和选择性，但是缺失基于评价、生涯选择以及个性发展方面的课程类型设置。

2017年语文课程结构转型后，增加了“选择性必修课程”。选择性必修课程是教师根据学生个人未来发展的意愿与学业状况给予指导和建议，使学生获得良好的发展空间所设置的课程类型。选择性必修课程的出现弥补了学生学习语文时在必修与选修之间缺乏过渡的问题，选择性必修课程涵盖“整本书阅读与研讨”“当代文化参与”“跨媒介阅读与交流”“语言积累、梳理与探究”“中华传统文化经典研习”“中国革命传统作品研习”“中国现当代作家作品研习”“外国作家作品研习”“科学与文化论著研习”9个学习任务群，学生可以根据个人需求与升学考试的需要进行选择，这一转型更加完善了语文课程结构的丰富性。

（三）选修课程

语文课程结构转型之前，选修课程包含“诗歌与散文”“小说与戏剧”“新闻与传记”“语言文字应用”“文化论著研读”五个系列，学校可根据教学资源和学生需求，有选择性地开设课程，体现了语文课程结构的灵活性，但是上述五个系列的选修课程所指向的课程目标在内容的充实性以及对语文核心素养的拓展与深化上稍显不足。

语文课程结构转型后，选修课程涵盖“整本书阅读与研讨”“当代文化参与”“跨媒介阅读与交流”“汉字汉语专题研讨”“中华传统文化专题研讨”“中国革命传统作品专题研讨”“中国现当代作家作品专题研讨”“跨文化专题研讨”“学术论著专题研讨”9个学习任务群，这9个学习任务群比较严谨地对应了语文学科核心素养的养成，是相关必修课程的延伸和拓展，自成体系，前后连贯，纵向有深度，横向有广度，真实拓展了学生的学习视野，激活了学生的学习兴趣，强化了学生的学习信念，丰富了学生的学习策略与方法，使学生的学习思维得到个性化提升，自我效能感进一步增强，符合语文课程理念与课程目标的要求。

四、语文课程实践的转型与重构

语文课程实践是语文学科教学最基础的环节，语文课程理念、课程目标、课程结构共同决定着语文课程实践的具体内容，决定着语文课程与教学的具体方向，决定着教师“教”的方法和学生“学”的方式。同样地，语文课程理念、语文课程目标和语文课程结构的转型必然会带动语文课程实践的转型与重构，使教师的“教”和学生的“学”产生一系列变革。

（一）教师教学方法的改变

转型之前，语文课程实践在教学建议上分为了方向建议和具体建议两大部分，其中方向建议分别从语文课程功能、语文课程特点、学生学习方式、教师与语文课程同步发展四个方面阐述语文教学实践对学校和教师的要求；具体建议分别从必修课程和选修课程两种课程类型谈起。必修课程在“阅读与鉴赏”“表达与交流”两方面给予了教师具体、明确、有指导性的教学建议；而选修课程则分别针对五个系列，给予教师不同的具体教学建议。总体上看，这一时期对教师教学方法的建议和指导十分明确、具体，可操作性强，可以有效地指导语文教学实践。

转型后，课程实践以学习任务群的形式呈现出来，每个任务群都有着不同的教学目标与要求，并穿插在必修课程、选择性必修课程和选修课程中，体现出多样性的特点。同时，语文课程实践的转型也对教师教学方式提出了新的要求。在2017年版《普通高中语文课程标准》中，每个学习任务群后都附有“教学提示”，以“整本书阅读与研讨”学习任务群为例，教学提示具体表述为：“本任务群在必修阶段安排1学分，18课时。应完成一部长篇小说和一部学术著作的阅读，重在引导学生建构整本书的阅读经验与方法。在选择性必修和选修阶段要运用这些经验与方法阅读相关作品，不专门安排学分。

“(1)指定阅读的作品，应语言典范，内涵丰富，具有较高的思想水平和文化价值。根据学生的生活实际和发展需要，注意选择反映中华优秀传统文化、革命文化和社会主义先进文化的作品。指定阅读的作品可以从教材课文节选的长篇作品中选择，也可由师生共同商定3—5部作品，学生从中选择一部阅读；选择相同作品的学生可以自由组合，进行交流讨论。

“(2)课时可安排在两个学期，宜集中使用，便于学生静下心来，集中时间和精力，认真阅读一本书。学生在反复阅读过程中，每读一遍，重点解决一两个问题，有些地方应仔细推敲，有些地方可以略读或浏览。阅读要有笔记，记下自己思考、探索、研究的心得。

“(3)阅读整本书，应以学生利用课内外时间自主阅读、撰写笔记、交流讨论为主，不以教师的讲解代替或限制学生的阅读与思考。教师的主要任务是提出专题学习目标，组织学习活动，引导学生深入思考、讨论与交流。教师应以自己的阅读经验，平等地参与交流谈论，解答学生的疑惑。

“(4)教师应善于发现学生阅读整本书的成功经验，及时组织交流与分享。应善于发现、保护和支持学生阅读中的独到见解。”

从中可以看出，重构后的语文课程实践更加注重教师对学生的引导作用，要求教师在教学过程中关注学生的学习能力、学习方法、学习态度与学习期望等因素，进而选择和调整教学方式，完成教学目标。这种转变在课堂组织形式、师生关系、学生学习兴趣等各方面都起到了积极作用，有助于学生学习主体地位的确立。

(二)学生学习方法的改变

转型之前，语文课程实践只对教师教学提出了具体建议，没有涉及对学生学习方法的引导;强调知识与能力,体现了一段时期以来语文教育重视学生能力与素养习得的特征。

转型之后,除了对教师教学方式提出相关建议外,语文课程实践还对学生学习方法提出了具体建议。在2017年版《普通高中语文课程标准》中,每个学习任务群后都附有“学习目标与内容”,且排列在“教学提示”之前,以“整本书阅读与研讨”任务群为例,学习目标与内容具体表述为:

(1)在阅读过程中,探索阅读整本书的门径,形成和积累自己阅读整本书的经验。重视学习前人的阅读经验,根据不同的阅读目的,综合运用精读、略读与浏览的方法阅读整本书,读懂文本,把握文本丰富的内涵和精髓。

(2)在指定范围内选择阅读一部长篇小说。通读全书,整体把握其思想内容和艺术特点。从最使自己感动的故事、人物、场景、语言等方面入手,反复阅读品味,深入探究,欣赏语言表达的精彩之处,梳理小说的感人场景乃至整体的艺术架构,理清人物关系,感受、欣赏人物形象,探究人物的精神世界,体会小说的主旨,研究小说的艺术价值。

(3)在指定范围内选择阅读一部学术著作。通读全书,勾画圈点,争取读懂;梳理全书大纲小目及其关联,做出全书内容提要;把握书中的重要观点和作品的价值取向。阅读与本书相关的资料,了解本书的学术思想及学术价值。通过反复阅读和思考,探究本书的语言特点和论述逻辑。

(4)利用书中的目录、序跋、注释等,学习检索作者信息、作品背景、相关评价等资料,深入研读作家作品。

(5)联系个人经验,深入理解作品;享受读书的愉悦,从作品中汲取营养,丰富自己的精神世界,逐步形成正确的世界观、人生观和价值观。用自己的语言撰写全书梗概或提要、读书笔记与作品评介,通过口头、书面形式或其他媒介与他人分享。

学习目标与内容多为学生可以通过自学或合作学习完成的学习任务,而教学提示是指教师在学生自学或合作学习的基础上给予指导、给出意见,或提出更高要求。可见,语文课程实践在转型与重构之后,不仅更加重视学生学习的主体地位,还突显了教师的主导地位,将教与学有机地结合在一起,实现学生核心素养的发展与提升。

【思考与探究】

1. 简述语文课程工具性与人文性的关系。

2. 简述语文学科核心素养的内涵。

3. 简述语文课程基本理念的内涵。

【拓展阅读】

王文彦,蔡明:《语文课程与教学论》,高等教育出版社,2002年版。

第三章
语文课程目标与评价

YUWEN
KECHENG
MUBIAO
YU
PINGJIA

第一节
语文课程目标

语文课程目标规定了语文课程的教学任务，规定了不同学段、不同发展水平的学生对语文课程的掌握程度，并对语文教学方法做出了一定程度的指导和规定。随着时代发展和语文教育事业的不断推进，我国语文课程目标也相应地进行着调整。

不同学段有着不同的学习任务，语文课程目标分为义务教育阶段课程目标和高中阶段课程目标两类。

（一）义务教育阶段语文课程目标

1. 义务教育阶段语文课程目标的设定

2011 年版《义务教育语文课程标准》中的课程目标分为总目标和阶段目标两类。

（1）总目标

总目标共有十项。前五项从语文素养的提升这一宏观方面着眼，侧重“情感态度与价值观”和“过程与方法”两个维度。后五项从具体的语文能力培养方面着眼，侧重“知识与能力”维度。

①“在语文学习过程中，培养爱国主义、集体主义、社会主义思想道德和健康的审美情趣，发展个性，培养创新精神和合作精神，逐步形成积极的人生态度和正确的世界观、价值观。”这一项目标突出强调了语文“立德树人”的目标，充分体现了课程标准对“培养什么人”的内涵界定。

②“认识中华文化的丰厚博大，汲取民族文化智慧。关心当代文化生活，尊重多样文化，吸收人类优秀文化的营养，提高文化品位。”这一项目标强调了语文学科多元文化观，正确了解中华优秀传统文化、革命文化、各民族优秀文化和社会主义先进文化，坚持传承与发展，应适时体现在语文课程思想与实践中。

③“培育热爱祖国语言文字的情感，增强学习语文的自信心，养成良好的语文学习习惯，初步掌握学习语文的基本方法。”这一项目标关注了语文学习态度和方法等方面的要求，也是对语文学习内容的基本要求。

④“在发展语言能力的同时，发展思维能力，学习科学的思想方法，逐步养成实事求是、崇尚真知的科学态度。”这一项目标强调语文课程要注重提升学生的思维品质，使其养成科学的态度。

⑤“能主动进行探究性学习，激发想象力和创造潜能，在实践中学习和运用语文。”这一项目标强调语文学习是探究的过程，也是实践和创新的过程。

⑥“学会汉语拼音。能说普通话。认识3500个左右常用汉字。能正确工整地书写汉字，并有一定的速度。”这一项目标对汉语拼音、识字写字能力方面做了要求，这是最低目标，是语言建构与应用的前提与基础。

⑦“具有独立阅读的能力，学会运用多种阅读方法。有较为丰富的积累和良好的语感，注重情感体验，发展感受和理解的能力。能阅读日常的书报杂志，能初步鉴赏文学作品，丰富自己的精神世界。能借助工具书阅读浅易文言文。背诵优秀诗文240篇（段）。九年课外阅读总量应在400万字以上。”这一项目标拓展了学生阅读的视野与内容，还原了语文阅读隐性与显性目标并存的学习原旨，是阅读教学目标建构的基石。

⑧“能具体明确、文从字顺地表达自己的见闻、体验和想法。能根据需要，运用常见的表达方式写作，发展书面语言运用能力。”这一项目标对写作进行了规定，要求写作能力与阅读理解能力合一，并与思维品质的提升、审美情趣的养成和优秀文化传承交织在一起，互为促进，共同发展。

⑨“具有日常口语交际的基本能力，学会倾听、表达与交流，初步学会运用口头语言文明地进行人际沟通和社会交往。”这一项要求延展了语文的学习目标，将课堂教学与生活、知识习得与发展、学习与实践相互关联起来，引导学生在经验中、在自主学习中成长。

⑩“学会使用常用的语文工具书。初步具备搜集和处理信息的能力，积极尝试运用新技术和多种媒体学习语文。”这一项目标是对课程工具性特征的发展，工具性特征并不仅在语文学科系统内显示，也显示在外在于学科的新方法、新媒介的学习与使用中，与时俱进。

（2）阶段目标

阶段目标把九年义务教育划分为第一学段1—2年级，第二学段3—4年级，第三学段5—6年级，第四学段7—9年级，共四个学段。每个学段从识字与写字、阅读、写作（写话、习作）、口语交际、综合性学习五个领域分别提出目标，体现了课程目标的整体性和阶段性。

①识字与写字

识字与写字是阅读和写作的基础，而语言文字本身就是一种文化。尤其是我们的汉字，其中蕴含着丰富的文化信息，所以在识字写字方面，同样应体现语文的工具性与人文性的统一。新课程标准加强了在情感态度方面的要求，重视识字写字的姿势和良好习惯的培养。第一学段提出“喜欢学习汉字，有主动识字、写字的愿望”，“努力养成良好的写字习惯，写字姿势正确”。第二学段提出“对学习汉字有浓厚的兴趣，养成主动识字的习惯”，强调逐步培养独立识字的能力。为了落实总目标关于美育方面的要求，通过识字写字提高学生的审美情趣，第一学段提出“初步感受汉字的形体美”；从第二学段开始要求“用毛笔临摹正楷字帖”，进行书法练习；第三学段要求“在书写中体会汉字的优美”；第四学段提出“体会书法的审美价值”。

②阅读

阅读是语文课程的重要内容。阅读是搜集处理信息、认识世界、发展思维、获得审美体验的重要途径。阅读教学是学生、教师、文本之间对话的过程,阅读行为也意味着人与人之间确立一种对话和交流的关系。这种对话和交流是双向的、互动的,阅读文学作品的过程,是一种共同参与、共同创造的过程。

阅读目标在情感态度方面,强调养成阅读的兴趣和习惯,所以第一学段的第一个阅读目标,就是"喜欢阅读,感受阅读的乐趣",到第二学段则要求"养成读书看报的习惯"。

阅读教学除了强调阅读兴趣和习惯这些主观方面的因素外,还强调让情感态度和价值观渗透到阅读的内容和方法中。在第一学段的阅读目标中,第4项这样表述:"阅读浅近的童话、寓言、故事,向往美好的情境,关心自然和生命。"第二学段提出"关心作品中人物的命运和喜怒哀乐"。第三学段提出"说出自己的喜爱、憎恶、崇敬、向往、同情等感受""受到优秀作品的感染和激励,向往和追求美好的理想"。第四学段则从欣赏文学作品的角度,要求"有自己的情感体验,初步领悟作品的内涵,从中获得对自然、社会、人生的有益启示"。

在阅读的过程和方法方面,新课程标准特别强调要加强朗读,而且将之贯穿于各学段的目标之中,即要求用普通话正确、流利、有感情地朗读。"正确、流利、有感情"这三方面要求,不能割裂开来,但在不同阶段可以有所侧重。突出学生阅读行为的自主性,重在感受体验,整体把握,而不是纯理性的、机械的分析。在阅读目标上强化感受性、体验性,就是为了与长期流行的理性化阅读分析相抗衡。目标在第一学段提出"对感兴趣的人物和事件有自己的感受和想法",读诗歌要"展开想象……感受语言的优美"。第二学段提出"初步感受作品中生动的形象和优美的语言"。第三学段阅读叙事性作品要求"能简单描述自己印象最深的场景、人物、细节",阅读诗歌要求"想象诗歌描述的情境,体会作品的情感"。到第四学段,则提出了综合性的要求:"对作品中感人的情境和形象,能说出自己的体验;品味作品中富于表现力的语言。"

在语文知识的要求和表述方面,新的课程标准有较大变化。指导思想是:学习语文知识是为了运用,应该促使知识向能力方面转化,要重视培养学生的语感,而语感只有在大量阅读中才可能获得发展。课程阶段目标尽可能将知识要求转换成能力要求来表述。如关于标点符号,第一学段的目标是"在阅读中体会句号、问号、感叹号所表达的不同语气";第二学段目标为"在理解语句的过程中,体会句号与逗号的不同用法,了解冒号、引号的一般用法";第三学段目标为"在理解课文的过程中,体会顿号与逗号、分号与句号的不同用法"。又如理解词句,注重不脱离语境,在各学段目标中的要求分别为"结合上下文和生活实际了解课文中词句的意思""结合上下文和生活实际了解课文中词句的意思""能联系上下文,理解词句的意思,体会课文中关键词句表达情意的作用""能联系上下文和自己的积累,推想课文中有关词句的意思,辨别词语的色彩,体会其表达效果""体味和推敲重要词句在语言环境中的意义和作用"等。关于表达方面,从第三学段开始,提出"在阅读中了解文章的表达顺序，体会作者的思想感情，初步领悟文章的基本表达方法”，第四学段要求“在阅读中了解叙述、描写、说明、议论、抒情等表达方式”，将有关知识与阅读过程的展开和阅读能力的培养紧紧联系起来。语法修辞知识和文学知识，课程标准不主张系统地讲授，所以在各学段都未提出具体的目标要求。在第四学段，提出一条总括性的目标：“随文学习基本的词汇、语法知识，用来帮助理解课文中的语言难点，了解常用的修辞方法，体会它们在课文中的表达效果。了解课文涉及的重要作家作品知识和文化常识。”

课程目标特别重视加强积累。没有丰富的积累，不可能培养良好的语感，也不可能形成真正的听说读写能力。课程总目标要求在阅读方面注意“有较丰富的积累”，然后在各阶段目标中再对此加以具体化。首先从阅读的数量着手，一是提倡扩展阅读面，要求“养成读书看报的习惯，收藏图书资料，乐于与同学交流”“扩展阅读面”“广泛阅读各种类型的读物”。二是规定课外阅读量，第一学段课外阅读总量不少于5万字，第二学段不少于40万字，第三学段不少于100万字，第四学段不少于260万字。九年相加达400万字以上。其次提出积累各种素材，加强背诵的要求。要求“在阅读中积累词语”“积累自己喜欢的成语和格言警句”“积累课文中的优美词语、精彩句段，以及在课外阅读和生活中获得的语言材料”。背诵是积累的好方法，四个学段共要求背诵优秀诗文240篇（段）。

③写作

写作的阶段目标部分，第一学段称为“写话”，第二、第三学段都称为“习作”，到第四学段才称为“写作”，这是为了降低义务教育阶段写作的难度。低年级不必过于强调口头表达与书面表达的差异，应鼓励学生把心中所想、口中要说的话用文字写下来，让学生敢写。所以在低年级用“写话”来淡化写作意识，在中高年级用“习作”来初步体现作文意识，到初中阶段才称为“写作”。

写作初始阶段特别强调情感态度方面的因素，把重点放在培养写作的兴趣和自信上。第一学段是“对写话有兴趣”；第二学段是“乐于书面表达，增强习作的自信心”；第三学段要求具有初步的写作意识，“懂得写作是为了自我表达和与人交流”。第四学段则提出“写作时考虑不同的目的和对象”，要求具有比较自觉的写作目的。写作的兴趣和自信，还来源于在写作交流中所产生的成就感，新课程标准对此有意做了强化，在不同学段分别提出“愿意与他人分享习作的快乐”“能与他人交流写作心得，互相评改作文，以分享感受，沟通见解”等要求。

写作训练鼓励自由表达，倡导写作的个性化，在写作中培养学生的创新精神。第一学段的目标中提出“写自己想说的话，写想象中的事物”。第二学段提出“能不拘形式地写下自己的见闻、感受和想象”“注意把自己觉得新奇有趣或印象最深、最受感动的内容写清楚”。第三、四学段分别作了这样的表述：“养成留心观察周围事物的习惯，有意识地丰富自己的见闻”“多角度观察生活，发现生活的丰富多彩，能抓住事物的特征，有自己的感受和认识，表达力求有创意”。强调这些方面，有利于克服“假、大、空”的毛病。

对写作能力的培养强调要把注意力放在写作实践上，并在各学段提出了写作次数、字数上的量化要求。一是重视修改以及修改中的合作。如第二学段要求“学习修改习作中有明显错误的词句”，第三学段要求“修改自己的习作，并主动与他人交换修改”，第四学段要求“修改自己的作文，做到文从字顺。能与他人交流写作心得，互相评改作文，以分享感受，沟通见解”。二是重视在写作中运用已积累的语言材料。如第一学段只要求“在写话中乐于运用阅读和生活中学到的词语”，第二学段提出“尝试在习作中运用自己平时积累的语言材料，特别是有新鲜感的词句”，第三学段进而要求“积累习作素材”。

④口语交际

口语交际有两个突出的特点：一是综合性，二是情感性。

a.综合性

听说是两种能力，但在实际运用中，唯有综合起来才有意义。语文课程目标强调以贴近生活的话题或情境来展开口语交际活动，重视日常生活中口语交际能力的培养，体现了口语交际的实践性。如第一学段目标为“积极参加讨论，敢于发表自己的意见”，第二学段目标为“能就不理解的地方向人请教，就不同的意见与人商讨”，第三学段目标为“乐于参与讨论，敢于发表自己的意见”，第四学段目标为“讨论问题，能积极发表自己的看法”。

b.情感性

口语交际的核心是“交际”二字，所以情感态度十分重要。表现为人际交往的文明态度和语言修养，如自信心、勇气、诚恳、尊重对方、有主见、谈吐文雅等。第一学段要求“有表达的自信心”“与别人交谈，态度自然大方，有礼貌”。第二学段要求“学会认真倾听，并能就不理解的地方向人请教，就不同的意见与人商讨”。第三学段要求“与人交流能尊重和理解对方”“注意语言美，抵制不文明的语言”。第四学段要求“注意对象和场合，学习文明得体地交流”等。

在具有综合性和情感性的前提之下，口语交际的技能要求才有意义。如第二学段要求“听人说话能把握主要内容”“能清楚明白地讲述见闻”；第三学段要求听他人说话“能抓住要点”，“表达有条理，语气、语调适当”；第四学段要求“能根据对方的话语、表情、手势等，理解对方的观点和意图”，说话“清楚、连贯、不偏离话题”，“注意表情和语气……增强感染力和说服力”，讨论发言“有中心、有根据、有条理”，等。

⑤综合性学习

综合性学习旨在倡导一种新型的学习方式，培养学生的创新精神和实践能力，培养他们终身学习的愿望和品质。它重在学习过程，注重激发学生的创造潜能，有利于在实践中培养学生的观察感受能力、综合表达能力、人际交往能力、搜集信息能力、组织策划能力和团队精神等。综合性学习的阶段目标有以下几点。

a. 乐于探究

培养学生对事物的好奇心，养成问题意识。第一学段要求“对周围事物有好奇心，能就感兴趣的内容提出问题”；第二学段要求“能提出学习和生活中的问题，有目的地搜集资料，共同讨论”；第三学段要求“为解决与学习和生活相关的问题，利用图书馆、网络等信息渠道获取资料”，或“对自己身边的、大家共同关注的问题……组织讨论、专题演讲”；第四学段要求“能提出学习和生活中感兴趣的问题，共同讨论”“关心学校、本地区和国内外大事，就共同关注的热点问题搜集资料，调查访问，相互讨论”。

b. 自主学习

主要由学生自行设计和组织活动，特别注重探索和研究的过程。强调观察周围事物，亲身体验，包括自然、社会生活等各个方面，做到有感受，有发现，所以在第一学段要求“结合语文学习，观察大自然”，第四学段要求“能自主组织文学活动”等。

c. 主动参与

学生要有强烈的参与意识和合作意识，主动积极地投身各项活动中，善于与他人合作。所以在第一学段要求对提出的问题“共同讨论”“热心参加校园、社区活动”，第二学段要求“在活动中学习语文，学会合作”，第四学段进一步提出“体验合作与成功的喜悦”。

d. 勤于动手

综合性学习主要体现为综合运用、整体发展，能在学科的交叉中体现语文知识和能力的实际运用，促进学生素质的全面提高。第一学段要求在活动中用口头或图文等方式表达自己的观察所得及自己的见闻和想法。第二学段要求在家庭生活、学校生活中，尝试运用语文知识和能力解决简单问题。第三学段要求利用图书馆、网络等信息渠道获取资料，尝试写简单的研究报告；策划简单的校园活动和社会活动，对所策划的主题进行讨论和分析，学写活动计划和活动总结。第四学段要求在选出研究主题、制订简单的研究计划后，从报刊、书籍或其他媒体中获取有关资料，讨论分析问题，独立或合作写出简单的研究报告；搜集资料，调查访问，相互讨论，能用文字、图表、图画、照片等展示学习成果，目的都是培养学生的实际综合运用能力。

2. 义务教育阶段语文课程目标解析

义务教育阶段语文课程目标，体现了人文性与工具性的统一、思想性与审美性的统一。

(1)突出了学生在语文学习中的主体地位

义务教育阶段语文课程目标强调以学生重组信息、亲自体验为主，注重学生的内在需求，关注学生的求知欲，将学习兴趣、期待、态度作为学习语文的先决条件。在知识学习方面，注重系统化建构，强调与旧知识相结合，强调用学习到的知识解决新的问题；在学习方式方面，强调合作学习，突出学生个体在合作学习中的关键地位，强调学习共同体的建构与分享，强调主动地进行探究性学习；在能力如阅读能力培养方面，强调学生具有独立阅读的能力，把每一个学生都视为有独特学习兴趣、期待、态度、认知、方法、思维的自我，注重情感体验，发展个性，丰富自我精神世界等要求。即便是知识学习，也强调应符合学生的学习阶段、学习心理、学习思维，强调体系化，拒绝碎片化。

(2)突出了现代社会对语文能力的新要求

第一，强调学生要重视学习的"四根支柱"——学会学习、学会合作、学会生存、学会发展。具体而言，强调基于语文学习的学科核心素养，强调语文的稳定的、最基本的、适应时代发展要求的听、说、读、写能力，尤其关注语言文字的基本特点，注重语言的建构与运用，"培育热爱祖国语言文字的情感，增强语言文字学习的自信心"；第二，强调审美学习，"培养健康的审美情趣，形成积极的人生态度、正确的世界观与价值观"；第三，关注语文学习的思维能力，强调"学习科学的思想方法，养成实事求是，崇尚真知的科学态度"，"要激发想象力和创造潜能，在实践中学习和运用语文"；第四，强调独立阅读的能力，"要有丰富和良好的语感，注重情感体验，发展感受和理解能力"；第五，强调文化认知，"认识中华文化的丰厚博大，汲取民族文化智慧，关心当代文化生活，尊重多样文化，吸取人类优秀文化的营养，提高文化品位"。

(3)突出了语文课程的实践性本质

义务教育阶段语文课程目标还强调培养学生运用语文的能力，"要能正确、工整地书写汉字，有一定速度"，要求能阅读日常的书报杂志，初步鉴赏文学作品，"能够借助工具书阅读浅易文言文""能够运用常见的表达方式写作，发展书面语言运用能力""能够运用口头语言文明地进行人际沟通和社会交往"。

(4)注重引导学生初步掌握语文的学习方法，养成良好的学习习惯

义务教育阶段语文课程目标要求在语文学习过程中引导学生掌握学习语文的基本方法，养成良好的学习习惯，尤其是要强化适应实际生活需要的识字写字能力、阅读能力、写作能力、口语交际能力，学会自主、合作、探究学习，学会倾听，表达和交流，学会使用常用的工具书。

(5)提高学生的语文素养是课程的重要理念

义务教育阶段语文课程目标强调，要面向全体学生，使之获得基本的语文素养，"丰富语言积累，培养语感，正确运用祖国语言文字"，强调"发展思维，养成良好的学习习惯"，"提高思想道德修养和审美情趣，形成良好的个性和健全的人格"，强调"优秀文化的熏陶、感染作用"。

（二）高中阶段语文课程目标

1.高中阶段语文课程目标的设定

2017年，教育部颁布新版《普通高中语文课程标准》，深入总结了21世纪以来我国普通高中语文课程改革的宝贵经验，充分借鉴国际课程改革的优秀成果，将普通高中课程方案和课程标准修订成既符合我国实际情况，又具有国际视野的纲领性教学文件。

高中阶段语文课程目标要求学生通过阅读与鉴赏、表达与交流、梳理与探究等语文学习活动，在语言建构与运用、思维发展与提升、审美鉴赏与创造、文化传承与理解几个方面都获得进一步的发展；要求学生坚定文化自信，自觉弘扬社会主义核心价值观，树立积极向上的人生理想，为全面发展和终身发展奠定基础。

①语言的积累与建构。积累较为丰富的语言材料和言语活动经验，形成良好的语感；在已经积累的语言材料间建立起有机的联系，在探究中理解、掌握祖国语言文字运用的基本规律。

②语言表达与交流。能凭借语感和对语言运用规律的把握，根据具体的语言情境和不同的对象，运用口头和书面语言文明得体地进行表达与交流；能将具体的语言文字作品置于特定的交际情境和历史文化情境中理解、分析和评价。

③语言梳理与整合。通过梳理和整合，将积累的语言材料和学习的语文知识结构化，将言语活动经验逐渐转化为具体的学习方法和策略，并能在语言实践中自觉地运用。

④增强形象思维能力。获得对语言和文学形象的直觉体验；在阅读与鉴赏、表达与交流、梳理与探究活动中运用联想和想象，丰富自己对现实生活和文学形象的感受与理解，丰富自己的经验与语言表达。

⑤发展逻辑思维。能够辨识、分析、比较、归纳和概括基本的语言现象和文学现象，并能有理有据地表达自己的观点和阐述自己的发现；运用基本的语言规律和逻辑规则，判别语言运用的正误，准确、生动、有逻辑地表达自己的认识；运用批判性思维审视语言文字作品，探究和发现语言现象和文学现象，形成自己对语言和文学的认识。

⑥提升思维品质。自觉分析和反思自己的语文实践活动经验，提高语言运用的能力，增强思维的深刻性、敏捷性、灵活性、批判性和独创性。

⑦增进对祖国语言文字的美感体验。感受祖国语言文字独特的美，增强热爱祖国语言文字的感情。

⑧鉴赏文学作品。感受和体验文学作品的语言、形象和情感之美，能欣赏、鉴别和评价不同时代、不同风格的作品，具有正确的价值观、高尚的审美情趣和审美品位。

⑨美的表达与创造。能运用祖国语言文字表达自己的审美体验，表达自己的情感、态度和观念，表现和创造自己心中的美好形象；讲究语言文字表达的效果及美感，具有创新意识。

⑩传承中华文化。通过学习运用祖国语言文字，体会中华文化的博大精深、源远流长，体会中华文化的核心思想理念和人文精神，增强文化自信，理解、认同、热爱中华文化，继承、弘扬中华传统优秀文化和革命文化。

⑪ 理解多样文化。通过学习语言文字作品，懂得尊重和包容，初步理解和借鉴不同民族、不同区域、不同国家的优秀文化，吸收人类文化的精华。

⑫ 关注、参与当代文化。关注并积极参与当代文化传播与交流，在运用祖国语言文字的过程中，坚持文化自信，提高社会责任感，增强为中华民族伟大复兴而奋斗的使命感。

2. 高中语文课程目标的解析

《普通高中语文课程标准》将语言文字视为人类社会最重要的交际工具和信息载体，视为人类文化的重要组成部分。因此，课程目标也相应地注重培养学生语言文字运用的能力，注重引导学生在真实的情境中，通过自主的语言实践活动，积累言语经验，把握祖国语言文字的特点和运用规律。从思维培养层面看，课程目标注重发展学生的思辨能力，提升学生思维品质，注重培育社会主义核心价值观，培养高尚的审美情趣，积累丰厚的文化底蕴。具体而言，《普通高中语文课程标准》的课程目标具有以下几个特点。

第一，注重语文课程的育人功能。课程目标注重语文课程对继承和弘扬中华优秀传统文化、革命文化、社会主义先进文化的重要作用，认为语文课程具有培养文化自信、推动文化创新发展的巨大优势。课程目标的第七、十、十一、十二条中明确指出，应引导学生增强对祖国语言文字的热爱，传承中华文化并理解多样文化，同时还要关注和参与当代文化。这是课程目标坚持立德树人、增强文化自信的体现。

第二，注重对学生核心素养的培养。课程目标指出，语文课程应以核心素养为本，既要关注知识技能的外显功能，更要重视语文课程的隐形价值，还要关注语文课程在社会信息化过程中新的内涵变化。这包含了语言、思维、审美、文化四个方面的重要内涵，体现在课程目标的每个具体要求中。

第三，注重实践，促使学生转变学习方式。课程目标将语文课程视为实践性课程，将培养学生的语言文字应用能力视为语文学习的重要目标，注重在实践中增强学生学语文、用语文的自觉意识，“通过梳理和整合，将积累的语言材料和学习的语文知识结构化，将言语活动经验逐渐转化为具体的学习方法和策略，并能在语言实践中自觉地运用”；注重引导学生通过阅读与鉴赏、表达与交流、梳理与探究等语文实践，积累言语经验，进而提高语文能力。

第二节
语文课程评价

语文课程评价是以课程目标为方向，运用可操作的手段，对语文学习活动的效能和结果作出价值判断，并为被评价者提供反馈信息的活动。

（一）语文课程评价的功能

对于语文课程与教学而言，评价是一种价值判断的活动，具有诊断、导向、反馈调节和激励的功能。

1. 诊断功能

通过语文课程评价，师生不仅可以分别了解自己教学和学习的变化与进展，还能发现其中事实上存在或可能存在的问题，找到症结所在，进而提出改进和补救的建议。语文课程评价也是检查语文课程与教学活动的重要手段，根据评价标准对搜集的课程与教学信息进行整理分析，能够发现课程方案、教学计划、教学方法和学生学习中的优缺点，从而为修改课程方案、改进教学方法、改善学生的学习提供重要的信息。

2. 导向功能

语文课程评价对实际的教学活动有定向引导作用，能引导评价对象向预定目标前进。评价标准和评价内容常常左右着课程目标的制定和内容的选择、组织，以及教师的教和学生的学。通过评价，不仅教师能判断自己的教学活动与目标的“距离”，学生也能了解自己学习的情况，有利于教师的教与学生的学指向或转向课程目的或教学目标。

3. 反馈调节功能

师生能利用语文课程评价提供的反馈信息来修正各自的活动轨道，使课程与教学活动有序地进行。反馈信息有助于教师把握学生的特点和学习水平，对学生所掌握的知识技能进行判断。反馈信息也可为教师改善和矫正教学方法、调整教学进度提供依据。反馈不只是对课程与教学的效果进行一个总结和评价，还可使师生对发现的课程与教学中存在的问题进行及时调整和改进，从而改善课程与教学活动。

4. 激励功能

语文课程评价还可以起到激励作用，全面发展的教育理念促使其功能从重视甄别和选择转向重视激励和发展。语文课程评价的激励功能主要体现在学生对教师正面评价的渴求：一方面，为了获得正面评价，学生的学习动因大大提升；另一方面，评价结果本身也会对学生学习起到激励作用。语文课程评价能否对学生学习起到良好的激励作用主要取决于教师对激励规律和学生心理的把握程度，应注意避免使学生产生消极或防卫心理，以免降低教学评价激励功能的有效性。

（二）语文课程评价的基本方式

课程评价的类型按不同的目的与标准可以有不同的划分。从评价目的与范围看，可分为校外统一考试和校内组织的多种评价；从评价的类型、作用、时间看，可分为诊断性评价、形成性评价、终结性评价；从评价的方式方法看，又可分为笔试、口试、档案袋评价、表现性评价等等。对于语文课程而言，通常使用以下评价方式。

1.诊断性评价

在语文学习过程中，要关注学生的学习心理、学习过程、学习结果三个焦点区域，掌握和了解学生的学习心理。一般而言，教师在教学结束之后，要开展诊断性测试，它可以是量化的，也可以是质性的，主要是为了了解学生的学习认知水平和能力素养。同时，不同的地域背景、不同的性格特点、不同的学习能力，都将对学生学习产生影响，通过诊断性评价既可以掌握学生学习的平均水平，也可以为开展有针对性的教学及个性化教学提供依据。掌握了学生的学习心理后，对学生学习过程和学习结果同样可以做诊断性评价，以了解这两个方面的平均水平和学生个体学习的实际情况。

2.形成性评价

布鲁姆认为，形成性评价是“不带有任何要评成绩的联想”，是一种以检测、调整、反思、激励为目的的评价。语文学习是一个动态的过程，形成性评价强调通过不断的、有针对性的实时反馈，了解学生的学习情况，减少学习中的失误，增强学习信心。形成性评价通常的手段是随堂测试、单元小测试、口试，甚至是问卷性质的测试，使学生及时了解自己的学习情况，及时调整学习方式方法，强化学习动机。

3.终结性评价

终结性评价是指某一学习阶段或学期结束时进行的量化的测试评价。相对于形成性评价改进学习方式方法的目的，终结性评价强调学生的学习结果，以量化的方式对语文学习核心素养的掌握情况进行结果性评价。终结性评价有统一的测试和评分程序，能够对相同年龄或者相同年级的学生的成绩进行比较。终结性考试属于标准参照测验，是一种绝对评分，对学生达成某一教学目标以及掌握某一范围知识技能的真实情况给予评价。终结性考试的目的是了解学生学习的进展情况，了解学生学习的强项和弱点，了解关于教学计划和教学改进的信息。终结性评价要注重四个标准：常模、效度、信度和公平。

4.过程性评价

过程性评价强调非智力性评价,对学生的学习兴趣、学习期待、学习态度、学习方法、学习方式、学习思维、学习风格、学习个性等实际情况进行记录和说明,是在真实情境下实施和开展的。学习过程中要注意以下几个方面的评价:第一,学习习惯的形成;第二,学习策略的形成;第三,从信息经验以及自己的想法和信念中进行意义建构的水平;第四,学习态度;第五,学习目标;第六,自我调节水平;第七,学习责任心。

(三)语文课程评价的发展取向

语文课程评价的发展取向是指每一种评价所体现的特定的价值观。以"取向"为维度,我们可以把迄今为止纷繁复杂的语文课程评价归纳为三种:"目标取向的评价"、"过程取向的评价"和"主体取向的评价"。

1.基于"技术理性"的目标取向

目标取向的语文课程评价的哲学基础是"技术理性",强调"自然科学范式",追求评价的数字化、客观性、及时性。采用的基本方法是标准化、量化。目标取向的评价是把评价重点聚焦于教学目标的完成度、科学性以及学生掌握目标的客观结果。基于此,语文教师预设的教学目标是评价的主要依据,泰勒及布鲁姆关于评价的建议和要求一定程度上支持了这种看法。

技术理性目标的评价,其核心要素是教师对评价对象的有效控制,这种方式简便易行、容易操作。换言之,如果仅使用这种评价,容易使教师忽略学生作为学习行为主体的自觉性、创造性和不可预测性,更抹杀了学习过程的价值。相对于技术理性客观评价的准确、周全、系统,学生学习的动机、方法、思维和自我效能感却受到了忽视,成为空白,这是学生学习评价的巨大缺失。①

在实践过程中,工具理性的目标取向还要关注以下几个方面。一是评价的科学性,工具理性并不单指学生标准化测试分值的多少,还指向标准化测试本身的科学性。例如,在评价结果时要考虑到以下内容:数据的统计、频次分布表(分数排列,一般从最高排到最低,同时还伴有每一个分数出现的次数)、直方图(以图的形式表现出来的频次分布)、集中趋势(提供关于一组数据的平均数或典型分数信息的统计数字)、平均数(一组分数的平均数值)、中数(将所有分数依高低顺序排列后位于正中间的分数)、众数(出现次数最多的分数)。二是评价的有效性,有效性是指评价结果的正态分布,在正态分布中,大多数分数都聚集在平均数周围。以平均数为中心,向两端延伸得越远,分数出现的频次也就越低。正态分布也被称为正态曲线、钟形曲线。

① 朱绍禹.语文课程与教学论[M].长春:东北师范大学出版社,2005.

2. 基于“实践理性”的过程取向

实践理性强调量化评价与质性评价相结合，要求将学习过程本身的价值纳入评价的范畴。这种评价充分认识到学生学习过程中的情感、态度、价值观等方面在评价中的重要作用，强调过程的价值，强调学生学习主体性和创造性的重要意义。有语文教师直接提出基于过程的实践理性取向，认为要把学生视为主动学习者，帮助学生确定具体的学习目标，注意引导学生反省，引导学生把所学的知识用到现实中去；教学过程中注意和学生进行有效的交流。这些做法重视教师与学生在具体情境中的交互作用，强调把教师的教学目标预设、学生的学习过程及结果都纳入评价范围，甚至强调不论过程和结果怎样，只要学生参与学习都应给予肯定。这种看法，相较于工具理性是有进步意义的。然而我们要清晰地看到，虽然实践理性取向强调学生学习的主体地位，强调学习过程的重要性，但是，一方面，学生学习的主体地位是教师授予和强调的，从这一意义上说，教师还在掌控着学生所谓的主体性，学生并未实现真正的主动学习；另一方面，虽然教师强调教学过程的重要性、强调生成，但教学活动仍是在教师预设的框架内生成的。

新时期的语文教学实践理性的过程取向，可以适当调整为以下内容。其一，关于知识的目标评价。即学生对语文知识理解和运用的水平，学生学习过程中的学习心理、学习思维和自我效能感的层次；其二，关于思维的目标评价。即对学生语文学习过程中的直觉思维、形象思维、归纳和演绎思维、批判性思维等进行评价。其三，关于学生学习结果的评价。学习结果的评价不单指对学生知识学习的情况的评价，还指论文、报告、实验、文学作品等非智力性学习结果的评价。其四，关于情感的目标评价。主要指向学生的学习情绪、学习感受、学习期望、学习信念和人生观、世界观、价值观。

3. 基于“解放理性”的主体取向

“解放理性”是教育教学过程中，评价主体关于评价“解放”和“权利赋予”的基本理性，即兼具自主与责任双重属性，其核心是给予主体“权利”。这种主体取向倡导的是对评价情境的理解而不是控制，它是将教育教学评价的自由与解放作为评价的根本。真正的主体性评价不是靠“命令”“要求”等外部力量进行督促和控制，而是靠每一个评价主体对教育教学的反思意识和能力。换言之，主体是“自主”与“责任”的统一，要尊重价值多元，解决“过分依赖科学范式”“忽视价值的多元性”等问题。

在主体取向评价过程中，不论评价者还是被评价者都是平等的主体，是一种“交互主体”的关系。学校、教师、相关专业人员作为语文教学的“实施、管理人员”，在评价中居于主体地位；而学生个体、学生学习共同体以及家长也是评价的主体，是不同意义建构过程中不可或缺的组成部分。学生是特殊的主体，既是被评价者，又是评价者；既是评价的反思者，又是评价的发展者；既是评价的当然主体，又是评价的必然客体。

【思考与探究】

1. 简述高中阶段语文课程目标。
2. 简述语文课程评价的发展取向。

【拓展阅读】

1. 教育部:《义务教育语文课程标准》,北京师范大学出版社, 2011年版。
2. 教育部:《普通高中语文课程标准》,人民教育出版社, 2017年版。
3. 朱绍禹:《中学语文课程与教学论》,高等教育出版社,2005年版。

第四章 语文课程资源

YUWEN
KECHENG
ZIYUAN

第一节
语文课程资源的内涵与类型

语文课程资源的内涵十分丰富，其分类也有着不同的标准。分析语文课程资源的内涵与类型，有助于搜集、整合、利用优质资源，为语文课程研究和一线教学实践提供资源保障。

（一）语文课程资源的内涵

从广义上说，所有有利于实现课程目标的各类因素都是课程资源，它包括教科书、教辅书、教学设备、影像资料、网络资源、教学场所等物质资源，也包括教师、专家、教研员等人才资源，还包括社会环境、文化氛围等隐性资源。就语文学科而言，所有有利于实现语文课程目标的因素和条件都是语文课程资源。《义务教育语文课程标准》和《普通高中语文课程标准》分别对义务教育阶段和高中阶段的语文课程资源做了定义和具体阐述。

《义务教育语文课程标准》(2011)对语文课程资源做出了如下解析："语文课程资源包括课堂教学资源和课外学习资源，例如：教科书、相关配套阅读材料、其他图书、报刊、工具书、教学挂图，电影、电视、广播、网络，报告会、演讲会、辩论会、研讨会、戏剧表演，生产劳动与社会实践场所，图书馆、博物馆、纪念馆、展览馆，布告栏、报廊、各种标牌广告，等等。自然风光、文化遗产、风俗民情、方言土语，国内外的重要事件，日常生活的话题等也都可以成为语文课程的资源。"

从中可以看出，在义务教育阶段，一切对学生的语文学习有所帮助的材料、事物和环境都是语文课程资源，这是广义的语文课程资源，符合语文课程的实践性特点，有助于学生从生活中学语文，在生活中用语文。

《普通高中语文课程标准》(2017)对语文课程资源做出了如下解析："为满足普通高中语文课程多样化和选择性的需要，必须增强课程资源意识。语文课程资源形式多种多样，可以是纸质文本，也可以是多媒体资源、网络资源。各地区都蕴藏着自然、社会、人文等方面的语文课程资源，应积极利用和开发。自然风光、文物古迹、革命传统、风俗民情、国内外的重要事件、学生的家庭生活，以及日常生活话题等，都可以成为语文课程的资源。"

从中可以看出，高中阶段更加注重对语文课程资源的发掘、保护和创新。这既体现了对学生语文学习方式的重视,也体现出对语文课程资源建设本身的重视。

(二)语文课程资源的类型

基于观察课程实践和寻求课程发展对策的考虑,一般从功能特点和空间分布两个维度对课程资源进行分类。

1. 根据功能特点分为材料性课程资源和条件性课程资源

材料性课程资源,顾名思义,是语文教学中可以直接借鉴使用的教学资源,可以是完整的,可以是片断的,或者单一使用,或者整合性使用。语文教材也是一种特殊的材料性课程资源。条件性课程资源是指间接作用于语文教学的资源,有些是具体的,有些是抽象的。具体的是指可直接解读和鉴赏的文本,抽象的是指学习的方式或者方法,这些资源有时候被列入学生的学习方式。其实,单从使用价值与意义角度分析,其就是一种抽象的条件性课程资源。

材料性课程资源相对个性化,常有更新,在语文教学中关联着学生学习的过程与成效。一般包含教材、背景材料、事实材料、新闻、历史、传记、拓展材料、典故、故事、传说、微课、音频、视频等等;条件性课程资源相对稳定,在语文教学中关联着学生学习动机、思维、元认知能力的养成水平、创新和发展能力等,一般包含信息技术、物质环境等。当然,语文课程资源的这两大类型并非固定不变,随着语文学科的发展,这两种资源也在不断地发展变化着;另外,这两种资源之间并无鲜明的区别,在课堂教学的预习、上课、复习等不同阶段,语文课程资源也有着不同的作用,有的资源是材料性资源,也是条件性资源,如信息与网络技术、图书馆等资源。

2. 根据空间分布分为校内课程资源和校外课程资源

对于语文教学而言,校内外课程资源是容易区分的,问题在于这两部分资源一直在变化和更新中,并不能形而上地理解和使用这些资源。校内课程资源可以分为两部分,一是校内所有师生所共享的资源,有同一性、示范性和引导性的特点,例如学校图书馆、校本课程等;二是校内师生个性化的教学资源,显示着独特性、不可复制的特点,例如班级个性化读书角、班级学生录制的学习视频、语文教师为自己班级录制的微课等。

超出学校教育教学物理范围的课程资源即为校外课程资源,校外课程资源也分为两部分,一是校外的经典资源,其意义、作用与价值没有争议,学生在学习过程中可以从容使用,例如中央电视台《朗读者》节目;二是校外个性化的资源和数据,例如微信、微博、各种论坛、各种校外印发的学习材料、电影、话剧、诗歌朗诵比赛等,这些资源有一定意义,但都存在着个性化的理解与实践,可以启发学生思考与学习,但不能直接使用,而且即便其结论没有问题,也不能保证适用于每一位学生。这些资源良莠不齐,要去粗取精,选择性地加以接受和利用。

第二节 语文课程资源的利用与开发

整合语文课程资源的最终目的是为了更好地利用资源，因此要重视语文课程资源的利用与开发工作。

（一）课程标准对语文课程资源利用与开发的建议

《义务教育语文课程标准》（2011）和《普通高中语文课程标准》（2017）分别针对不同学段，对语文课程资源的利用与开发提出了建议。

1.《义务教育语文课程标准》

2011年，教育部颁布的《义务教育语文课程标准》中，对语文课程资源的利用与开发给出了较为明确的建议。

（1）各地都蕴藏着多种语文课程资源。学校要有强烈的资源意识，认真分析本地和本校的特点，充分利用已有的资源，积极开发潜在的资源，特别是人的资源因素和在课程实施过程中生成的资源因素。

（2）学校应积极创造条件，努力为语文教学配置相应的设备；还应当争取社会各方面的支持，与社区建立稳定的联系，给学生创设语文实践的环境，开展多种形式的语文学习活动。

（3）语文教师应高度重视课程资源的开发与利用，创造性地开展各类活动，增强学生在各种场合学语文、用语文的意识，通过多种途径提高学生的语文素养。

2.《普通高中语文课程标准》

2017年版《普通高中语文课程标准》对语文课程资源的利用与开发给出了明确建议。

（1）课程资源建设和学生的学习活动关联密切，既是师生动态运用资源的过程，也是不断生成资源的过程。应通过学习活动的设计，营造语言文字运用的情境，引导学生结合资源进行自主、合作、探究式学习。语文学习过程中随时生成的各种话题、问题、拓展材料以及学生成果等，也是非常有意义的课程资源。

（2）语文教师应充分发挥自身的潜力，参与必修课程和选修课程的建设，积极利用与开发各种课程资源，创造性地开展各类活动，提升自身的教学水平；应引导学生从现实生活中发现问题，提出活动主题，增强在各种场合学语文、用语文的意识，多方面地提高学生的语文素养；应聚焦课程目标，明确问题，整理、优化课程资源库。通过必要的精简、调整、补充，加强语文学习活动中内容和目标的整合，形成与教材相呼应的开放的教学格局，拓展学生的视野,促进学科核心素养的建构和发展。

(3)各地区、各学校应增强语文课程资源共建的意识,树立动态的资源观念,有计划地建设课程资源系统,精选教学案例、学习资源,通过点评、归纳与整理,完善资源库的建设;要让教师能够在教学中利用资源,优化教与学活动,推动课程教学的优化实施,促进语文教学的均衡发展、协调发展、特色发展;要通过校本教研、联片教研、网络教研等活动,以主题研修、课例研究等方式,引导教师分析问题、搜集材料、积累案例,不断丰富课程资源;要高度重视信息化环境下的资源建设,引导师生运用多种媒介和信息技术手段呈现学习内容,开展教学活动,促进教师自觉开发和利用语文课程资源,并为教学提供全方位的解决方案;可创造条件建立中小学、高校和研究机构联合的学习共同体,形成共建共享的资源建设机制。

(4)各地区、各学校的课程资源是有差别的,应认真分析本地和本校的资源特点,充分利用已有的资源,积极开发潜在的资源;应积极创造条件,努力为语文教学配置相应的硬件环境与资源系统;在充分利用已有资源,逐步推动语文课程新资源生成的同时,也应该注意学校之间资源的互补与共享;还应当争取社会各方面的支持,与社区、图书馆、博物馆、文化馆、科技馆、爱国主义教育基地等建立稳定的联系,给学生创设语文实践的环境,开展多种形式的语文学习活动。

(二)校外课程资源:搜集与延展

校外课程资源分布很广,可利用、开发的品种几乎多至无所不包。从实践热点着眼,为方便叙述,仅从以下两个方面予以归类考察。①

1.网络资源

网络不仅是课程资源共享的途径与手段,而且网络本身已成为一座具有无穷的、巨大的发展发掘潜力的课程资源库。从语文课程实施的需求和可能来看,网络资源利用和开发的研究和操作重点有以下几个方面。

(1)语文教学信息的教学化整合

网络信息数量庞大,在利用网络资源时,首先要进行的工作就是整合网络资源,使网络资源服务于语文教学。

信息的教学性,主要取决于语文课程相关的网络信息渠道等。课程资源需要满足以下两个基本条件:第一,能在有限的时间空间整合到的信息,要求低时耗、集中化、快效能;第二,有利于课程实施中教与学效率最大化的信息,要求信息节点间的关联度高,信息有启示性,信息内容与形式都提供了教学的操作抓手;第三,信息与学生经验具有较高契合度,即

① 朱绍禹.语文课程与教学论[M].长春:东北师范大学出版社,2005.

信息与学生的日常生活及日常文化活动相关，与学生阶段性思维指向、认知倾向相关，与学生学习技能水平相关，等。

(2)语文能力中的信息能力培养

“信息能力”包括认知(获取信息、理解信息、应用信息)、动作技能(机械操作、复杂反应、制作)、情感(信息观念、信息习惯、信息态度)三个侧面的多种技能和能力要素，这三方面要素在教学过程中往往是不可分割的，同时对学生的语文学习活动起作用。

第一，语文能力中的信息认知能力，指获取信息的动作技能和对信息的择别能力，前者包括机上读取、电脑专题检索、文字处理、下载、在线交谈等，后者则主要表现在信息筛选、鉴别、规避、利用等行为中。

第二，语文能力中的信息情感能力，主要指学生对网络资源例如网络口语、网络文学等的态度。语文课程如何一面引入网络资源，一面对网络资源实施控制，进而达到信息能力培养的理想境界，成为当今时代语文信息化教学的重要问题。

(3)语文教学活动的场景创设

网络资源的一大特长是其教学资讯的虚拟化、场景化，课程的知识点、能力点、训练点往往能够通过课件设计，在电脑与网络中跳出铅字文本的制约，让学生从人与文本(课本)的对峙中解放出来，进入情节化、互动式、多媒体、多重感知觉的“人—机—人”对话场景。

网络资源的特殊性使得传统语文课堂的教学模式发生了根本性转变。引用网络资源创设语文教学情境，可使语文课堂情境一定程度地动态化、情节化、生活化和社会化，使语文课堂不出校门即可具备一些类似文化场所、社会天地的功能。

2. 大众文化资源

大众文化作为文化的一种形态，已然进入了学生的校外学习生活，进入了语文学习领域。大众文化往往包含着“俗文化”因素，这对语文教学来说是具有挑战性的一种课程资源。

(1)辨别大众文化对教育教学的双向影响

大众文化产品主要包括以下几类：①受学生关注较多的、学生普遍选择的产品；②大众文化中的异类产品；③“世俗教科书”类产品；④网络读物。

从学生“学”的角度分析，大众文化中既有关于学生知识技能提升、拓展以及审美方面的内容，又有关于学生语文学习兴趣、语文价值认同的内容，还有关于学生语文学习方式习惯的内容，更有关于学生人格发展的内容；从教师“教”的角度分析，大众文化中既有关于语文课程内容的时代意蕴的，也有关于教师的大众文化批判力和大语文敏感的，更有关于语文课程开发的内容。这一类语文课程资源推动着语文学科的社会化进程，具有重要作用。

(2)发挥资源优势

大众文化往往会自发地在学生群体中流行起来，学生们愿意主动关注和接受大众文化的价值取向，因此教师可以顺应学生的心理期待，发挥大众文化的资源优势，调整教学方法，利用好大众文化这一具有代表性的语文课程资源。

3.经典文化资源

大众文化往往是对当前社会生活的直接反映，而经典文化视野宽阔、价值内涵丰富，同时又受到历史的洗涤，其内涵风骨、语言艺术、美的境界与文化价值都可以作为示范和模板。尤其对语文学科而言，经典文化资源对于语文核心素养的养成起着至关重要的作用。当前语文教育首先提倡“立德树人”，德为何，又如何立，经典文化资源都可以给出确切的回答，例如陆游诗文之于爱国、《史记》之于担当、鲁迅作品之于文化脊梁、《孟子》之于为人处世等等。

（三）校内课程资源：确认与重组

校内课程资源是主要的课程资源，它从条件、素材两方面支持并保证课程的常规运行，因而要加大开发力度。从课程发展和革新的需要和趋势看，语文校内课程资源要突破设施使用频度、课本精研程度等惯常的开发利用基准参照系的局限，探求多方位、深层次、非常规的资源，进而基于学科和师生学习需求进行资源重组，求取资源开发与利用效益的最大化。

1.条件性课程资源中的语文活动空间

语文课程实施的活动空间，并不局限于班级教室，还可以开放至校内其他场所（如图书馆、阅览室、录像室、展会等）；教学也可以从纸笔学习方式拓展到数字化、信息化方式。总体而言，条件性课程资源中物理环境或者手段的变化对语文学习是起着重要影响和作用的。

（1）学习心理优化和发展

在特定的学习空间，学生在语文学习活动中会出现三种学习心理的变化。一是学习动机与情感水平的变化。物理环境的变化可以增强也可以干扰学生的思维和信息加工质量，使学生的情感状态、兴趣与目标包括思维习惯都产生变化，从而形成动机与情感水平的变化。二是学习的内在动机的变化。条件性课程资源的转换使学习任务具有了新奇度和难度，这与学生的个人兴趣相关，教师在允许学生个性化选择资源时，会激发内在动机。三是学习思维的变化。条件性课程资源的转换有利于复杂知识和技能的习得，当因为固定的学习资源而使学习过程中问题的解决没有进展时，资源的转换将使资源的差异性更加明显，学习者的思维方式也随之发生变化，学生可能使用和选择适合自己的学习策略和方法，这有益于学习思维方式的优化和发展。

(2)学习行为与学习资源的互惠

按班杜拉的互惠学习理论,学生的学习环境(包括资源)发生变化则一定会引起学习行为的变化。具体而言,条件性课程资源的转换使学生群体的交互作用、人际关系等发生了变化,这影响到了学生的学习行为。例如信任和关爱的人际关系能够提高学生的归属感、自尊心以及自我接纳感,还可以形成积极的学习氛围,这有益于学生提升认知水平和行为能力。另外,学生学习行为的变化与能力的提升则会使条件性课程资源的布置更合理、更适于学习,有利于提高资源的内涵层次和实践视域。

(3)学习情感的培养和升华

在小学,条件性课程资源——语文学习空间的变化使同伴和群体的重要性增加,学生对友谊产生浓厚的兴趣。进入中学后,语文学习空间的变化使学生有了更广泛的兴趣爱好,学生与教师以及同伴有了更多的交往,学生的社会系统意识增强,可以产生顺应或者挑战的动机,这都将逐步影响学生的学习与情感状态。

2.材料性课程资源中的语文课程信息

语文教学中,材料性课程资源因为时代发展和社会信息化水平的提高而不断丰富,令语文课堂情境焕发出蓬勃的生命力。

(1)语文课堂教学中材料性课程资源的表征

①偶发性

在常规语文课堂教学中,学生以自主学习和合作学习为主。因为基础教育的特征,学生们思维活跃,常在课堂教学中提出质疑或者生成问题,材料性课程资源则有助于问题的解决。但是学生提出的问题语文教师并非都能预设得到,有时需要现场搜索和使用材料性课程资源,有一定的偶发性特征,这恰恰回应了语文教学生成性问题存在的必要性。

②多元化

语文教学过程中容易出现不同文体、不同重点的教学使用同一资源的现象,也易出现不同教师选用不同的材料讲述同一教学内容的情况。无论是同一资源的重复使用还是不同角度的新资源都说明了材料性课程资源的多元化,既要多角度地理解同一资源,也要从不同角度选择不同资源。如何确认以及加工这些繁杂的素材资源,是语文教学观察与研究的又一新视点。

(2)语文课堂教学中个性化使用材料性资源建议

①基于学生的个体差异使用资源

②基于学习的多样性来使用资源

③通过评价引导资源的使用

④衍生课程与教学的新内容

第三节
语文教材

语文教材是语文教学一线中最基础的教学资源,体现着语文课程性质和课程理念。我国语文教材经历了几次改革,体现出时代性与创新性特点。

一、语文教材的界定与价值

(一)语文教材的界定

语文教材是语文教学大纲或课程标准的物质体现形式,它以具体的内容和直观的形式体现教学大纲或课程标准的指导思想,是依据教学大纲或课程标准编订的。

(二)语文教材的价值

语文教材具有德智启迪、能力训练、知识积累、审美熏陶等功能。

1. 德智启迪

德,主要指思想品德修养。语文课程标准强调"立德树人",可见教材首先就要为学生树立"德"的榜样。语文教材中的选文都反映了作者鲜明的世界观、人生观和审美观,还包含着高尚的思想感情、鲜明的人格特性。学习这样的作品,学生的思想品德修养会受到潜移默化的影响;智,主要指智力。典范的语言作品,总要反映出作者观察的敏锐、分析的精辟、推理的周密、想象的新奇、联想的丰富、表达的巧妙等。学习这样的作品,学生的智力会得到开发。

2. 能力训练

叶圣陶在论述语文教材的功能时说:"国文教学的目标,在养成阅读书籍的习惯,培植欣赏文字的能力,训练写作文字的技能。这些事不能凭空着手,都得有所凭借。凭借什么?就是课本或选文。有了课本或选文,然后养成、培植、训练的工作得以着手。"教材对学生语文能力的训练作用是最基础、最不可轻视的,学生只有在语文功底扎实的基础上,才能培养高尚的思想感情,获得美的熏陶,形成文化底蕴。

3. 知识积累

学生的知识积累包括对语言文字的积累和对行文笔法的积累。这种积累首先会使学生逐渐熟悉、掌握正确运用祖国语言文字的方法；其次会使学生在进行创作尝试时，有话可说、有文可写。同时，只有大量积累了语文知识，学生才会对祖国语言文字产生强烈的认同感和归属感，这对于培养学生的文化自信有着潜移默化的积极作用。

4. 审美熏陶

语文本身就是一门富有美感的学科，语文教材中的好词佳句、诗词歌赋、名家名篇、精美插画等内容，都会在学习过程中给予学生美的熏陶。同时，语言文字本身就包含着强烈的情感，在学习课文的过程中，鲜明的人物形象、强烈的思想感情、正确的价值观都会使学生体会到美，给学生带来审美熏陶。

二、语文教材的类型

现代语文教材的内容由四种要素构成：范文系统、知识系统、实践活动系统、助读系统。[①]

(一)范文系统

范文即课文，是语文教材的主体，范文一般是教材编者精心选择的文质兼美的典范文章。范文系统的主要作用是示例和凭借，范文为学生提供读写听说的范例，饱含丰富的思想感情，向学生展示自然美、社会美，构成了美的世界。传授语文知识，训练语文能力，开拓学生视野，养成语文学习的良好习惯，进行思想教育，培养审美情趣，增加文学底蕴等，都要以范文系统为凭借。

把范文作为教科书的主体内容，并使之形成一个独立的系统，这是语文教科书区别于其他学科教科书的一个鲜明特点。语文学科必须以范文系统为主体，作为消化知识、训练能力、发展思想、扩展视野、孕育情感的凭借。知识系统、实践活动系统等，都是围绕着范文系统编排的。“文选”类教科书作为学生语文学习工具书的主体，选择恰当的范文就显得尤为重要。

(二)知识系统

把语文知识列入语文教材，始于1935年夏丏尊、叶绍钧合编的《国文百八课》。知识系

① 王文彦，蔡明. 语文课程与教学论[M]. 北京：高等教育出版社，2002.

统的作用是为读写训练服务。1949年后的语文教材中，加强了语文知识教学，并逐步形成了知识系统。知识系统包含听说读写知识、语言知识、文体知识、文学常识四大方面，有利于全面、系统地提升学生的语文素养。语文课程理念的发展要求重视学生的综合素养，但这并不意味着忽视基础知识的学习。语文教材应该给以学生系统、全面、科学的知识能力培养，从而帮助学生实现综合素养的提升。

（三）实践活动系统

语文课程是一门实践性课程，因此，语文教材也要重视实践活动。语文教材的实践活动系统应与范文系统和知识系统相配合，安排恰当的实践活动，在实践中逐步提高学生的动口、动手、动脑能力。

（四）助读系统

助读系统，顾名思义，就是帮助学生辅助阅读课文的，它往往附在范文系统之后，对课文进行提示或注释，帮助学生理解课文的学习目的、学习要求、学习重点难点、学习方式方法等。助读系统的作用主要有三个方面：一是有利于培养学生的自学能力，使学生养成自学的习惯；二是使该教科书的使用者明白教学的统一要求，并将之作为教学参考；三是助读材料中的某些重要提示往往体现科研、教研新成果或先进的教育思想，可以促进语文教学改革。①

三、语文教材的发展与创新

我国从古至今都十分重视对语文教材的研究。

（一）我国各个时期的语文教材

1. 古代语文教材

在我国古代，语文没有单独设科。就教育功能来看，识字课本和文选属于语文教材的范畴。

我国古代的识字课本最具代表性的是“三百千”，即《三字经》、《百家姓》和《千字文》，基本特点就是集中识字和韵文化。后来发展到用诗歌兼作识字课本，如南宋刘克庄编、明末清初王相选注的《千家诗》，清孙洙编的《唐诗三百首》等。汉以后，文选之风渐盛。如南朝

① 王文彦，蔡明. 语文课程与教学论[M]. 北京：高等教育出版社，2002.

梁萧统的《昭明文选》、宋真德秀的《文章正宗》、谢枋得的《文章轨范》、吕祖谦的《古文关键》、楼昉的《古文标注》、清吴调侯的《古文观止》、姚鼐的《古文辞类纂》等。其中影响最大的是《古文观止》,时间跨度2000余年,选文200余篇,平均十年一篇好文章,堪称文章典范。①

2. 现代语文教材

(1)1934年王伯祥编的《开明国文读本》,以文选为主,有少量的知识点拨和习作指要,按文体分单元,有记叙、抒情、解释、议论、应用、名著等。各种文体循环往复使读写能力螺旋式上升。

(2)1935年夏丏尊、叶绍钧合编的《国文百八课》,编辑要旨中说:"编辑旨趣最重要的一点就是,想给国文以科学性,一扫从来玄妙笼统之观念。"结构形式是以文选为主,有较为系统的语文知识和练习设计,按知识和能力点分为108个单元,每单元由语文知识、范文和练习组成。《国文百八课》以学习范文为主,以提高读写能力为目的,知识服务于范文和理论。

3. 改革开放以来的语文教材

改革开放后,国家教委于1986年成立"全国中小学教材审定委员会",改革中小学教材。这一时期,产生了8套教材以适应不同地区的教学需求,这8套教材有以下共同特征:第一,均采用单元组合的编纂形式;第二,增强了教材编写的目标意识;第三,教学并重,既是"教材"也是"学材";第四,体现出了明显的时代性,选取了当时的热门事件,并开始注重教材设计的精美。

(二)语文教材的创新

2011年《义务教育语文课程标准》、2003年《普通高中语文课程标准(实验)》以及2017年新版《普通高中语文课程标准》的颁布,掀开了语文教材建设的新篇章。

1.《义务教育课程标准试验教科书·语文》

《义务教育语文课程标准》"教材编写建议"中提出10项建议:第一,教材编写应依据课程标准,全面有序地安排教学内容,设计教学活动,并注意体现基础性和阶段性,关注各学段之间的衔接;第二,教材应体现时代特点和现代意识,关注现实,关注人类,关注自然,理解和尊重多样文化,有助于学生树立正确的世界观、人生观、价值观;第三,教材要注重继承与弘扬民族优秀文化和革命传统,有助于增强学生的民族自尊心和爱国主义感情;第四,教材应符合学生的身心发展特点,适应学生的认知水平,密切联系学生的经验世界和想象世界,有助于激发学生的学习兴趣和创新精神;第五,教材选文要文质兼美,要具有典范性,富

---

① 王文彦,蔡明.语文课程与教学论[M].北京:高等教育出版社,2002.

有文化内涵和时代气息，题材、体裁、风格丰富多样，各种类别配置适当，难易适度，适合学生学习。要重视开发高质量的新课文；第六，教材应注意引导学生掌握语文学习的方法，养成良好的学习习惯。课文注释和练习等应少而精，具有启发性，有利于学生在探究中学会学习；第七，教材内容的安排要避免烦琐，简化头绪，突出重点，加强整合，注重情感态度、知识能力之间的联系，致力于学生语文素养的整体提高；第八，教材的体例和呈现方式应灵活多样，避免模式化。设计的体验性活动和研究性专题要体现语文特点，内容适量，便于实施；第九，教材要有开放性和弹性。在合理安排基本课程内容的基础上，给地方、学校和教师留有开发、选择的空间，也为学生留出选择和拓展的空间，以满足不同学生学习和发展的需要。第十，教材编写应努力追求设计的创新和编写的特色。要重视现代教育技术在语文课程中的运用。编写语言应准确、规范。

《义务教育课程标准试验教科书·语文》力图构建语文的综合实践体系，贯彻工具性与人文性相统一的精神，以改变过于强调接受学习、机械训练的现状，积极倡导自主、合作、探究的语文学习方式，注重培养学生的创新精神，使学生在实践中学习语文。

(1)构建新的教科书体系

该版语文教材强调语文与生活的联系，按人与自我、人与自然、人与社会三大板块组织单元。每个单元包括“阅读”与“综合性学习·写作·口语交际”两部分。

阅读部分以阅读能力的发展为线索，强调实践环节，强调整体感悟、理清思路、体验情境、把握意蕴、品味语言、鉴赏评价等，同时以各种常用的阅读技能相配合，进行专题设计。例如，强调正确、流利、有感情地朗读，在朗读中体验作品的情感和美感，培养语感，积累语言材料；支持略读，强调快速感知课文内容，理清思路，迅速提取信息；支持精读，重要篇章要仔细体味和推敲重要词句的意义、作用；强调多元解读，从各种角度深入解读课文，适时进行鉴赏性、评价性阅读。

(2)积极提高学生的语文素养

选文以经典为主，强调使学生丰富人文积淀，理解人格内涵，激活审美情趣，提升文化品位，不断提高人文素养和精神境界，为全面发展提供保障，为终身学习奠基。教材选用了孔子、孟子、鲁迅、郭沫若、朱自清以及莎士比亚、契诃夫等人的作品。这些作品强调了人类精神的可贵，不只是语言学习的范例，更是精神长存的表率。不同的风格、不同的文体、不同的时代、不同的思想都为学生的语文学习提供了宏大的艺术与文化平台，既使学生领略中华民族悠久的传统文化和灿烂的现代文明，又教会学生尊重和理解文化的多样性，形成开放的意识和国际视野。

单元、课文前的提示和课文后的“研讨与练习”，兼顾了三维教学目标。例如人教版九年级上册第一单元的提示为：对大自然的赞颂，是诗歌永恒的主题。诗人从自然中获得灵感，受到启示，用美妙的诗行，弹奏出自然的乐音，抒写心中的情志。欣赏这些诗歌，可以唤起我们丰富的想象和情感的共鸣，使我们更好地体味自然的诗意，人生的情趣。学习这些诗歌，要在反复诵读的基础上，展开想象和联想，感受诗歌中的自然美景，理解诗人的思想情感，品味含蓄、精炼、优美的诗歌语言。

“综合性学习·写作·口语交际”活动的主题都是与学生学习和生活相关的问题。

(3)积极倡导自主、合作、探究的语文学习方式

教材注重培养学生的学习个性和自主发展能力以及创新精神。阅读部分主张自主阅读，独立阅读，个性化阅读。不再坚持对主题思想、写作特点的模式化学习，引导师生创造学习情境，开展自主、合作、探究式的语文学习。

(4)突出学生的语文实践活动

教材注重在实践中教语文。这套教科书建立的是一个综合实践活动体系。杜威提倡的“做中学”也就是这个道理。在传统的语文教学中，学生很少有活动的机会，这当然阻碍了其自然发展。教学过程应该是“实践”的过程，语文教学应该从学生现有的生活经验出发，让学生在实践活动中学习。

教材把口语交际安排在综合性实践活动中，突破了课堂教学的物理环境限制，与生活结合在一起，变成了学生生活的一部分，更新了学生的学习经验，有助于激发学生的学习动机。

2.部编版语文教材

根据新一轮基础教育课程改革的要求，从2012年开始，教育部统一组织编写义务教育道德与法治、语文和历史三科新教材。从2012年开始到2017年上半年，经国家教材委员会审查通过，部编版教材完成了全部的编审工作。从2017年9月1日秋季学期开始，三科教材在全国中小学起始年级开始投入使用。

部编版教材在组织编写过程中，本着德育为先、以学生为本、继承发展的原则，突出以德塑魂、易教利学、守正创新。其中，语文学科采取“语文素养”和“人文精神”两条线索相结合的方式编排教材内容，以发挥其独特的育人价值，以文化人。同时，新教材还注重结合学科特点和不同年龄段学生认知特点，按照“整体规划，有机融入”的原则，围绕社会主义核心价值观，精选相关学习内容，设计栏目活动，采用多样化的呈现方式，促进学生学思并举、知行合一。

义务教育阶段部编版语文教材突出加强了对学生的革命传统教育，使学生从革命精神中感知责任使命，在历史坐标中构筑时代担当。①

(1)丰富内涵，革命传统教育更具体、更形象

革命传统教育的强化，首先体现在教材相关篇目的选取上。据统计，在教育部统编语文教材中，小学有40余篇、初中30多篇课文体现了革命传统教育。

---

① 中华人民共和国教育部政府门户网站.义务教育统编语文教材突出加强革命传统教育[EB/OL][2018-04-19]. http://www.moe.gov.cn/jyb_xwfb/s5147/201805/t20180517_336290.html.

《朱德的扁担》《不懂就要问》《我不能失信》等课文以小见大，展现老一辈革命家不搞特殊、艰苦奋斗、诚实守信等高尚品德；《为人民服务》《难忘的泼水节》《邓小平爷爷植树》等篇目，赞颂革命领袖与人民群众心连心，全心全意为人民服务、实事求是的优良作风；《黄继光》《狼牙山五壮士》《王二小》《小英雄雨来》等彰显了革命英雄不怕流血牺牲的献身精神和坚定的爱国主义信念。这些选文使学生从感性认识上升到理性思考，逐渐形成正确的世界观、人生观、价值观。

(2)联系生活，革命传统教育照亮现实

统编语文教材不仅注重发掘革命战争年代故事的深刻意义和现实价值，也选入了许多描写和平时期继承和发扬优良革命传统、克服困难保家卫国、甘愿在平凡岗位奉献青春的文章。

《邓稼先》一文，让学生思考自己的人生道路和成长目标；《雷锋叔叔，你在哪里》让学生体会榜样的力量；《千年梦圆在今朝》通过讲述中国古代以来的飞天梦想、新中国成立以来航天事业的飞速发展，让学生了解当前科技发展动态，增进学习兴趣和动力。教材中历史与现实交织，可以激发起学生的爱国主义情感，增强实现民族复兴的历史责任感；思考题设计、名著导读等形式丰富多样，既引导学生思考现在、展望未来，又给教师提供了发挥和拓展空间。

(3)实践内化，革命传统教育从课堂走向社会

教材是进行革命传统教育最重要的蓝本，但是革命传统教育不能仅限于教材。

小学统编语文教材特别开辟了“和大人一起读”“我爱阅读”等栏目；初中教材设置了一定数量的自读课文和名著导读。《红星照耀中国》《长征》《红岩》《钢铁是怎样炼成的》等红色经典名著，被列为教师指导学生阅读的篇目。部编版教材还安排了诸如做英雄册、清明节到烈士陵园扫墓、到爱国主义教育基地参观纪念馆、采访身边的英雄等综合性的语文实践活动，有效发挥了综合育人作用。

【思考与探究】

1. 简述语文课程资源的几种类型。

2. 简述高中阶段语文课程资源利用与开发的要求。

3. 简述部编版语文教材的创新之处。

【拓展阅读】

1.[美]约翰·W·桑切克：《教育心理学》，世界图书出版公司，2007年版。

2.[美]多尔：《后现代课程观》，教育科学出版社，2015年版。

第五章

语文教学的设计与义理

YUWEN
JIAOXUE
DE
SHEJI
YU
YILI

教学设计是有效传递知识经验的设想和计划,为教师提供了科学性、可操作性的教学实施活动方案。具体而言,教学设计是根据教学对象和教学目标,确定合适的教学起点与终点,将教学诸要素有序、优化地安排,形成教学方案的过程。从更广阔的意义上说,教学设计"要开辟应用一切学习资源,实现教育社会化、民主化、个性化的广阔途径,更重要的是教学设计应当具有与变革的社会协同演进,并推动社会变革的能力"[①]。

第一节 语文教学设计的涵义及原则

一、语文教学设计的基本涵义

语文教学设计是以促进语文学习的方式影响学习者的一系列活动,是一个系统化规划教学系统的过程。根据其内涵,可以看出它具有以下几个特点。

第一,以学习者为中心。语文教学设计强调学生学习的主体地位,要求学生不仅仅掌握知识,更要关注知识的发展;不仅掌握学习策略,还要关注学习心理、学习思维的形成;不仅有简单的教学期望,更要指向自我效能感的发展与提升。基于此,语文教学设计要面向学生,注重其差异性、主动性、积极性,并针对教学内容、学生学习心理、学生思维特征具体设计学习环节,营造适宜的教学环境,预设有效的教学行为,三者互惠,促进学生学习。

第二,以学习论和教学论为基础。在语文教学设计过程中,学习理论和教学理论可保证其科学性、有效性,同时学习论和教学论的发展也促进了教学设计理念的不断更新,为教学活动科学有效实施提供了保障。

第三,有较强的系统性。语文教学活动本身就是系统的,语文教学设计就是对语文教学活动进行的系统性创设,在此过程中,语文教学设计要紧紧围绕教师、学生、教学影响具体开展。具体而言,就是针对教师、学生、教学目标、教学内容、教学资源、教学手段、教学方法、教学环境等一系列问题进行系统设计。

① 闫守轩.课程与教学论:基础、原理与变革[M].北京:北京师范大学出版社,2015.

二、语文教学设计的基本原则

（一）科学性原则

教学设计要在以下三个方面表现出科学性、逻辑性、清晰性的特点。

首先，符合学习论、课程论、教学论一般原则规范，同时符合学科课程标准的相关要求。发展心理学向我们展示了了解学生如何学习并适应周围世界的创造性方法，让我们看到认知发展中需要寻找的重要东西，同时向我们揭示了在环境状况允许向下一个更高阶段逐步过渡的前提下认知发展的一般方法。学习论强调重视儿童、重视学生，如何通过注意、记忆及策略来处理信息，强调准确地洞悉学生的思想需要更多策略上的支持，这些都明确说明对学生的学习而言，教师的教学要顺其自然，学生在身心成熟之前，不应过早地受到严格的驱使和逼迫，不应学习过多的东西，被动学习不会产生满意的效果。

其次，应着眼于学生的最近发展区，提升其学习水平。对于语文教学而言，学科教学最近发展区的科学实现过程，是基于语言、思维、审美、文化实现语文核心素养的教育过程。相对于自主学习可以掌握的知识与技能而言，教学设计还不得不关注那些相对于一般学习心理、学段难度过大，学生无法独立掌握，但是可以在他人帮助指导下学习完成的任务范围。在教学设计过程中，应关注学生独立完成的学习任务及教学要求，同时还要关注在更有能力的合作者和指导者的帮助下，儿童能够达到的更高的学习水平，并在此过程中设计具体的教学环节，指导学生重新组织信息和经验，使学生最终能够独立展示学习收获，或者完成预设的学习任务。基于此，教学设计的科学性体现为关注学生学习的个体性行为，为学生积极建构社会认知情境。

再次，符合具体教学学段的目标、教材的要求和学生的学习心理特点。语文课程是工具性和人文性的统一。工具性、人文性是语文学科教学设计的根据之一，同时教学目标又从知识与技能、过程与方法、情感态度与价值观三个维度进行设定，而无论哪个维度，从实践角度看都要考虑课程标准的一般要求、教材所承载的教学要素以及教材所承担的教学任务、教学重点，进而使教学设计更明确、更具体。

还要说明的是，语文教学设计还要遵循学生的一般学习心理。我们要看到每位学生的成长和其他所有学生之间都存在着相似之处，有趋同的学习心理特点，同时又和其他所有学生存在着差异，无论是趋同的心理特点还是学生的独特性，在教学设计中我们都应该有所关注，这是科学性的必然要求。基于此，语文教学相对于学生的学习心理，既不能过于艰深，也不能过于简单乏味，要把握学生学习心理的度，还要把握教学的度，例如语文教师预设拓展阅读材料一定要符合学生的理解与鉴赏水平。

(二)建构性原则

语文教师的教学设计要体现出建构性及系统性的预设学习目标、任务,科学进行教学分类,表现为系统设定学习目标、系统分析任务以及进行建构性的教学分类。

系统设定学习目标。行为目标是语文教师希望看见学生的语文学习表现发生改变的说明。对于语文学科的教学设计而言,行为目标应该非常具体,至少分为以下三个部分:一是学生的语文学习行为,这表现在语文的知识性建构和语文教学实践方面;二是行为产生的条件,语文教师要说明在教育教学过程中,如何评估或测试学生的学习行为;三是语文学习的效果标准,根据课程标准、教材要求、学段要求、学生学习心理特点,确定客观的学习效果标准。

系统分析任务。系统分析任务,就是将学生即将开展的语文学习分解成几部分。一是教师要确定学生学习具体语文任务所需要的技能和概念;二是语文教师要清晰了解学生完成语文学习任务所需要的材料与资源,确定学习共同体的形式、范围和内容;三是语文教师要按照完成的顺序列出相关任务的具体组成部分以及相关逻辑。

建构性的教学分类。此即将语文学习认知目标描述为低层次向高层次的分层排列,并且了解各层次的属性、逻辑关系、学习内容,进而形成建构性的认知分类,例如语文认知领域,我们可以按照布鲁姆提出的六个认知分类目标即认知、理解、应用、分析、综合、评价进行教学设计。

(三)综合性原则

语文学科教学设计的综合性原则具体表现在三个方面:一是语文教学内容的综合;二是语文教学形式的综合;三是语文与其他学科之间的综合。

语文教学内容的综合是语文学习各部分之间的整合、关联与系统化,将此作为贯穿语文学习的主线,可以稳定语文学科的结构法则、个性特征。从纵向上看可基于综合性使语文学习的设计更连贯、更有发展意义,前后支撑,系统发展。这种设计原则可以增强学生在语文学习中的认知、学习、联结、巩固、概括、比较能力,促进学生对语文学习的信息与经验的习得、转换与重组。

语文教学形式的综合,即语文学习综合性地使用自主合作探究的学习方式,综合运用多种学习方法,建构多维的课堂结构,形成多元的教学情境,这将更加适应学生的学习心理水平、理解认知能力,有利于激活学生的学习动机,有利于提升学生的学习认知策略和思维能力。

语文与其他学科之间的综合,是指将与语文教学具体内容相关的其他学科内容关联到语文教学设计中,引导学生从不同的学科角度理解认识语文学习。多模态的学习有利于学生形成学习多元认知,在理解鉴赏等方面全面而有个性的发展,有利于更清晰地认识语文学习的特点、规律和语文学习的价值,在语言、思维、审美、文化等多方面与其他学科学习相互照应、深化理解,获得质的发展与提升。

(四)发展性原则

在语文教学中,教学设计并不将学生作为被动的学习接受者,而是鼓励学生通过发现语文现象并对其进行理解鉴赏和反思,建构重组语文学习经验。

发展性原则具体表现在以下几个方面:第一,教学设计要强调面对全体学生,引导学生获得语文学科的知识,并将习得的知识用于进一步的学习和实践;第二,语文学习不是讲授知识、训练心智的简单过程,而是创造性的自主学习过程,是学生积极重构语文学习信息与经验的过程;第三,语文学习只是学生认识世界的一个途径,并不是学生学习的唯一内容,强调学生个体的成长和发展,相信学生个体的学习能力,强调学生的学习独立性,强调自我学习和发展,给学习个体以充分发展潜能的机会。语文学习强调学生是学习的主体,基于自主学习的讨论和相关活动都由学生具体发起。

(五)主体性原则

主体性原则,即以学习者为中心的原则。按照美国心理学会教育事务委员会工作组的界定,分为以下四个方面:一是认知和元认知因素,二是动机和情感因素,三是发展和社会因素,四是个体差异。

认知和元认知因素包括以下几个方面:一是学习的性质,强调语文学习即教师根据学生群体及个体的信息和经验水平进行有意识的意义建构,其学习效率是比较高的;二是学习的目标,强调语文教学就是学生在教师的帮助和指导下最终建构有意义的、连贯的语文知识表征;三是关于语文学习中的知识的建构,学生在语文学习过程中开展有意义的知识学习和建构,即不断地重新组合关于语文学习的框架性认识,在新知识与已有知识之间建构起联系,同时将新知识与生活实际联系起来;四是思维的建构,语文学习要求学生在学习过程中不断地熟悉了解并使用直接思维、形象思维、逻辑思维,提高思维品质,进而实现复杂的学习目标;五是学习环境的建构,教学设计要充分考虑学生和学习环境的关系,使语文教学适合学生现有的思维能力。设计有针对性的、个性化的学习环境,将会提升学生语文学习的水平。

动机和情感因素包括以下几个方面:一是动机和情感因素对语文学习有重要影响。语文课堂学习中,学习什么、学习多少都会受到学生学习动机的制约,而学习动机也会受到学习者个人情感状态、兴趣个性以及思维习惯的影响;二是学习的内在动机。语文学习为学生的创作力、思维力的发展等提供了平台,有助于学生学习动机的产生;三是学习动机对学习有较大影响。语文学习是复杂的,需要学生长期的努力,也需要教师的指导性实践,如果缺乏学习动机，那么在没有强制措施的情况下，学生是不愿意付出努力的。

发展和社会因素包括以下几个方面：一是发展对学习具有相当大的影响。在语文学习过程中，会出现不同的学习机遇和障碍，如果考虑到学生身体、智力、情感领域内和领域间的差异性发展，就会收获比较好的学习效果；二是社会对学习的影响。在语文学习过程中，学习效果还受到学生个体、学生群体以及社会之间相互作用的影响，人际关系和与他人交流的能力等因素也对学习产生影响。

个体差异包括以下几个方面：一是学习中的个体差异。在语文学习过程中，学生拥有不同的学习策略和能力，这些与学习经验直接相关，教师要考虑到通过改变教学方法和教学材料，设计学生个体和群体可以接受和适应的教学方案；二是学习的多样性。在语文学习过程中，教师要充分考虑到学生的差异，尊重和包容将会使学生的语文学习动机和学习水平得到提高；三是标准和评估。语文教师要制定适合的具有科学标准的语文学习评估方法，包括诊断评估、过程评估和效果评估。

三、语文教学设计的基本要素

（一）学习环境的设计

学习环境设计，是面向知识时代的教学设计框架建构的重心，是一种正在兴起和发展的教学隐喻，是教学设计范型发生转变的重要标志。学习受环境因素的影响，主要包括文化、技术和教学实践。学习并不是在真空中产生的，教师在学习者和学习环境的关系中起着重要的交互作用，学生的文化和社会差异会影响很多与教育相关的变量，例如学习动机、学习定位和学习思维方式等等，技术和教学实践必须要适合学生现有的知识水平、认知能力以及他们的学习和思维策略，此外还有教室环境。教室环境的信息丰富程度会对学生的学习产生极大的影响。还有另外一种观点认为学习环境不再仅指简单的桌椅、讲台布置等的物理空间环境，它还包括“活动、情境、资源、工具、支架、学习共同体和评价”七大要素。在进行学习环境的设计时要充分考虑语文教学理论与具体原则、逻辑，方向清晰了，要求明了了，环境设计也就有方法了。环境设计是优秀教学设计的基本保障，作为与教师、学生并列的教学影响的重要因素之一，它不可或缺。

例如设计语文课堂教学的物理环境时，其中的教室布置原则可以包括以下几个方面：一是减少座位相邻区域的阻塞现象；二是保证教师能清楚地看到每位学生；三是把常用的教学资料和学习用具放到容易拿到的地方；四是确保教师能够轻易地观察全班性的学生活动；等等。

(二)学习者的分析

学习者的分析强调在教学设计过程中分析学习者的学习起点,这要求语文教师在教学设计过程中要将注意力由自身转移到学生身上,要认识到学生对于学习环境和师生关系的理解是提高学生语文学习动机、成绩的重要因素。

前文我们强调学习者分析主要包括以下四个方面:学生的认知和元认知水平;学生的语文学习动机和情感;学生的发展和社会认知水平;学生的个体差异性。其中,学生的认知和元认知因素主要强调五个方面:学习过程的性质、学习过程的目标、知识建构、学习思维的建构、学习环境。语文学习动机和情感因素包括动机和情感对学习的影响、学习的内在动机、动机对努力的影响三个方面。语文的发展和社会认知水平包括发展对学习的影响、社会对学习的影响两个方面;语文学习的的个体差异性表现在语文学习中的个体差异、语文学习的多样性、语文学习的标准和评估三个方面。这四个方面共十三条可以帮助我们对语文学习者进行分析,这也是教学设计要遵循的基本原则。

(三)信息技术的选择和组合

对于语文学科的教学设计而言,选择并使用恰当的信息技术将使教学工作事半功倍。

基于此,在教学设计中,如何选择和使用技术则成为关键,它包括四个方面:第一,技术的选择应该着眼于它如何帮助学生积极探索、建构和重组信息;第二,教师在教学设计过程中,应认真寻找能够将信息技术融入语文学习的方式;第三,无论使用何种信息技术,教师的语文教学技能都是至关重要的;第四,语文教师自己要坚持学习信息技术,并提高信息技术的应用水平。

(四)语文教学目标的分析

教学目标是教学设计、选择教学方法、教学媒体和实施教学评价的重要依据,它指导着语文教师的教和学生的学。语文教学不单是教师进行教学设计,还包括怎样让学生去学习,怎样帮助学生学习和理解那些在将来的工作和生活中有用的特定信息、技能和概念。

从这个意义上说,教学目标可以从语文课程的性质——工具性和人文性两个角度去分析,也可以从知识与技能、过程与方法、情感态度与价值观三维目标的角度去分析。无论从哪个角度去分析,一般都要达成以下几个学习目标:一是要引导学生在语文学习中了解语文学科知识和语文学习知识之间的联系和差异;二是要充分关注语文学习发展过程,并且要关注适用语文教学的方法;三是要描述语文思维发展的特征,并明确语文教学的相关问题;四是明确和学生科学思维相关的挑战和策略;五要注意了解语文学习的建构主义倾向。以上这几个方面是我们在确定语文学习目标时的基本参照内容。

具体而言，假设我们从语文课程的工具性和人文性的角度去分析教学目标，那么在工具性目标上，我们要关注以下几个方面的内容，即语文学科知识和语文学习知识分别是什么，二者又有怎样的差异；还要关注语文学科核心素养如语言、思维、审美、文化等方面在本节课上应达到的目标。关注以上几点后，还要保证以下三点实践要求：一是工具性目标的完成度，即要在本课时之内，完成本节课的工具目标，要注意保证小步调和完成度；二是要保证语文工具性目标完成的系统性；三是要关注工具性学习过程中和本节课知识相关的其他内容。

人文性目标分析则要强调两个方面。其一是有的人文性目标是语文学科和其他学科共有的，有的是语文学科单独具备的。语文学科和其他学科共有的包括：文化传承方面的人文性和情感态度与价值观方面的人文性等。而语言、语文思维、语文的审美情趣养成等方面的内容则是语文学科独有的，在教学设计中要予以关注。其二是在陈述教学目标的过程中既要保证有具体内容，还要保证有清晰、明确的标准，从而标明内容实现的程度，这主要表现在描述教学目标的词语方面，在条件允许的情况下，不选择可做较多解释的词语，而选择那些有较少解释、不产生歧义的词语。

（五）语文教学过程的设计与策略

结合教学目标，教学过程的设计一般包括以下六个部分：第一是解析教学目标，即在教学过程中准备实现哪些教学目标，这是将本节课的教学目标具体化，将其分解为若干个子目标；第二是计划具体的教学活动，即为了实现上述子目标，语文教师需要做哪些细节方面的准备，开展哪些方面的教学活动；第三是确定优先级，要考虑教学子目标中哪些任务更重要、哪些更难以解决。在教学设计过程中，教学重点是每节课必须要有的，教学难点则根据教学情况进行选择，有的语文教学过程中没有教学难点；第四是设计教学时间，即完成每项教学子目标需要多长时间，这需要预设；第五是制定具体的时间进度表，即什么时间进行哪项活动要有时间方面的预设；第六是教学生成，留足教学生成的空间和时间，这里还包括语文教师将如何处理意外事件。上述六个方面都是要在教学过程的设计与策略选择中充分关注的。

在教学实践中，有的教师选择了四个连贯的步骤，即“感知性教学——文本解读——鉴赏性教学——实践性教学”四个方面的设计脉络。也有教师根据布鲁姆的教学认知目标分类法，从知识、理解、应用、分析、综合、评价等方面，依次设计为由低层次到高层次的分层排列，具体表现为不同的教学活动。基于此开展教学设计和策略，无论进行怎样的教学过程设计，语文教师都要充分考量两个方面，即教学过程的设计与策略是教师主讲，还是以学生为中心。教师主讲要关注教学过程中的三个方面——设立行为目标，分析教学任务，制定教学分类法；如果以学生为中心则要关注主体性原则的四个方面十三条内容，前文已经清晰地描述过。

(六)语文教学评价的设计

教学评价是语文教学设计中不可或缺的环节之一,是对语文教学效果进行的价值判断,直接作用于语文教学活动的各个方面。教学评价是一个连续的过程,它不仅仅是进行测验或给出成绩,还是教师为了确定学生在语文学习中是否有所进步而做的所有事情,其形式千变万化。如果评价恰当,就可以为教师提供准确、及时的教学信息,为每位学生提供最佳的学习体验。

语文课堂教学的评估可以分为三个部分,即教学前、教学中和教学后。

第一,教学前的评价是观察性评价或诊断性评价。教学设计之前要开展评价,这种评价多数是以观察的形式,观察学生的语文学习特点和行为,观察其性格、语言表达特点、行为方式特点、非言语行为等等,观察完毕之后教师要对其进行分析,即学生相关行为传递了怎样的信息、它和语文教学有怎样的关系。有部分教师通过对学生进行语文学科的诊断性预测,来分析学生的语文学习知识和技能水平,即从学生的成绩档案中搜集样本,并将之与周围同学的评价和自己的观察相结合。学生成绩档案可以为语文教师提供更具体的、更客观的信息。

第二,教学中的评价。教学中的评价也称为形成性评价,即在语文教学过程中对学生的连续观察以及对学生语文学习的监控,可以让语文教师知道下一步要引导学生做什么。教学中的评价可以帮助老师制定让学生感到具有挑战性并能拓宽语文思维的教学内容,还可以帮助语文教师发现哪些学生需要重点关注。

第三,教学后的评价主要是总结性的评价,即语文教学结束后开展的评价,目的是考查学生语文学习的成效,一般包括以下信息:学生掌握语文教材的水平,学生是否准备好进行下一单元的学习,学生获得了怎样的成绩,教师如何向家长评述学生的情况以及教师应该怎样调整自己的教学设计,等等。

下面列举一个具体的教学设计案例加以说明。

《蜀相》教学设计①

一、设计理念

课标对高中阶段就选修教材诗歌方面的学习要求如下:培养鉴赏诗歌作品的浓厚兴趣,丰富自己的情感世界,养成健康高尚的审美情趣,提高文学修养。阅读古今中外优秀的

①此教学设计引自网络。

诗歌作品,理解作品的思想内涵,探索作品的丰富意蕴,领悟作品的艺术魅力。用历史眼光和现代观念审视古代诗文的思想内容,并给予恰当的评价。背诵一定数量的古代诗文名篇。学习古代诗词格律基础知识,丰富传统文化积累。学习鉴赏诗歌的基本方法,初步把握中外诗歌的艺术特性,注意从不同角度和层面发现作品意蕴,不断获得新的阅读体验,并尝试诗歌创作。

新课程标准要求教育者不仅需要关注学生在知识与技能层面的掌握,更要求我们在过程与方法、情感态度与价值观方面对学生加强关注,所以本人将对教学内容进行深入挖掘,对学生进行渗透教育。

二、教材分析

《蜀相》是人教版高中语文选修教材《中国古代诗歌散文欣赏》"以意逆志,知人论世"自主赏析模块的第三首诗歌。本单元为古代诗歌鉴赏单元,单元教学目标为掌握诗歌鉴赏的重要方法——"以意逆志,知人论世"。以意逆志即在解说诗歌的时候,要正确理解词义、字义,结合自己的切身体会去推测作者的本意,从作品的整体出发,由表及里地理解诗歌的主旨。(解读文辞,揣摩情意;融入体验,体会情趣;超越原意,推陈出新)知人论世即结合作家思想和时代背景理解作品。

杜甫被誉为"诗圣",他为我们留下了大量诗篇。《蜀相》是杜甫的名篇,是一首七言律诗。它是杜甫定居成都草堂后,翌年游览武侯祠时创作的一首咏史怀古诗。此诗借游览古迹,表达了诗人对蜀汉丞相诸葛亮雄才大略、辅佐两朝、忠心报国的称颂以及对他出师未捷而身死的惋惜之情。诗中既有尊蜀为正统的观念,又有才困时艰的感慨,字里行间寄寓感物思人的情怀。这样的名家名篇是进行"以意逆志,知人论世"诗歌鉴赏指导的最好教材。本课的学习,将为学生学习本单元"推荐作品"打下良好的基础。

三、学情分析

本节课的授课对象是高二年级的学生。学生对杜甫其人及其诗歌风格已经有所了解,因此学生对杜甫沉郁顿挫的诗歌风格以及忧国忧民的情怀并不陌生。根据课堂"三讲"和"三不讲"原则,学生会的没必要讲。高二的学生与高一学生相比,分析能力、理解能力和概括能力都有所提高,且求知欲望也非常强,那么再次学习杜甫的经典诗歌就不能简单地停留在"诗歌表达了什么"这一层面上,而应积极探讨"诗歌通过什么表情达意",在课堂上要充分发挥学生的主体地位。

四、教学目标

(一)知识与技能:自主学习,了解杜甫其人及其诗歌创作风格。

(二)过程与方法:合作探究,分析诗歌意象,体会作者情感和作品的深层意蕴。

(三)情感、态度和价值观:知人论世,感受诗人忧国忧民的爱国情怀。

五、教学重点

学习用"以意逆志,知人论世"的方法鉴赏诗歌。

六、教学难点

理解“寻”、“自”和“空”在诗中所表达的情感。

七、教学方法

（一）教法：启发式教学法、探讨法、导学法、朗读法和讲授法。其中以朗读法、探讨法为主，启发式教学法、导学法和讲授法为辅，结合导学案以及多媒体辅助教学。

（二）学法：自主学习法、自主探究法、合作学习法。

八、教学环节

（一）导入环节

以杜甫和诸葛亮的画像导入：一位是一代贤相，他用至诚开创了蜀汉三分天下的辉煌；一个是大唐诗人，他用带血的喉咙嘶哑地吼出了盛唐气象破灭的哀伤，忠心也好，至诚也罢，都抵不过人生长恨水长东。南阳卧龙终成梦，少陵野老泪满襟。

带领学生认真聆听诗歌朗诵，走入文本，使其迅速进入课堂状态，为新课做好准备。学生初步感知杜甫对武侯的崇敬之情，以诗化的语言营造课堂的文学氛围。

（二）集体朗读

读书百遍，其义自见。对于诗文的学习尤其如此，让我们一起把诗歌齐读一遍。

学生齐读诗歌。

初次诵读诗歌，正音正字，初步把握情感。

学生示范诵读。请一个学生评价集体朗读，并示范诵读。

学生评价，并根据自己对诗歌的理解诵读一次。

学生评价使得评价机制多元化。同时让学生懂得如何用欣赏的眼光去寻找他人的长处与优点，并用恰当而巧妙的语言让他人愉快地接受自己的建议。

（三）思考问题

如果让你把诗歌的情感用一个字概括，你会用哪个字？用原文回答。

学生自学课文，思考问题，培养学生通过关键字词体会诗歌情感的能力，通过讨论前的自学，为小组讨论奠定基础。

（四）集体诵读

如果诗歌情感基调是哀伤的，那么诵读的语调应该是低沉的，语速应该是缓慢的，让我们用缓慢的语速、低沉的语调再一次感受诗歌的情感。

学生在之前诵读和分析诗歌情感基调的基础上，再一次诵读诗歌。进一步通过诵读感悟诗歌蕴藏的情感。

（五）自主、合作、探究学习

诗歌通过一个“寻”字表达了杜甫拜谒诸葛武侯的迫切心情。请问：在《蜀相》中，杜甫分别找寻到了什么？表达了作者怎样的情感？结合导学案在小组之内讨论。

自主学习，重在主动性，是一种带有强烈感情色彩的渴望获得知识的个性心理特点。

通过自主学习，学生可以产生积极的认知倾向和情绪状态。这时对学生而言，学习不再是一种负担，而是一种愉快的享受和体验。

通过对祠堂外部氛围的营造、内部景象的描写和对诸葛亮功绩的追述，诗人表达了对诸葛亮的崇敬倾慕之情和对自身怀才不遇、壮志难酬的悲愤。学生可以进一步了解作者蕴藏在字词中的情感。

（六）展示学习讨论的结果

经过合作探究，学生展示作者寻到了什么，分别表达了什么情感，其中着重体会“柏森森”、“自”和“空”表达的情感，以及颈联以乐景写哀情的表达方式。学生展示小组讨论成果，并补充表达自己对诗歌情感的体会。

当学生可以用自己的语言描述时，才说明真正理解到位了。

在诗歌学习中，应有文本意识，紧扣字词体会情感，从而做到读者、文本和作者的多重对话。

（七）再次集体诵读

在充分体会情感的基础上，再一次集体诵读，感受作者的悲情，在诵读中达到和作者心灵沟通的目的。诗人写古人古事，常常会将自己与古人相对照，从而生发感慨。

（八）自我感悟

和同桌互相说一说，杜甫是一个什么样的诗人。

知人论世，了解作家的思想、生平和创作风格，有助于对其作品内容的理解和把握。

用简单的语言表达思想，有助于培养学生提炼归纳信息的能力。

（九）课堂小结

有感情地在诵读中结束本节课。在已学习的基础上再次以诵读感知怀才不遇之士的悲情。

（十）课堂教学评价

根据学生展示的成果，教师以干练简洁、一针见血的推进型的语言进行评价；或者采用生生互相评价的方式对展示的讨论成果予以评价。学生展示讨论成果，认真聆听他人的回答，并思考提出问题。合理科学的评价机制的运用可以促使学生深入思考问题，对他人的评价实际上是对问题的二次思考，不仅有利于建立竞争模式，还可以推动思维的深化，避免自学流于形式化。

（十一）布置作业

结合杜甫的其他作品进一步了解其人。通过作业巩固知识。

九、板书设计

蜀　相

杜甫

寻　自　空

在本节课的教学设计中，教师首先对教学目标进行分析，综合考虑到知识与技能、过程与方法、情感态度与价值观的三维目标，并根据教学需要和学生身心发展情况、学习心理特点确定本节课的教学重难点，留足教学生成的问题空间。

四、语文教学设计的依据

语文教师在教学设计过程中从预设和生成两个方面予以考虑，最终指向教学目标的实现，指向学生对语文学习信息与经验的认知、转换和重组，明确教学设计的一般依据将会有效提升、实现教学目标的科学性和实效性。

（一）现代教学理论与语文课程标准

现代教学理论既指向教育教学通论，也指向语文教学基本理论。无论是哪种理论，都是科学教学经验的累积，说明了教育教学的基本规律和逻辑，使教学设计由经验层面上升到了理性与科学层面，不可或缺。语文教师在使用现代教学理论的过程中，可以对某种教学理论进行分析和使用，也可以综合借鉴。无论是单一使用还是综合借鉴，都可以帮助语文教师在教学设计过程中科学地认识语文教学各要素之间的关系，充分认识到学生学习的心理特点，科学认知教学影响的各个方面，进而合理安排教学内容、教学时间，科学地使用教学方法，科学地预设，进行符合目标的教学生成。

语文课程标准是教学设计的另外一个重要依据。课程标准所强调的是语文教学要达到的基本目标，在课程目标、实施建议、教学评价等方面都有比较明确的方向指引和说明，这有利于语文教师在教学设计过程中科学地把握教学的方向。

（二）系统科学的原理和方法

教学设计强调要运用系统的方法来分析语文教学中各要素之间的相互作用情况，进而合理安排各要素的位置，使其形成最佳的组合，从而在内容方法和效果方面得到优化。简单而言，语文课堂教学不能碎片化，它是一个整体，要明确各构成要素，还要明确各构成要素之间的关系。系统科学的原理和方法将使教学设计实现科学化，同时也将高效地实现既有目标，使每节课的教学设计都成为语文教学课程目标的有机组成部分，前后衔接，相互呼应，既有利教师的教学，更有利于学生对于语文信息和经验的重组。

（三）语文教学的实际需要

在语文教学中，教学设计最直接的目标就是满足学生语文学习的实际需要。语文教学要适合学生学习和发展的需要，教学设计要关注学生的语文思维、审美及语言的发展和变化，同时还要关注学生情感的需要，即要有利于学生与他人关系的和谐以及健康人格的形成。换言之，教学的实际需要指向三个方面：一是学生认知学习的需要，即知识与技能的转换与重组，语文信息经验、思维、智力及语言的发展都属此类；二是语文教学的需要，在教学设计过程中，语文教师要把握一个度，认知过程既强调客观习得，也强调主观发展；三是强调学生情感发展的实际需要。总体而言，教学的实际需要指向的是学生语文学习的客观习得与主观发展。

（四）学生的学习心理特征

学生的学习心理特征通常指向以下四个方面，即认知与元认知、动机和情感因素、发展和社会因素以及个体差异，前文已经有清晰的描述，可以参照阅读。

要说明的是，关注学生的学习心理特征并不意味着对语文学科知识内容本身的漠视，相反，关注学生的学习心理特征可以鼓励学生形成自己的理解和认识，引导学生进行发现式学习，使学生逐渐认识到在语文学习过程中应该积累和建构怎样的语文知识、能力以及相应体系，应该怎样进行语文学习。

（五）教师的教学理念与经验

教师的教学理念与经验是最终实现教学目标的重要保障之一，我们并不能将其简单地理解为以教师为中心、学生被动学习；不能理解为僵化教学，忽视学生的社会情感发展。一般而言，教师的教学理念与经验包括以下几个方面：关于教学目标制定的理念和经验，关于学生学习的理念和经验，关于授课、解读、示范等方面的理念和经验，关于问题的提出、分解与解答的理念和经验，关于学生学习方式的理念和经验，关于学生评价的理念和经验，关于语文学习生态的建构的理念和经验，等等。

第二节
语文教学目标的设计

语文教学是有目的、有预设、有生成的学科教学活动，对于教学设计而言，教学目标是出发点和实现点，显示了语文教师对语文教学活动和学生学习过程的理解力和判断力。教学目标的表述应是系统、具体的，其中的工具性目标是可以观察和测量的，人文性目标则融合其中，或内隐或外显。

一、确定语文教学目标的依据

制定教学目标是教学设计的首要环节，是对语文课堂教学作出的明确而具体的规定和方向，具有科学性和可操作性。

（一）目标的确定、整合与发展

语文课堂教学中教学目标的确定，可以依据四个方面，即语文课程目标的基本要求、语文教材的目标预设（如图5-1所示），语文教师关于认知、环境、行为的理念与实践水平，以及学生的学段学习特点和学习心理特征。上述几个方面的要求使教学目标具体化、科学化。

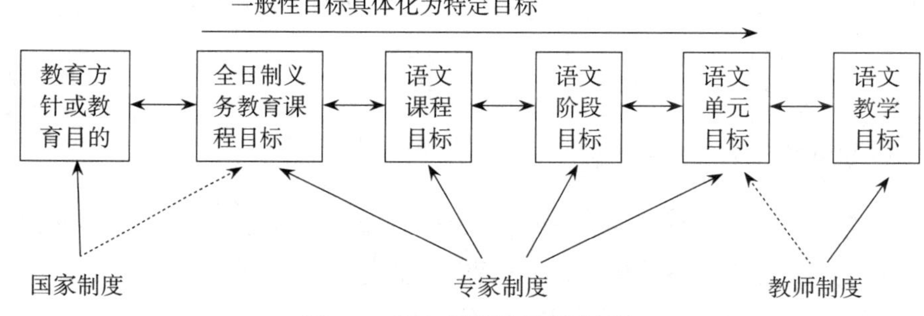

图5-1　语文教学目标设计图①

还要说明的是，在具体化过程中，工具性目标与人文性目标是需要整合和发展的。整合并不意味着简单的混合，它是工具性与人文性教学要素间的呼应与明确的逻辑关系，既相互独立，又充分融合。

教学目标要强调学生的习得，更要强调学生学习过程中的认识转换和对信息、经验的重组，并将其视为进一步学习与思考的前提与工具。

（二）语文教学目标的个性化设定

语文教学设计中的目标设定还要强调个性化特征。一方面，应看到课程标准、教材、学生学段基本特征都使教学目标具有趋同性和客观性；另一方面，也要看到在具体教学过程中，师生的认知心理水平、教学环境与教学行为的个性化特点都使教学目标在设计过程中真实存在着差异。个性化设定并不是随意化的设定，恰恰相反，它是科学化的必然要求。

① 王文彦，蔡明．语文课程与教学论[M]．北京：高等教育出版社，2002.

其中，要着重强调以下几个方面：一是教师的教育教学理念与实践水平；二是学生的知识准备状态、能力储备状态（元认知能力）、学生对新的学习的关注和接受程度及学生的学习方式等等。

（三）语文素养的建构要求

学科核心素养的养成是学科育人价值的集中体现，是学生通过学科学习而逐步形成的正确价值观念、必备品格和关键能力。语文学科核心素养是学生在积极的语言实践活动中积累与构建起来的，并在真实的语言运用情境中表现出来的语言能力及其品质，是学生在语文学习中获得的语言知识与语言能力，思维方法与思维品质，情感、态度与价值观的综合体现。主要包括“语言建构与运用”“思维发展与提升”“审美鉴赏与创造”“文化传承与理解”四个方面。

语文学科核心素养的四个方面构成了一个整体。语言建构与运用是语文学科核心素养的基础，在语文教学中，学生的思维发展与提升、审美鉴赏与创造、文化传承与理解，都是以语言的建构与运用为基础，并在学生个体言语经验发展过程中得以实现的。

教学目标的设计要以实现语文学科的四个核心素养为基础，使学生通过语文学习获得这四个方面的进一步的发展，坚定文化自信，自觉弘扬社会主义核心价值观，树立积极向上的人生理想，为全面发展和终身发展奠定基础。

二、语文教学目标设计的要求与方法

（一）语文教学目标设计的具体要求

1. 促进学生全面与个性化发展

在基础教育教学的背景下，学生学段学习特征和学习心理特征有趋同性，教师要按照课程标准、教材和学段以及学习心理的要求确定学生群体语文学习的目标，必要时联接其他学科或者设计社会学习环境，促进学生的全面发展以及共同发展，保证基本教育教学目标的实现。多元智能理论认为，在语文学习过程中，每一位学生都有其不同的兴趣特点和发展方向，存在着明显的个体差异。不同学生有着不同的学习期待、策略方法、思维习惯，有着不同的语言理解与实践能力、文化背景和社会背景。教学设计要在一定程度上考虑上述差异性存在，在问题设计、方法设计、评价设计等方面有所关注和要求，例如在评估学生以及学习的过程中，应综合运用诊断性评估、过程性评估和效果评估进行相关的评价设计。

2. 体现语文课程的性质和特点

语文是最重要的交际工具，是人类文化的重要组成部分。工具性与人文性的统一，是语文课程的基本特点。语文课程应着重培育学生热爱祖国的感情，指导学生正确理解和运用祖国语文，丰富语言积累，培养语感，发展思维，使他们具有适应实际需要的识字能力、阅读能力、写作能力、口语交际能力。语文课程还应重视提高学生的品德修养和审美情趣，使他们逐步形成良好的个性和健全的人格，促进学生德、智、体、美和谐发展。换言之，教学设计要体现语文课程的工具性目标，还要体现人文性目标，二者应综合发展。

3. 适应社会与时代发展的需要

教学设计要充分考量认知、环境与行为的互惠性和交互性。其中环境包含着社会与时代发展的要素。布朗芬·布伦纳提出的教学生态也强调时势特征，它对语文教学系统和生态起着重要作用。例如在义务教育阶段语文教学中，教师在教学设计中要关注以下内容：强调德育为先，突出德育的时代特征；关注文化的理解与传承；反映时代精神，合理吸收社会发展和科技进步的新成果。语文教师要积极将这些反映时代与社会发展的新成果与新认识落实到课堂教学之中。

（二）语文教学目标设计的步骤

1. 落实语文课程标准、教材以及学生学段教学的基本要求

语文教师根据语文课程标准、教材以及学生学段教学基本要求、文体特征要求明确工具性、人文性教学目标的基本内容，寻找二者的融合点，确定教学的方向和基本要求。

2. 分析学生实际认知水平和学习心理特征

教学设计强调学生的主体地位，教师要客观分析学生的实际认知水平和学习心理特征，在以下几个方面进行目标设计。

(1)关注学生的学习与情感特点：了解学生实际的情感状态、兴趣与学习目标预期、思维习惯等；了解学生学习的优势与障碍。

(2)确定有意义的、连贯性知识及具体表征。有意义是指认识是系统化的，是与旧知识相关的，是有益于新知识学习的，是能够在生活中实际应用的。

(3)制定并使用合理的学习思维，包括直觉思维、形象思维和逻辑思维、批判性思维，努力提升与发展思维品质。

(4)结合个体差异，如学生的语文知识与技能水平、元认知水平差异等。

(5)确定评价方式与方法。

3. 陈述具体的行为目标

陈述具体的语文教学行为目标应注意以下方面：

(1)学习行为主体是学生，而不是教师或其他人

以学习者为中心，是语文教学的基本要求。学生对于积极学习环境以及师生关系的认识是增强学生学习动机和提升成绩的重要因素，只有把重心放在学生身上，放在学生语文学习的感受与体验上，放在学生语文认知信息与经验的习得、转换与重组上，放在语文学习情感态度与价值观的发展上，语文教育才会使学生受益，实现学科教学价值。基于此，教学目标的陈述必须从学生学习的角度出发，行为主体必须是学生，即使“学生”两字没有出现，但也必须是实际隐含着的。例如高二语文选修课文《积雨辋川庄作》的教学目标可以设定为：a. 了解王维的生平和其诗歌的风格特点，领略王维诗中有画的艺术表现手法；b. 领悟诗歌所表达的思想感情，感受王维诗中的闲情雅致。

(2)描述要准确、可评价、可理解

教学目标陈述时的行为标准以及相关动词要具有质和量的规定，以便教学时师生准确把握和实践。其中行为标准指向的是程度与层次，描述词语指向的是清晰，即无须解释，其意自明。(如表5-1、表5-2所示)

表5-1　描述教学目标的词语

可做较多解释的词语	仅有较少解释的词语
知道	写出
理解	识别
领会	记诵
全面领会	分类
把握重点	解决
欣赏	构建

表5-2　分析教学目标的词语

目标分类	常用词语
知识	记忆、识别、定义、陈述、呈现
领会	说明、识别、描述、解释、区别、归纳、比较
应用	应用、论证、操作、分类、举例说明、解决
分析	分析、检查、实验、组织、对比、比较、辨别
综合	重新建构、设计、开发、系统化
评价	评价、评论、鉴定、辨明、证明、支持

例如有位老师这样设计《雷雨》的教学目标:"学会鉴赏戏剧,提高鉴赏戏剧文学作品的能力,探索人物的内心世界,进而探究作品的艺术魅力。"这种写法不仅行为主体模糊,而且无法测量和评价,缺失行为标准。

(3)选择恰当的陈述方式

语文教学行为目标陈述有两类基本方式:智力性目标陈述方式、非智力性目标陈述方式。智力性目标陈述方式指向习得、转换和重组等层次,强调学生从信息、经历以及自己的想法和信念中进行意义建构,实现智力性学习目标。例如高三选修课文《清兵卫与葫芦》教学目标中的"了解志贺直哉其人其作,把握小说情节的基本模式",这便属于智力性目标陈述方式。

非智力性目标指向学生的情感、价值观、学习兴趣、学习期待、学习信念、自我心理调节以及所有非智力特征的学习成果、学习方式等,在陈述时应强调其与本课教学的关系。

(4)要明确具体的行为条件

行为条件是影响学生学习过程的体验水平以及产生学习结果的特定限制或范围,为学习层次与目标的设定、为教学评价提供参照。如"借助工具书……""结合上下文……""利用3分钟时间,讨论……""分小组开展学习……"行为条件指向三种可能:

其一是合乎学科以及学科教学规律,所有条件都是具有科学意义的,而非臆测或者想当然;其二是合乎学生学习心理与学段学习特征,不能超出学生学习能力,也不能不给学习提供条件;其三是合乎教师或者班级语文学习风格,不仅能使学生接受,而且能促进学生全面、个性化发展。

(5)要符合学科及学段学习规律与标准

这里的标准是指学生学习的表现程度,是指学生在语文学习之后应该达到的最低水准,用以评价学生的学习表现或学习结果以及教师的教学水平。例如小学5—6年级的行为目标为:"默读一般读物,每分钟不少于300字。"

(6)具备教学目标表述的基本要素

一般情况下,教学目标表述的基本要素有五个:行为主体、行为标准、行为动作、行为条件、表现程度。表述时要突出三个要求:有所侧重,表述合理且清晰,合乎或者稍高于学生实际学习水平与层次特点。例如在小学5—6年级的语文散文教学中,要求"每个学生(行为主体)默读(行为标准与动作)散文,每分钟(行为条件)不少于300字(表现程度)。"

第三节
语文教学任务

一、语文教学任务的内涵与要求

(一)语文教学任务的内涵

教学任务是由师生追求的教学价值取向决定的,它承载了各教育阶段、各科教学应实现的目标要求。例如2017年版的《普通高中课程方案》直接指出:普通高中教育教学的基本任务是促进学生全面而有个性的发展,为学生适应社会生活、高等教育和职业发展作准备,为学生的终身发展奠定基础。要坚持全面贯彻党的教育方针,落实立德树人的根本任务,发展素质教育,推进教育公平,努力构建具有中国特色、体现国际发展趋势、充满活力的课程体系,培养德智体美劳全面发展的社会主义建设者和接班人。

对于语文学科而言,上述教育教学的基本任务依然是学科教学的重要目标。

(二)语文教学任务的具体要求

1. 引导学生学会学习

正如前文所述,引导学生学会学习是语文教学目标的重要内容,就这个角度而言,要积极分析学生的知识储备状态,了解学生的元认知能力水平,预先判断学生对新的学习的关注和接受程度,以及学生的学习方式。而在学习目标的分析方面,则强调行为主体是学生,要从学生的角度陈述学习目标,同时明确学生将具体学些什么,让学生在具体的教学和学习活动中积累经验,学会分析与处理相关信息。

2. 与教学目标相互呼应

教学目标,是指语文教学活动实施的方向和预期达成的结果,是一切语文教学活动的出发点和最终归宿。教学目标是语文教学过程中要达到的目的,是语文教学的指向和要求。具体的教学任务直接影响教学模式和教学环节,一定要与教学目标相互呼应,不可分离,进而实现教学设计中的预设。

3. 教学内容清晰且重点突出

语文教学内容的设计要根据教师、学生、教学相关影响要素最终确定，其中教学内容清晰且重点突出是必要的。教学内容清晰指向三个要求：教学内容体系化、发展化和条理化。教学内容并不是知识的代名词，其中内含了学习态度、学习信念、学习方法和策略、学习智慧和思维、学习的自我效能感等。教学内容还要做到有重点，一堂语文课也许没有难点，但一定有重点，例如《“友邦惊诧”论》教案，把“时代背景——当时错综复杂的形势”作为难点，把“针对谬论，层层驳斥，论战性与艺术性的和谐统一”作为重点。作品离今天时代久远，鲁迅当时为什么写这篇文章，学生是难以理解的，所以要当作难点处理。“针对谬论，层层驳斥，论战性与艺术性的和谐统一”是该文的写作特点，理所当然要作重点处理。

4. 适应多元化学习方式

学习方式是学生在完成学习任务时基本的行为和认知的取向，它不是指具体的学习策略和方法，而是学生在自主性、探究性和合作性方面的基本特征。学生的学习方式因个人认知和学习能力的不同而呈现出多元化的特征，这就要求教学任务的设计要适应学生多元化的学习方式，以促进每位学生的综合发展。

二、语文教学任务的分析

在教学设计过程中，语文教师对教学目标的构成成分及层次关系进行分析，即任务分析。我国语文教育界的优秀教师，其教学设计或者教学案例中蕴含着任务分析的要素，从教育实践角度看，任务分析能促使教师依据学生学习的期望、过程、方法和条件进行教学设计，使教学活动设计成为促进学生学习发生的关键步骤。

（一）语文教学任务分析的内容

教学设计有广义和狭义之分，广义的教学设计要求任务分析包括目标分析和目标的下位子技能分析。其是语文教学学理分析要素或者教材编写者的编写要素。

狭义的教学设计任务分析是指语文教师依据教学目标，依据教学理念或者体系化的教学经验进行的教学任务分析。例如，班杜拉的学习理论认为，行为、环境以及个人（认知）因素三者之间的相互作用是学习的决定因素。因此，教师要从学生学习的期望、态度、信念、知识、策略、思考和智力及自我效能感角度出发进行认知任务分析；从教学活动、情境、资源、工具、支架、学习共同体和评价等角度进行环境任务分析。

在语文教学中，由于教学任务分析呈现多模态发展，本书基于可操作性的原则强调以下几个方面的任务分析：

1. 关于语文核心素养的针对性实践分析

2. 关于教学环境的分析

3. 关于学生认知及元认知要素的分析

4. 关于教师教学理念、教学策略与方法的分析

在教学设计中，设置教学任务（或学习任务）和实现教学目标这两件事是互为前提的。有意义的学习要求教学要及时巩固和复习旧知识，又强调先行组织者的实践，而先行组织者在学生学习实践后，下一节课又成为旧知识出现在教育教学中，即一节课的目标达到以后，该目标便成了下一节课的起点，上一节课相关教学任务则成为实现新目标的必要前提，而新的教学目标又将意味着新的教学任务的出现。

（二）语文教学任务分析的基本步骤

基于语文教学理念的不同，任务分析在具体步骤和操作顺序上有差异，但有一些要求是共同的，我们将这些共同的步骤称为任务分析的基本步骤。

1. 关于语文核心素养的实践分析

学科核心素养是学科育人价值的集中体现，是学生通过学科学习而逐步形成的正确价值观念、必备品格和关键能力。语文学科核心素养是学生在积极的语言实践活动中积累与构建起来的，并在真实的语言运用情境中表现出来的语言能力及其品质，是学生在语文学习中获得的语言知识与语言能力，思维方法与思维品质，情感、态度与价值观的综合体现。主要包括“语言建构与运用”“思维发展与提升”“审美鉴赏与创造”“文化传承与理解”四个方面。

上述四个方面在不同的教学设计中体现出不同的层次、任务和要求，各有侧重，各有内涵。在进行教学设计任务分析时，可以将上述四个方面理解为四个角度，具体分析和设计相应的教学任务。同时，还要注意的是四个角度并非独立存在，是相互依托、相互促进的，要根据学生的学习特点、学习心理、年级特点、教材内容、教师教学风格以及教学环境等因素综合分析本节课的相应教学任务，使学生这四方面的素养得到发展和提升。

2. 关于教学环境的分析

有的教育学著作，将除却教师和学生之外的教学相关因素称为教育影响，也有的专家将其称为教学环境因素。教学环境因素并不单指教学的物理环境，还指教学活动、学习情境、学习资源、学习工具、学习支架、学习共同体和学习评价等。在教学设计过程中，都需要进行任务分析，例如关于学习资源的分析。

在常规语文课堂教学中，学习资源主要是指语文教材或者与语文教学相关的学习资源。语文教材的学习任务分析，可以从以下几个方面考量：

(1)分析教材中课文的教学价值及作用

①本节课学习任务与以前知识的内在联系;

②本节课学习任务与先行组织者之间的内在联系。

(2)分析教材中课文教学内容之间的关系

①确定本节课的教学任务体系以及教学范围、重难点分布情况;

②分析本节课教学任务中重难点之间的关系;

③分析本节课教学任务与教学目标的关联点。

(3)分析教材中教学内容处理的办法

①教学顺序与逻辑;

②是否设计为课堂教学内容,或者让学生自学;

③是否需要整合以及如何整合。

3.关于学生认知要素的分析

在进入新的学习单元时,学生的元认知水平对新的学习的成功与否起着决定性作用。所以教师在确定终点教学目标后,必须分析并确定学生的起点状态即起点能力。而且由于学习技能的形成比知识习得所需要的时间长,在教新的技能之前,一旦发现学生缺乏先行的技能,应及时进行补救性教学。

例如学生的起点状态、学生学习的个体差异都需要关注和分析。

(1)关于学生的起点状态分析

①分析学生的知识准备状态;

②了解学生的能力储备状态(元认知能力);

③预先判断学生对新的学习的关注和接受程度及学生的学习方式。

(2)关于学生学习的个体差异

①正视学生的个体差异

关注和分析学生个性化的学习策略、方法以及能力,这些与过去经验有关。

②认可学生个性化学习的过程与结果

随着时代与社会的发展,以及语文学科教育理论的不断演变,学生的语文学习在语言、文化和社会背景等方面存在差异,在不同学习任务中有不同的表现,值得关注和分析。

③选择适合的学习标准和评估方法

在语文学习过程中,要提前分析和制定合适的、具有挑战性的语文学习标准和评估方法,可以依据不同的学习目的选择不同的学习方法。

4.关于教师教学理念、教学策略与方法的分析

教师的教学理念不同,其教学策略与方法亦大相径庭。

例如"掌握学习"教学理念强调以下几个方面,其结果取决于教师提出和实施策略的

能力。

(1)明确具体的学习目标、学习任务；

(2)根据教学目标将课程分成若干学习单元；

(3)对教学程序进行规划，包括学生未能按要求(90%正确率)掌握教材时，给他们提供纠错反馈，可以是利用补充材料，也可以进行辅导小组的学习；

(4)进行单元末或者学期末测验以评价学生是否按要求掌握学习内容。

例如认同维果茨基社会建构主义学说的教师，强调以下几个方面，其结果有利于实现学生学习的“发展”目标。

①明确本次教学中学生学习的最近发展区；

②设计脚手架，提供学习工具；

③让学习团队中能力更强的伙伴充当领导者角色；

④开展合作学习；

⑤鼓励学生对信息进行重组与建构；

⑥明确教学评价主要是评估学生的最近发展区实现水平，是对学习潜力的激活，而不是对智商的单一评价。

第四节 语文教学范式与教学方法

一、教学范式的基本类型

目前，学界比较认可的教学范式包括以下几种：

(一)知识授受型

这种教学范式强调以教师为中心，强调教学的高效率和认知思维的养成，简而言之，在教学过程中强调以教师为中心，以课堂为中心，以书本为中心，注重系统知识的传授、习得与掌握。比较有代表性的学说包括：

1. 赫尔巴特的四阶段说

在赫尔巴特看来，学生在接受新事物时，总有一条明显的思维主线，即“明了—联想—系统—方法”。

“明了”阶段强调教师在教学中必须引起学生的注意和兴趣，教学速度必须放慢一些并尽量将教学内容分解为小步骤。要求教师在讲解时应尽量明了、准确、详细，并和学生意识中相关的观念(已掌握的知识)进行比较。

“联想”阶段强调教师应主要分析新旧学习之间的联系，并和学生自由交流，使新旧知识联合。

“系统”阶段强调学生在教师指导下，在新旧知识联系的基础上进行深入的思考和理解，得成本节课的学习结论、规律。

“方法”阶段强调教师指导学生通过练习等方式将所领会的知识与内容应用于实际生活，这是一种技能的训练与思维逻辑的强化。

2. 齐勒尔和莱因的五阶段说

齐勒尔和莱因在赫尔巴特提出的四阶段教学法的基础上，又对其进行了相关的扩充和发展，提出了教学的五阶段说，包括以下五个环节：

(1)准备：复习旧课，进行与新课文有关联的事项问答，解释新字、难词，唤起有关的旧观念，以引起对新知识的兴趣；

(2)提示：向学生说明教学目的和学习特点，讲授新教材；

(3)联想：对新旧知识进行分析比较，把新的教学内容同学生已经学过的内容联系起来；

(4)概括：归纳学习内容并得出结论、定义或法则；

(5)应用：运用得出的概念或法则解答课题或练习。

3. 凯洛夫的五阶段说

凯洛夫师承赫尔巴特，强调知识的系统学习、教师的主导作用，强调三中心，即以教师为中心，以课堂为中心，以知识为中心；强调五环节，即组织教学、复习旧课、讲授新课、巩固新课(或知识、练习)、布置作业。

(二)探究发现型

探究发现型教学范式强调“以学生为主”的学习，不求客观知识的记忆，不求学生对知识的掌握，而是强调学生的“会学”，强调对知识要有所质疑、分析和探讨，强调在教学过程中让学生形成恰当的方法和不断探究发现的态度。其目的是使学生“会学”。

该教学范式的代表理论主要有以下三种：

1.苏格拉底的“产婆术”

苏格拉底强调教育应是由内而外的，是将儿童心灵中的智慧不断引出、发展的过程，而不是由外而内的，不是注入、训练、铸造的过程。苏格拉底把这种教学法称为“精神助产术”，后人称“苏格拉底法”或“产婆术”。

苏格拉底的产婆术具体包括四个步骤：

(1)讥讽。即不断地提问使对方自己发现自己认识上的矛盾；

(2)助产。即帮助对方得到问题的正确答案；

(3)归纳。即引导学生从具体事物中找到事物的共性和本质；

(4)定义。即把个别事物纳入一般概念。

2.孔子的“启发式”教学

孔子的启发式教学可以用八个字概括，即“不愤不启，不悱不发”。孔子的启发式教学是以学生为中心的教学，让学生在学习过程中自始至终处于主动地位，让学生主动提出问题、思考问题，让学生主动去发现、去探索，教师只是从旁边加以点拨，起指导和促进作用。

3.杜威的思维五步法

杜威强调“做中学”，认为只有实践，“思想的结果才有圆满的意义，才有真实的性质”。他认为教学进程中儿童的思维发展大体经过五个阶段：

(1)问题意识，即学生能够从情景中发现疑难；

(2)提出问题，即问题的具体化和要素化；

(3)提出假设，即提出解决的初步方法；

(4)验证假设，即学生根据收集到的资料和之前的学习收获，推断哪一个假设能解决问题；

(5)调整结论，即学生通过实践、实验等验证与修改假设。

在杜威看来，整个思维过程就是“感觉问题所在，观察各方面的情况，提出假定的结论并进行推理，积极地进行实验的检验”。依据思维发展的五个步骤，杜威把教学划分为五个阶段，也被称为“五步教学法”。

(三)情意型

情意型教学范式强调人本主义思想，强调激活师生之间的“情意”，即信任和助力，形成“群体动力”，使学生更好地掌握知识，探究问题。

该范式的主要代表人物是罗杰斯，他曾提出“非指导性教学”，即教师通过与学生间的非指导性谈话，帮助学生创设一种适宜的学习环境，从而使学生积极主动地完成学习任务的一种学习模式。一般包括以下几个阶段：

（1）自由表达的学习情境；

（2）学生认清并能够准确界定问题；

（3）学生在学习中学会洞察与思考；

（4）学生提出解决问题的行动计划；

（5）在实践检验后，学生团队形成统整报告。

在非指导性教学范型中，教师扮演着促进者的角色，他与学生建立起和谐的个人关系，并隐性地指导着学生的学习与发展。这种教学范型较少有"直接性、命令性、指示性"特征，而带有"较多的不明示性、间接性、非命令性"等特征，从而使学生更能为自己的学习负起责任，从而更加主动、有效、持久地学习。

（四）系统优化型

系统优化型教学范式主张全面考虑教学规律、原则、现代教学的形式和方法，强调教学过程要实现最优化，是否达到最优化要看解决教育教学任务的效率、质量以及教师和学生为解决这些任务所花费的时间和精力。

该范式的代表是巴班斯基的"教学过程最优化"理论，该理论将教学过程的基本环节分为六步：

1. 了解教学任务，即教师开展教学之前要准确把握教学的基本任务和目的，以更好地实现教学的价值；

2. 使教学内容个性化，即教师要准确、恰当地选择教学内容，考虑教学实际情况和学生实际接受水平、理解能力，使教学内容个性化；

3. 设计教学，选择最适合的教学组织形式和方法，即在具体的教学过程中，教师要根据教学内容、教学目标、学生实际情况选择最合适的教学方法，提高学习效率；

4. 教师与学生互动，相互影响。在教学过程中，教师发挥着重要的指导作用，而学生也是学习的主体，教师与学生应在和谐、平等的教学氛围下进行互动与交流，达成共识；

5. 要求学生对知识和技能的掌握情况进行自我检查和日常检查，教师对教学过程进行适当调整；

6. 教师要进行教学反思，明确问题及原因。

为了实现教学过程最优化的目标，巴班斯基也提出了教学内容"最优化"和教学方法"最优化"的标准。

巴班斯基教学内容最优化的标准包括以下几个方面：

1. 教学内容的完整性；

2. 教学内容各个部分的科学价值和实践价值标准；

3. 教学内容必须符合各年龄段学生的特征和考虑他们的接受可能性和可接受程度，防止列入他们难以接受的内容；

4. 课程的安排必须符合规定给某一教学内容的教学时数；

5. 学校教学内容的安排必须与国际经验一致；

6. 教学内容必须符合学校现有的教学物质基础和教学法基础。

巴班斯基教学方法最优化的标准包括以下几个方面：

1. 教学方法应该符合教学的规律及由此引申出的教学原则；

2. 教学方法应该符合教学的目的和任务；

3. 教学方法应该适合该课题内容；

4. 教学方法应该符合学生实际的学习可能性；

5. 教学方法应该适合教学的现有条件和所规定的时间；

6. 教学方法应该符合教师本身的可能性。

二、教学方法的选择与运用

（一）教学方法的含义

方法并非教学过程中才具有的，黑格尔就认为“方法”是关于内容的内部自我运动形式的意识。既然是内容自我运动形式的意识，在教育教学中，教学方法就不应是任意规定和设计的，是要受特定的学习目标和内容的内在逻辑制约的。因此，可以将教学方法显性地理解为指向特定学习目标、受特定教学内容制约的有结构的教学规则体系。

有关教学方法的内涵，主要有如下几种认知：

1. 教学方法是教师为完成教学任务所采用的手段；

2. 教学方法是完成教学任务所使用的工作方法；

3. 教学方法是为达到教学目的，实现教学内容，运用教学手段而进行的，由教学原则指导的一整套方式组成的师生相互作用的活动；

4. 教学方法是在教学过程中，教师为实现教学目的、完成教学任务而采取的教与学相互作用的活动方式的总称。

综上所述，教学方法不能脱离教师、学生和教学影响独立存在，并要在具体的教育教学环境中进行调整与整合。

（二）教学方法的发展历史

1. 古代社会的教学方法

在原始社会时期，教学活动是在日常生活与劳动中进行的，教学方法主要是简单的口耳相传、行为示范以及简单模仿。

在奴隶社会和封建社会时期，学校产生了，口耳相传被进一步发展为讲授法和讲读法。行为示范则发展成为直观学习法和演示法，模仿法被发展为背诵法和练习法。这一时期，比较典型的教学方法是苏格拉底的“产婆术”。这一时期教学方法基于课程发展特点总体表现为以下几种特征：重教轻学，强调教学的“传道、授业和解惑”，忽视学生的学习主动性、学习体验；重记忆轻理解，强调掌握，强调传承；重知识轻实践，强调知识学习的地位，却不承认实践教学的重要价值；重预设而轻生成，强调知识的客观性，不注重学生学习过程中对信息与经验的转换与重组。

2. 近代社会的教学方法

文艺复兴时期，为了强调人文主义的思想价值，教学中开始出现“学生学习”的萌芽，也增加了激发兴趣和建立和谐师生关系的新内容，情感教学开始受到重视。例如在道德教育上，人文主义就提倡个性发展和思想自由，还提倡使用新的教育和教学方法。强调尊重和热爱儿童，提出激发儿童的学习兴趣和主动性，反对用体罚和严酷的纪律去约束儿童。

资本主义制度建立以后，一方面，一些传统的教学方法进一步发展和完善，例如讲授法中开始融入学习法，强调学生智力的发展；另一方面，一些新兴的教学方法也应时而生，并被赋予了新的时代内涵。

例如夸美纽斯提出了班级教学法和一些学科教学法，如科学教学法、艺术教学法、道德教学法等，此外，他还指出了实物教学、感官教学、演示教学等直观教学法的重要作用；洛克则提出了教学的智力训练方法，这种方法关注学生“如何学”而不是“学什么”；裴斯泰洛齐主张在教学过程中坚持学生的自我活动，强调快乐教学，认为教学程序应该由简单到复杂；赫尔巴特则强调“教育者的首要科学，不是全部科学，是心理学”，提出“明了—呈现—系统—方法”教学四阶段理论，强调提示教学法、分析教学法、综合教学法的重要意义；福禄贝尔主张在幼儿教育中实施游戏教学法和实物教学法；蒙台梭利认为生命是活动的，只有通过活动才能发展，为了使儿童的生命力和个性通过活动得到表现、满足和发展，就必须创造适宜的环境，这种适宜的环境是指为儿童量身定做的专属环境；第斯多惠强调基本的教学方法是一种归纳的、诱导的、分析的、回归的、启发式的教学方法。

3. 现代社会的教学方法

20世纪初，欧洲的“新教育运动”和美国的“进步教育运动”反对传统的教学方法，倡导自由、活动和表现。在这两场教育运动的影响下出现了很多具有创新性的教学方法，其中最有影响的是杜威的“活动教学法”和“问题教学法”，反对赫尔巴特教学方法的重知识、重传授，主张“从做中学”。杜威的教学方法标志着现代教学方法的开端。

二战以后，教学方法呈现出两种主要趋势：

一种是由于“新教育运动”和“进步教育运动”使教育整体水平下降，出现了一些反对新教育运动和进步教育运动的新的传统教育学派，如要素主义、永恒主义、改造主义等。

另一种趋势是现代教育学派的更新与发展。例如，20世纪皮亚杰和维果茨基强调建构主义的学习方法，维果茨基还提出基于最近发展区的支架教学法。20世纪中期，人本主义学说也开始盛行，罗杰斯将人本主义思想运用于教学中，提出了以学生为中心的非指导性教学方法，构建以教会学习为主的教学方法论。此外，布鲁纳的发现教学法、赞科夫的实验教学法、施瓦布的探究教学法、布鲁姆的掌握学习教学法、瓦·根舍因的范例教学法等也在这个时期开始盛行。

4.当代教学方法

当代教学方法主要包括以下几种：

（1）以语言传递信息为主的方法

以语言传递信息为主的教学方法具体包括讲授法、谈话法、讨论法、读书指导法等，这四种教学方法也是我国现行的主要的教学方法。

①讲授式教学法

这种教学方法有以下四个优点：其一，操作简单、方便；其二，经济、省时；其三，适用于传递较为抽象的知识体系和概念；其四，可以有效地奠定学生的学习基础。

但是也有局限性，其一，属于被动式学习，这无益于学习动机的激发；其二，违背学生的学习心理规律，无益于学生学习潜力的激活；其三，教师无视学生学习的差异性，无益于学生的个性化学习；其四，教师不易及时更新知识的体系与结构，无视客观知识的“发展”特征；其五，无法实现学习三维目标中的第二和第三维，不易引发深层次思考和创造性思维。

运用这种教学方法要注意以下几点：其一，关注学生的学习心理和学习个性，激发学生的学习动机，教是为了“不教”；其二，创设问题情境，教师的“教”不是讲授，而是引导学生带着问题去学习；其三，多维度组织教学内容，要求学生在学习过程中与已有知识经验发生联系，并能够将新知识用于生活、学习和实践中；其四，语言要准确、简练、富于变化、有感染力；其五，讲授法因时、因势而用，但不可教条，当用则用，不适合则选用其他教学方法。

②问答式教学法

问答式教学法有以下几种优点：其一，能使学生作为学习要素之一主动参与学习，学生有一定的学习热情；其二，有益于培养学生的问题意识，使学生学会独立思考、合作探究；其三，能使学生对学习与生活的关系、认知与实践的关系有较为深刻的理解。

问答式教学法依然存在局限性：其一，问题的提出、设计均源于教师预设，学生的问题生成意识还比较淡漠；其二，对问题的分析与理解容易陷入思维定式；其三，学生学到的知识难以形成体系，碎片化严重；其四，容易形成变相的授受式教学。

运用这种教学方法要注意：其一，教师要善于创设问题情境，问题从实践中来，学生要有问题意识，并善于提出、分析和解决问题；其二，教师要营造民主、自由的氛围，包容异见，拒绝偏见，最大限度地拓展学生的思维；其三，教师要尊重学生的所有回答，注意倾听，理解学生思考和解决问题的方式，不替代学生进行问题解读，也不替代学生得出结论。

③讨论式教学法

讨论式教学法承认学生的学习主体地位，显示出以下几个优点：其一，有助于学生集思广益，拓宽思维，增长见识，牢固掌握知识；其二，易于激活学生的学习动机，使学生能够积极主动地学习；其三，易于培养学生开放的胸襟和民主的态度。

这种方法存在的局限性是：其一，常规的教学环境无益于全体学生的合作与讨论；其二，讨论所用的时间不易控制，不利于教学任务的预设，教学效率比较低；其三，不能保证学生参与讨论是认真的、有效率的，是基于个体学习认知基础上的；其四，难以找到最科学的评价方法。

运用这种教学方法要注意：其一，讨论需要有内容，不能为了讨论而讨论，一定要基于学生的自主学习结论、认知能力、聆听能力、表达与交流能力；其二，讨论不能只基于认知角度，还要联系学生的认知经验和生活经验；其三，注意时间安排，注意学习任务重难点的问题设计，一定程度上控制讨论进程；其四，讨论的内容一定要明确，要分工合理，表述要有逻辑性、有依据、有个性；其五，讨论的最后环节要归纳、总结和评价；其六，讨论法不宜单独使用，要与其他教学方法配合，相互支撑和促进。

④读书指导法

运用这种教学方法要注意以下几个方面：其一，教师要提出具体明确的目标、要求；其二，要教给学生读书的方法；其三，加强辅导和检查，指导学生解决学习中遇到的问题，帮助学生检测学习成果，巩固已学的知识和技能；其四，要有针对性地解决读书过程中存在的问题；其五，及时组织学生交流读书心得，不断发展学生独立学习的能力。

(2)以实际训练为主的方法

以实际训练为主的方法是指在教师指导下，学生通过练习、实验、角色扮演等活动训练，巩固并完善所学知识、技能和技巧，并使认识向更高层次发展，把技能转变为技巧的教学方法。以实际训练为主的学习方法通常包括四种教学方法，分别是练习法、实验法、实习作业法、角色扮演法。其中角色扮演法常在语文教学中使用，但是要注意的是它并不是学习的主要方法，只是用于呈现、巩固和完善知识，不能本末倒置。

(3)以陶冶情感和欣赏活动为主的方法

以陶冶情感和欣赏活动为主的方法是指教师在教学中创设一定情境或利用一定教材内容和艺术形式，使学生通过体验事物内蕴的真善美，陶冶性情，强化体验，培养学生对美的事物的感受力。这类方法一般包括欣赏教学法和情境教学法。情境教学法是在语文教学中经常使用的。

(4)以发现为主的方法

发现法又称探究法，是指学生在学习概念和原理时，教师只是给他们一些事例和问题，留有一定的学习内容(如原理、基本结构等)和时间,让学生自己通过设计、推测、验证等途径去独立探究,自行发现并掌握相应的原理和结论的一种方法。发现法的实质是归纳法,即由学生的体验、学习,归纳总结出原理和结论。发现法的主要步骤是提出问题,决定探究方向,组织探究,收集并整理资料,得出结论,采取行动,总结归纳。

(5)以建构主义思想为指导的教学方法

以建构主义思想为指导的教学方法是指以建构主义理论为中心思想,具有建构主义特征的教学方法。主要包括抛锚式教学方法、支架式教学方法。

①抛锚式教学方法

抛锚式教学方法强调教学情境的重要性,要求让学生在真实的或类似于真实的情境中探究事件、解决问题,并自主地理解事件和建构意义。该教学方法的基本环节依次是创设情境、确定问题、自主学习、协作学习、效果评估。

②支架式教学方法

支架式教学是基于最近发展区提出的学习方法。使用支架式教学方法,事先要把复杂的学习任务加以分解,以便于把理解逐步引向深入,并且要在学生需要的时候提供助力。支架式教学是为了使学生实现最近发展区,并不是为了知识的直接习得。

(三)教学方法的优选

面对着形形色色的教学方法,衡量其是否有效的标准有以下五点:[①]

1.能否通过该种教学方法达到教学目的。教学是有目的的,任何一种教学方法的使用都是为达成教学目的,如果教学方法达不到相应的目的就没有任何意义。

2.教学方法是否节省精力和时间。有效的教学方法能使师生花最少的时间和精力来有效完成教学任务。

3.是否有良好的结果。良好的结果是指学生能够对学习内容有较为清晰的认识,学习的技能动作敏捷,学习进步较大,并且能够将所学知识应用到实际中去。

4.是否符合教学伦理的要求。所谓符合教学伦理的要求有两个衡量标准:一是教学方式符合儿童身心发展规律;二是保护儿童的身心健康,正确处理教师权威与学生自由的关系。

5.能否教学生学会学习。这是教学方法的当代要求,教学方法的应用要有利于培养学生的自学能力,培养学生的自主性和主动性。

---

① 闫守轩.课程与教学论:基础、原理与变革[M].北京:北京师范大学出版社,2015.

（四）语文教学方法

1.魏书生“六步”教学法

“六步”教学法是著名语文教育家魏书生老师在教学改革实践中提炼、总结的语文教学方法。“六步”并不只是教学程序，更显示了魏书生老师对师生关系、教师角色、以生为本以及语文教学本质的思考，内涵着教育智慧 。

这种教学方法主要包括以下六个方面的内容：

（1）定向。即确定学习重点。这里的学习重点并非只是本节课的学习重点，每节课的学习重点联结起来，内涵着学习脉络与体系。

（2）自学。学生通读课文，初通文意。不懂的地方，做好标记，留待下一步解决。这个环节是由学生自主完成的，也是知识与技能不断积累的过程，不断学以致用的过程 。

（3）讨论。学生学习团队分析、交流和讨论问题。学生把自学中不懂的地方提出来，互相讨论；讨论也不能解决的问题，留待下一步解决。这里的讨论并不是一定要有结论，而是重在过程，重在经验交流和成果共享。

（4）答题。在讨论过程中，总有些问题没有完全解决，就由学生个体和其他团队共同参与解决，或者每个学习小组承担一个问题，这样，疑难之处就会越来越少。最后由教师解决必须要解决的问题。答题有助于学生认知水平的拓展和提升，有助于元认知水平及语文学科核心素养的提升。

（5）自测。根据定向指出的重点、难点，以及学习后的自我理解和认识，由学生拟出一组十分钟的自测题，由全班学生回答，由学生评分，检查学习效果。自测，一方面可以检测学生们的学习成果，一方面能够促进学生语文知识和技能的积累、完善；还可以引导学生发现问题和不足，促进学习反思，提高学习效果。

（6）日结。下课前，每个学生总结一下这节课的学习过程和主要收获。日结强调学生学习的主动性、主体性，同时有利于学习的系统化。

这种教学方法能够有效地保障学生的学习主体地位，提高学生自主学习、建构信息与经验的能力，提升学生发现问题、厘定问题、分析问题和探究问题、解决问题的能力，也认可了教师在教学中的作用，提高了课堂教学的效率，值得借鉴和使用。要说明的是，六步教学法有其价值与意义，但不能机械照搬，还需要厘清六步中每一步的教学价值与要求，根据情况灵活使用。

2.宁鸿彬“四步”教学程序

宁鸿彬老师在长期的语文教学实践中，重点关注学生语文思维的养成和发展，同时，注重学生的自主学习与实践，强调自学规划，提出了“通读——质疑——理解——实践”的教学程序。

（1）“通读”。即了解课文的基本知识、主要内容以及表现方法。

（2）“质疑”。即学生通过自主阅读与思考，整理学习脉络，提出需要讨论的问题，尤其是无法通过文本解读直接解决的问题。

（3）“理解”。即师生共同分析、研究和解决提出的问题。在此过程中教师对阅读进行指导和示范。这里强调的是解决问题的思路、策略。

（4）“实践”。即以课堂练习、作业的形式，要求学生运用所学到的知识解决具体问题。

宁鸿彬老师的“四步”教学程序关注到了学生自主学习能力和思维的养成，有目标，有逻辑，有重点，值得借鉴。

3. 语文人格教育

程红兵老师结合自己的教育教学实践经验，从学生发展的实际需要出发，提出了“语文人格教育”思想理念。“语文人格教育”以语文学科为媒介，通过语文课堂中丰富的人格教育因素，对学生语文知识与技能进行训练，优化学生人格中的认知结构、审美情趣，培养学生健康、丰富的情感，最终使学生建立统一的完满人格。

语文人格教育具有以下几个方面的价值功能[①]：

（1）涵摄性。指“语文人格教育”的广度。语文作为一种交际工具、一种文化载体，其贯穿人们生活的各方各面。人类的各种精神活动——交流情感、传达信息、传播文化等，都能成为语文教育的大课堂。学校、家庭、社会都可以成为人格教育的场所。

（2）终身性。指“语文人格教育”的长度。人类对母语的学习贯穿于生命的始终，没有起点，也没有终点，人格教育亦是如此。人格成长与语文学习相伴，人格教育在永不停息的语文学习中生成，为未来的发展奠基。

（3）深入性。即语文人格教育所追求的教育应是生存教育、终身教育和人生教育。追求的是“以能力为核心、以发展为主线、以人格为目标”的完人教育。

程红兵老师的语文人格教育理念与基础教育课程改革对人格养成和提升的要求是吻合的、一致的，是对语文学习必备品格的探究，对当代语文教育教学的发展意义重大，也引起很多教育工作者和关注国家教育发展的人们的重视和研究。

4. 读写结合法

丁有宽老师主张读写结合，其中，读为基础，从读学写，以写促读；从仿到作，从说到写，同时，提出了以下原则：

（1）有的

在语文学习中，丁老师侧重文章的语言结构和表达两个方面，归纳出记叙文读写的规律性知识，称之为“五十法”，这“五十法”涵盖了句子、句群、构段、文章开头、文章结尾、谋

① 程红兵．在语文教学中实施人格教育[J]．中国教师，2016（12）．

篇、记事、写景状物和写人九大类别。

(2)有序

丁老师对小学一至五年级读写结合系列训练进行了规划,每学年、每学期乃至每一组课文和各种类型的课文的读写训练都有规划、有设计。严格说来,“有序”强调了以下三方面内容:语文教学是系统的;要关注学段特点和学生学习心理特点;讲求教学实效,追求“的”的实现。

(3)有点

丁老师强调教学要从学生的实际出发,突出重点,精讲多练。其一,每篇课文各有侧重;其二,对于经典课文,多次教,反复教,每次都有不同的重点,启发学生进行多元思考;其三,采用一篇带多篇的办法,将读写练结合起来。

(4)有法

丁老师强调把规律性、方法性的东西交给学生,让学生自己阅读、写作,培养分析问题和解决问题的能力;认为小学生的读写必须走从有法到无法的道路。读写结合法,严谨有序,有设计,有实践。既强调多元解读,又有深入思考;既强调单篇侧重,又强调多篇结合。这对语文教学思想的发展,对教学实践,都有直接的指导意义。

5. 板块式教学

板块式教学是余映潮老师提出的一种教学设计模式和方法。所谓“板块式教学”,就是将语文学习内容“板块化”,将一篇课文或者一节课的教学内容以及教学过程分为若干个板块,各有侧重,且这些板块之间有着必然的联系,既讲求学习重点,又注重系统学习;既解决教学碎片化问题,又引导教学走向深入,有其独到的价值和意义。在实际教学中,它可以用于某节课的教学,也可以用于某个教学环节和教学步骤,还可以用于单元的综合学习。

6. 语感教学

洪镇涛老师的语感教学理论是建立在对语文教学的本体论认识的基础上的。所谓“语感教学”,就是以语言为本体,以学生的发展为本体,以语感训练为主要教学手段,以培养语感从而提高学生理解和运用民族语言的能力为主要目的的一种教学方法。

语感是内隐性知识中的缄默知识,并不都能用语言来形容,在语文教学中进行感受与养成至关重要。洪镇涛老师强调通过“感受——领悟——积累——运用”四个途径来着力培养学生的语感。需要注意的是,运用阶段并不能只强调显性表征,如果对相应的缄默知识“无法表述”,则可以用朗读的方式解决,不能将其视为客观以及显性知识,二者要区别对待。

7. 情境教学

情境教学是李吉林老师提出的,强调“情境教学法”就是教师根据课文所描绘的情景,创设出形象鲜明的图片，辅之生动的文学语言，并借助音乐的艺术感染力，再现课文所描绘的情景表象及情感内蕴，使学生置身于优美的学习情境，临其境，感其情，提升学生的联想与想象能力，使语文的“味”有了美的表征。情境教学法中的情境大致分为实体情境、模拟情境、语表情境、想象情境及推理情境。可根据学段特点和学生思维水平以及学习文本的不同而各有侧重。

最后附以具体的教学设计作为参考。

《济南的冬天》教学设计[①]

（部编版语文教材七年级上册）

一、教学目标

（一）知识与能力

1. 有感情地进行朗读，了解济南冬天的特点，把握作者的思想感情；

2. 体会比喻、拟人等修辞方法的作用，品味文中优美的语言；

3. 学习描写景物的方法，培养欣赏写景抒情散文的能力。

（二）过程与方法：

朗读—讨论—赏析。

（三）情感、态度与价值观

培养学生热爱祖国河山的感情和审美能力。

二、教学重点

1. 理清思路，了解济南冬天的特点，把握作者的思想感情；

2. 体会比喻、拟人等修辞方法的作用，品味文中优美的语言。

三、教学难点

体会比喻、拟人等修辞方法的作用，品味文中优美的语言。

四、教学方法

以“先学后教”的思想理念为指导，采用“自读品悟—诱导点拨—合作探究”相结合的教学方法。即在教师的引导下，学生运用朗读、讨论和赏析的方法品味语言、探究情感。抓住关键语句精读课文，深入思索，反复咀嚼，品味文章优美的语言，把握作者的思想感情。

① 此教学设计引自网络。

五、教学过程

（一）导入新课

同学们，当“冬天”一词进入你的脑海时，你脑子里出现了哪些画面？你能借用描写冬天的诗（词）句来描绘吗？（学生各抒己见）

参考诗句：

忽如一夜春风来，千树万树梨花开。——（唐）岑参《白雪歌送武判官归京》

燕山雪花大如席，片片吹落轩辕台。——（唐）李白《北风行》

千山鸟飞绝，万径人踪灭。——（唐）柳宗元《江雪》

北国风光，千里冰封，万里雪飘。——毛泽东《沁园春·雪》

隆冬到来时，百花迹已绝。——陈毅《红梅》

是啊，一提起冬天，我们脑子里浮现的恰是北风怒号、白雪皑皑、万木萧条的画面。但济南的冬天却是与众不同的，在老舍笔下，济南的冬天别有情趣，那山、那水、那阳光、那白雪……都给人一种别样的美感。那么济南的冬天到底有什么特别的美感呢？作者又是怎样来表现这种美的呢？接下来我们就一起追随老舍先生的足迹，到济南去感受一下冬天特有的温馨吧。（板书课题及作者）

（二）明确学习目标

这节课，我们的主要学习任务是：

1. 积累生字生词，了解作家作品及写作背景；

2. 整体感知，了解济南冬天的特点，把握作者的思想感情；

3. 品读第1自然段，学习通过对比来突出济南冬天的天气特点的方法。

（三）简介作者作品

老舍（1899—1966），现代著名作家，人民艺术家。原名舒庆春，字舍予，满族人。在五四新文化运动中，开始用白话进行创作。1924年赴英国，任伦敦大学东方学院中文讲师，并进行文学创作。1929年离英回国，先后任济南齐鲁大学、青岛山东大学教授。1946年赴美讲学。1949年应召回国。1966年8月因被迫害而不幸逝世，终年67岁。老舍一生著作丰富，长篇小说《骆驼祥子》和话剧《龙须沟》《茶馆》是其代表作。老舍的作品以描写北京市民生活著称，使用地道的北京口语，富有幽默感，有鲜明的地方色彩和浓厚的生活情趣。

（四）解题

《济南的冬天》是老舍于1931年春天在济南齐鲁大学任教时所写的一篇情辞并茂的写景散文。题目明确交待了描写的地方和时令。

关于济南的山和水：多媒体课件显示画面，并播放背景音乐《高山流水》。

教师解说：

在济南南面有著名的千佛山。千佛山古名历山，传说帝舜耕稼于此，又名舜耕山。隋开皇年间随山势雕刻了数千佛像，遍布山崖，遂称千佛山。

济南多泉水，素有“泉城”之称。大致分为趵突泉、黑虎泉、珍珠泉、五龙潭四大泉群。趵突泉为济南“七十二名泉”之冠，泉水平地涌出，喷涌如沸，隆冬季节依然水雾缭绕，四周的亭台楼阁都罩上一层轻纱，宛若仙境。除泉水而外，大明湖也是极有名的，正如清人刘凤诰所咏诗句：“四面荷花三面柳，一城山色半城湖。”

（五）掌握生字词

1. 给下面加点的字注音：

济南（jǐ） 镶嵌（xiāng） 水藻（zǎo）

贮蓄（zhù） 安适（shì） 发髻（jì） 澄清（chéng）

着落（zhuó） 看护（kān） 宽敞（chǎng）

2. 解释下面词语的意思：

响晴：（天空）晴朗无云。

设若：假若。

贮蓄：存放、储藏。

空灵：灵活而不可捉摸。

温晴：温暖晴朗。

澄清：清澈明亮。

秀气：清秀。文中形容小山的秀美小巧。

（六）初读课文，整体感知

1. 听读课文，感受济南冬天的美景

教师范读课文，学生听读，想象作者笔下济南冬天的一幅幅美景。

（过渡）下面，请大家借着美妙的音乐，循着课文的范读录音，驰骋你的想象去感受一下济南冬天的美，想想：济南的冬天给你的总体印象如何？你能用一两个词语概括出来吗？（提请学生回答）

2. 初读寻芳，欣赏冬天的美景

问：济南的冬天美吗？美在哪儿呢？你能以“济南冬天美，美在……”的句式为开头说一句话或一段话吗？

比如：

济南冬天美，美在澄清的河水，它又绿又清，像一面镜子。

济南冬天美，美在那些小山，它们像小女孩，又害羞，又秀气。

济南冬天美，美在天空，它清亮空灵，像一块蓝水晶。

济南冬天美，美在温晴的天气，没有呼呼的风声，没有浓重惨淡的灰雾，没有毒辣辣的烈日。

济南冬天美，美在阳光朗照下的小山温情可爱，像个小摇篮；美在薄雪覆盖下的小山秀美迷人，像位害羞的少女；美在城外的远山素淡雅致，像幅水墨画。

济南冬天美，美在耀眼的雪光、娇艳的雪色、娇美的雪态，翠松白雪相映生色，蓝天白雪相映生辉，黄草白雪相映成趣。它娇美、秀气，情态可掬。

济南冬天美，美在小雪点染后的山色。树尖上顶着白雪，好像日本看护妇，山尖上的白雪，好似给蓝天镶上一道银边；山坡上白雪黄草组成彩色美景，又像是给山们穿上一件花衣。

济南冬天美，美在秀美的睡态，它“在天底下晒着阳光，暖和安适地睡着”，多么美妙的理想境界！

3. 整体感知，梳理内容

(1)济南的冬天总的特点是什么？

(2)课文写了济南冬天的哪些景物？

(3)作者通过描写济南冬天的景色，抒发了什么样的情感？

讨论后明确：

(1)济南冬天的总的特点是“温晴”。

(2)顺着“济南的冬天是温晴的”这一主线，作者具体描述了冬天的山景和水色。3、4、5三段文字写冬天的山景：先用拟人化的笔法烘托出一个“暖和安适”的“理想境界”，给人以总体感受，然后分写阳光朗照下的山、薄雪覆盖下的山和城外远山。第6段文字写冬天的水色，先写水藻之绿，以衬托水之清澈透明，又拓展想象，将天光、水色融为一体，描绘泉城鲜亮明丽的色彩，充满赞美之情。

紧扣冬天的山景和水色，铺展出三幅画面：小山摇篮图、雪霁初晴图和空灵水晶图。

(3)作者通过对济南冬天的景色的描写，表达了对济南冬天的喜爱和赞美之情。

(七)再读课文，合作探究

1. 第1自然段是怎样展现济南的冬天“温晴”的天气特点的？运用了什么手法？

讨论并归纳：通过三组对比来写。

(1)北平的寒————济南的暖

(北平的冬天要是不刮风，便觉得是奇迹；济南的冬天是没有风声的。)

(2)伦敦的暗————济南的明

(伦敦的冬天要是能看得见日光，便觉得是怪事；济南的冬天是响晴的。)

(3)热带的热————济南的温

(热带地方的日光永远那么毒，响亮的天气反有点儿叫人害怕；济南有温晴的天气。)

写“温晴”是从自身感受的角度来写的，采用“曲折行文”的对比方式。北平、伦敦、济南是老舍生活之舟的三个主要停靠站，因此，他拥有评判对比的资格。通过和北平冬天多风、伦敦多雾、热带日光的毒和响亮(根据语境是指“晴朗得刺眼”)作对比，写济南冬天无风声、无重雾、无毒日，突出它独有的“温晴”美景，赞赏它是个“宝地”。画面中“寒”与“暖”、“暗”与“明”、“热”与“温”的色调烘托出济南冬天阳光和煦、天朗地秀的总体形象。此段在结构上总起全文，为下文具体描述作铺垫。

对比:北平(大风)——济南(无风声)

伦敦(无日光)——济南(响晴)

热带(日光毒)——济南(温晴)

2.这里运用对比手法有什么好处呢?

讨论并归纳:通过三组对比,突出济南冬天“响晴”的特点,由“奇迹”、“怪事”、“害怕”引出赞誉——“济南真得算个宝地”。文章紧扣这一天气特点,描绘济南冬天的景色。

3.“济南的冬天是没有风声的”改为“没有风的”行不行,为什么?

讨论并归纳:没有风声不等于没有风,只是风小而已,不猛烈,是柔和的。如果改成“没有风”,就不符合实际情况了。由此可见作者的用词是十分准确的。

(八)课堂小结

文章一开头,先与北平、伦敦、热带作对比,突出济南天气“温晴”的总特点,赞誉济南是个“宝地”。然后具体描绘济南的冬天特有的景致,先写山景,写了阳光朗照下的山、薄雪覆盖下的山、城外的远山,又绘水色,处处渗透着对济南冬天的喜爱。

(九)课后作业

1.抄写所学字词三遍,熟记“读读,写写”中的字词音义;

2.完成课课练的1、2、3、4题。

六、板书设计

济南的冬天

老舍

总特点:温晴

对比:北平(大风)——济南(无风声)

伦敦(无日光)——济南(响晴)

热带(日光毒)——济南(温晴)

【思考与探究】

1.简述教学目标设计的具体要求。

2.简述语文教学设计的基本要素。

3.简述语文教学设计的基本原则。

4.简述巴班斯基教学方法最优化的标准。

【拓展阅读】

1.皮连生、刘杰:《现代教学设计》,首都师范大学出版社,2010年版。

2.林荣凑:《高中语文学习的活动设计与实施》,科学出版社,2014年版。

3.张筱南:《中学语文教学设计与案例研究》,科学出版社,2018年版。

第六章

语文教学:阅读与鉴赏

YUWEN
JIAOXUE
YUEDU
YU
JIANSHANG

第一节
阅读教学观的转向与改革

一、阅读教学的界定

《义务教育语文课程标准》(2011)中指出,“阅读是运用语言文字获取信息、认识世界、发展思维、获得审美体验的重要途径,阅读教学是学生、教师、教科书编者、文本之间对话的过程”。朱绍禹也指出,“阅读教学是语文教学的主要内容,是语言训练与思维训练相结合的主要形式。从活动内容看,阅读教学以教材为依托,进行感知、理解、运用语言的训练,而这种训练又明显带有心智活动的特征”。基于此,我们认为,阅读教学是学生、教师、教科书编写者和文本之间的多元对话过程,是在多元对话和沟通中构建文本意义,提高学生的语文素养,使学生在语言建构、思维发展、审美体验、文化传承等方面获得进一步发展的过程。

二、阅读教学目标和内容的转向与调整

(一)阅读教学目标的转向

阅读教学的目标定位取决于语文课程的性质和目标。2017年版《普通高中语文课程标准》首次清晰明确地厘定了语文学科核心素养的内涵,即要求学生通过阅读学习,在语言建构与运用、思维发展与提升、审美鉴赏与创造、文化传承与理解四个方面获得进一步发展。由此,语文阅读教学的目标由单向的认知要求转向为复合的、体系化的核心素养的应然要求。

1.语言的建构与运用

传统阅读教学目标同样强调语言的习得与使用,但是在语言的建构方面有所缺失。当前,阅读教学目标既强调语言的建构,又强调学以致用,旨在通过阅读与鉴赏这一重要的语言实践活动,培养学生自主建构与灵活运用语言文字的能力。小学和初中阶段的阅读教学注重积累较为丰富的语言基础知识、语法规律等,培养良好的语感,发展感受力和理解力;高中阶段注重对语言现象的理性认识,对积累的语言材料和语文知识进行系统化的梳理和整合,反思和总结自己的阅读经验和表达习惯,建构初步的逻辑和具体的学习方法,主动自觉地将之运用于语言实践中。

在此基础上，用自己喜欢的文体、样式、表达方式进行写作，与同学们积极交流写作体会，尝试续写或改写文学作品，有条理地撰写思辨性文章，规范化撰写实用类文本。

2. 思维的发展与提升

传统阅读教学目标对思维的要求是阶段性的，即从形象思维逐渐发展至批判性思维，而当前的阅读教学目标强调的是思维养成的体系化和思维品质的发展。语言是重要的思维工具，语言的发展和思维的发展是相互依存、相辅相成的。学生通过阅读文本，感受和体验、形成并且发展感性思维、提高联想与想象能力，善于捕捉灵感；形成逻辑思维，发展实证推理与批判能力，增强思维的深刻性与逻辑性，并辨析事物的本质、是非、善恶、美丑，推动创新思维能力的养成，强调思维的系统性养成，强调思维品质的不断形成与发展。

3. 审美鉴赏与创造

相对于传统阅读教学目标中“审美教育”的抽象表达，当前阅读教学目标将其细化为鉴赏和创造两个方面。对于文学类作品，要求学生理解诗歌、散文、小说、剧本等不同的艺术表现方式，能够从语言、构思、形象、意蕴、情感等方面鉴赏作品，获得审美体验，判断其美学价值，发展作者独特的艺术创造；对于思辨性作品，要求学生能够辨析事物的本质，辨别美丑与事物之间的联系，提高审美理性思维；对于中华传统文化经典作品，则要求学生提升阅读体验，增强民族审美感受、审美趣味和审美追求。

4. 文化的传承与理解

传统的阅读教学目标强调语文学习的文化性，当前的阅读教学目标强调文化自信，强调文化的传承与理解，而不只是文化的习得和抽象传承。其要求为：通过阅读，使学生在感受、品味、体验、鉴赏的基础上，形成文化意识；体会作品的精神内涵，体会文化意义，增进对文化的理解，提升对中华民族文化的认同感和自豪感，增强文化自信，更好地继承和弘扬优秀传统文化，融汇世界多民族文化内涵；能够用历史和现代的眼光进行审视、剖析和评价文化现象，表达自己的看法。

（二）阅读教学内容的转向

随着语文学科核心素养体系和内容的明确与完备，阅读教学的内容由传统的重复性的读写转向语言、思辨、文学、文化参与等方面。阅读教学内容的转向具体表现在以下几个方面。

1. 语言学习强调建构与应用并重

当前，阅读教学不仅强调语言的学以致用，还强调语言的建构。即通过阅读，学生有探索语言运用规律的兴趣和期待，能主动收集、整理、探究生活中常见的语言现象；能对学过的语言材料进行分类整理，发现各类联系，加深理解和领悟。在整理过程中，能提出自己感兴趣的问题，尝试用所学的知识解决。在语言运用中，能根据具体的语境组织内容，选择合适的表达方式，有效地运用口头和书面语言实现沟通交流。并且，能自觉、有效地规划自己的语文学习，乐于与同学分享自己的学习经验，主动帮助他人提高语文学习的质量和效率。

2. 强调思辨意识与能力的养成

在传统阅读教学中，思辨能力隐含在文章的分析理解中。自语文核心素养提出后，思辨性阅读作为单独的内容指向被提出来，意在增强学生理性思考的意识与能力。

思辨性阅读的内容主要包括古今中外论说名篇、近期精彩的时事评论等。要让学生学会把握论者的观点、态度，理解论者阐述观点的方法和逻辑，通过阅读思辨性文本，使学生养成边阅读边思考的习惯，在阅读过程中能够提出问题，并具有自觉分析问题、归纳要点、提炼主旨、评价赏析的能力。多动脑思考，不仅有利于增强阅读效果，而且有利于锻炼思维、发展智力。另外，养成使用工具书的习惯，在阅读中能主动使用字典、词典查找参考资料，能够独立获得知识、发现问题并尝试自己解决问题。

3. 文学性阅读强调整合

文学性阅读的内容转向是清晰的，强调不同文学体裁的专项学习，尤其强调不同文学体裁的系统性整合。文学性阅读主要指引导学生阅读古今中外诗歌、小说、散文、剧本等优秀作品，系统感受作品中的艺术形象，系统欣赏作品的语言表达，把握作品的内涵，理解作者的意图；根据诗歌、散文、小说、剧本不同的艺术表现方式，发现作者独特的艺术创造，从语言、构思、形象、意蕴、情感等多个角度欣赏作品；体味大自然和人生的多彩多姿，激发珍爱自然、热爱生活的感情，获得审美体验。

这里要说明的是，整合不单指文学体裁的整合，还指阅读和写作的整合，强调在阅读中提高写作能力，在写作中提高阅读能力。阅读文学作品之后，学生要能够结合自己的生活经验开展个性化写作，加深对作品的理解和感悟。

4. 文化的传承与理解强调参与

文化的传承与理解一直是阅读教学的重要内容，但是当前阅读教学不仅强调文化的文本解读，还强调“社会性参与”。换言之，阅读对象不仅指向古今中外优秀的文学作品，还包括当代的社会文化现象。阅读教学要与社会文化环境紧密联系，引导学生针对特定的文化现象展开交流和研讨。设立各类语文学习共同体（如文学社团、新闻社、读书会等），由学生自主梳理材料，确定调查问题，编制调查提纲，访问调查对象，记录观察内容，完成调查报告；探析有关文化现象，拓展视野，培养多方面的语文能力。通过社会调查与实践、观看演出、参与公益活动等各种方式，引导学生积极参与当代文化生活，针对社会热点现象，开展专题研讨，在剖析中提高学生对各种文化现象的认识和阐释自己见解的能力；通过运用多种媒介，培养获取信息、处理信息、应用信息的能力；多角度分析问题，形成独立判断，在跨文化、跨媒体的语文实践中开阔视野，发展各自的语文专长。

三、阅读教学的基本理念与发展

阅读教学的基本理念源于教育学、心理学及语文学科的基本理念和规律，同时体现出时代与社会发展对阅读教学的基本要求，具备科学性、时代性与发展性等特点。在语文学科核心素养提出之前，阅读教学理念主要体现在知识性、体验性、审美性、民族性、文化性等方面，随着时代与社会的发展，语文学科强调以核心素养为本，既要关注语文知识技能的外显功能，又更加重视语文课程的隐形价值，关注语文在社会信息化过程中的内涵与变化，试图通过改革，让学生多经历、体验各类启示性、陶冶性的语文学习活动，逐渐实现多方面要素的综合与内化，养成现代社会所需要的思想品质、精神面貌和行为方式。[①]简而言之，阅读教学的基本理念转向为学生认知、环境建构、行为三个方面的“交互发展”。

（一）关于认知

语文学科阅读教学的认知通常显示为知识、能力、方法与体系。基于语文学科核心素养的要求，认知的转换具体表现为以下四个方面：

1. 阅读动机的转换

阅读教学在动机上开始强调母语学习的期望、态度、信念。上述三个方面的激活将使阅读成为鲜活的学习行为，使作为阅读主体的学生有自然行为、主动行为、有序行为、有设计的行为。

2. 阅读知识和方法的转换

阅读对于语文学科而言并不只显示为基本知识、基本技能和基本方法的习得，还强调阅读的体验与认知建构，这一方面分为“横向二维说”与“纵向四维说”两类。

从横向角度看，阅读包含工具角度及人文角度的阅读。其中工具类知识是指文本阅读过程中学生在语言、思维、审美、文化等诸方面形成、建构的知识；人文类知识则指阅读的利人，即学生主体的情感水平、精神水平的提升。

从纵向角度看，阅读强调具体的维度。一般而言，有以下四个层次：一是了解文字基本信息，即了解文字的基本含义；二是挖掘文章的内隐信息，即了解文字潜在的信息与情感；三是文章的整体性解读，即连贯篇章的意义建构；四是文章的精神性阅读，即赏析文章的精

① 中华人民共和国教育部. 普通高中语文语文课程标准[M]. 北京：人民教育出版社，2017.

神主旨，阐发自己的理解，关联自己的生活，加深对世界的认识。

3. 思维逻辑的转换

新的语文阅读理念认为思维是体系化的、发展性的，具体可以分为三个层次：一是强调直觉体验，重在强调形象思维能力的养成和发展；二是强调批判性的思考和表达，这是强调对语言现象和文学现象进行辨识、分析、比较、归纳和概括的能力；三是强调创新与反思，其内涵直指阅读学习的个性化，强调后天学习与实践带来的认知重构与个性化习得。三者交互发展，有利于促进思维品质的提升，使基于阅读学习的思维的深刻性、敏捷性、批判性得以实现和发展。

4. 强调自我效能感水平的提升

在学习论的研究者中，班杜拉强调，个体认知中的自我效能感水平在学习中发挥着重要作用。阅读学习也是如此。自我效能感水平的提升是阅读发展的主要动力，并不简单停留在习得层面。自我效能感是指相信个人可以控制某种局面并产生积极结果。在阅读教学中，要实现自我效能感水平的提升就要充分发挥学生的主动性和创造性，强调宏观视野，强调阅读的反思，鼓励学生对阅读内容做出有个性的反应。从这个角度来说，自我效能感水平的提升，有助于将阅读教学引入以生为本、师生合作、个性发展的应然途径。放手让学生去阅读，并且引导学生明确阅读的收获，知道如何进一步深入阅读，在阅读中得到收获、发展和转变，这是个性化阅读的实践抓手，将提高阅读教学的有效性。

（二）关于环境

语文学科阅读教学的环境，并不简单指物质环境和精神环境两个方面，也并不简单指“情境”，具体而言，包括七个要素：阅读活动、阅读教学情境、阅读教学资源、阅读工具、阅读支架、阅读学习共同体、阅读学习评价等。

把上述七个要素落实到阅读教学过程中，可以对应地显示为阅读活动的设计、阅读情境的营造、阅读资源的多角度获得、阅读策略的建议、阅读方法的示范、阅读团队的建设和阅读评价。其中，阅读活动即指为了实现阅读教学目标而采取的课上课下、校内校外的学习活动；阅读情境的营造则指教师在阅读教学过程中创设情感氛围；阅读资源的多角度获得是指阅读资源的跨媒介搜集、整合与使用；阅读策略的建议和阅读方法的示范强调师生在阅读教学中的技能习得、思考与发展，甚至是创新；阅读团队的建设则强调基于阅读的语文“最近发展区”的实现，强调在阅读过程中学习者之间相互沟通、交流，分享各种阅读资源，相互影响、相互促进，完成共同的学习任务，促进成员的全面、个性化发展。

(三)关于行为

相比传统的阅读教学行为,当今的阅读教学行为更强调行为的自主、设计与反思,具体可以分为模仿行为、自主行为、反思行为三种类型。

模仿行为即仿效其他个体的行为;自主行为,是指学生在没有其他主体参与的情况下独立从事阅读教学的行为;反思行为是一个不断循环往复、呈螺旋式上升的过程,包括问题意识——生成问题——界定问题——分析问题——解决问题五个环节。

阅读教学强调模仿行为、自主行为、反思行为三者的交互运用,其引导和决定了阅读教学的价值和质量,对阅读教学具有制约作用。除此之外,在阅读教学中,教师还要关注阅读能力的培养和阅读技能的训练。

1.阅读能力的系统性培养

按照倪文锦的理解,阅读能力"就是读者借助视觉器官,运用自己已有的知识经验,去了解文字符号所表达的内容,顺利而有效地完成阅读活动的能力。阅读能力由低到高分别是阅读感知力、阅读理解力、阅读鉴赏力、阅读迁移力、阅读创造力"。

(1)阅读感知力

阅读感知力是指对字、词、句等的语义的识别能力。把握文章的字面讯息,是最低层次的阅读能力。比如在《义务教育语文课程标准》中,第二学段(3~4年级)的阅读要求为:能联系上下文,理解词句的意思,体会课文中关键词句表情达意的作用。感知能力的构成要素有六项:具备基本识字量和词汇量;了解词语在语境中的特定义,能辨析词语之间在语义方面的内在联系;能依据上下文或语素独立推断陌生词语的近似义;④能在熟悉语法规则的基础上辨析结构复杂的长句;⑤能辨识印刷字号、字体和图像、表格、标点等非文字符号,乃至书写的格式;⑥能辨识记叙、描写、说明、议论、抒情各种表达语体。[①]

其他学段的阅读感知力可参照课程标准具体把握。这里要说明的是,除上述内容外,阅读感知力还包括语感。语感"是对语言文字或语文现象的敏锐感知和迅速领悟的能力,包括语音、语义、语法、语用等在内的一种正确丰富的了解力"。[②]

(2)阅读理解力

朱绍禹在《中学语文课程与教学论》中把阅读理解力界定为:在认读的基础上,把连续感知的文字符号联系起来,通过直觉、联想、想象以及逻辑分析和综合判断的思维活动,确认其所表达的思想意义的能力。阅读理解力一般包括还包括以下内容:能正确领会词语的含义和感情色彩;能正确了解各种句式的表达作用;能理清文章的思路,分出层次,概括要点;能较快地看出文章表现方法的特点;能确切领会文章的主题和积极意义;有一定的鉴赏

---

① 倪文锦,谢锡金.新编语文课程与教学论[M].上海:华东师范大学出版社,2006.

② 韦志成.语文教学情境论[M],南宁:广西教育出版社,1996.

和评价能力。[①]

(3)阅读鉴赏力

阅读鉴力是指对阅读材料的思想内容、表现形式、风格特点等进行鉴别和赏析的能力。读者把对文章内容的理解与自己的生活体验相对照或结合,加深对文本内容的理解和认识,进而欣赏文章或对文章表示质疑。鉴赏是高层次的理解能力,它直接关系到阅读质量与效果,甚至决定着阅读的成功与失败。

值得强调的是,阅读鉴赏时应兼顾“度”的把握,课标对此有明确解析:在理解课文的基础上,提倡多角度、有创意的阅读,利用阅读期待、阅读反思和批判等环节,拓展思维空间,提高阅读质量。但要防止逐字逐句的过深分析和远离文本的过度发挥。

(4)阅读迁移力

阅读迁移力是指运用阅读教学所获得的知识、技能来解决所遇到的和阅读相关的新问题的能力,它是比鉴赏力层次更高的阅读能力。这里的迁移并非仅指学习成果的实践,更意味着多角度、多层面的拓展阅读学习。换言之,阅读迁移力也是阅读力的主要构成要素之一,并不独立存在。

就其构成而言,阅读迁移力包括以下四个方面的内容:一是阅读思考力。即充分反思阅读教学的知识与技能,将其系统化,同时聚焦不同的知识点和技能,指向清晰地解决相关问题。阅读思考力是阅读鉴赏力转向阅读迁移力的中间环节,不可或缺;二是阅读借鉴力。它将阅读学习的收获内化为自己的阅读能力,为形成个性化的阅读方法和策略提供营养,通常从阅读文本、内容、形式、主题、意义几个方面进行具体借鉴;三是阅读表达力。如果说阅读借鉴力是从外而内的,即由阅读文本的收获到阅读内隐的生成;那么,阅读表达力则是由内而外的,即运用口头语、书面语或复述、阐述、评述自己的观点、态度和逻辑;四是阅读类化力。即“运用联想、演绎、升华,寻找旧知识和新问题的相似点和相关处,将外化的阅读心得应用到同类或异类的事物中去,实现同化迁移或顺应迁移,以解决认识上和实践上的问题”[②]。

(5)阅读创造力

相较于传统的阅读教学而言,阅读创造力强调的是创新能力的养成。从本质上讲,阅读是读者对文本的再创造。阅读创造力是指学习者在文本阅读过程中,基于阅读理解与鉴赏的学习基础,对文本进行再加工,运用创造性思维产生超越文本原有内涵意义的个性化见解的能力。其显示为阅读感知、理解、鉴赏、迁移等各种能力的“合集”。具体的阅读创造力表现为:多维反思能力、系统整合能力、批判性思维能力、外显内隐的双向迁移能力、创新思维能力。

---

① 钟为永.语文教育心理学——语文教育科学性、艺术性探索[M].北京:警官教育出版社,1998.

② 倪文锦,谢锡金.新编语文课程与教学论[M].上海:华东师范大学出版社,2006.

2. 阅读技能训练的改革

阅读能力的培养离不开基本阅读技能的训练。一般的阅读方式有朗读、默读、精读、略读、速读等。

(1)朗读训练

朗读是一种出声的阅读方式，是通过读出词语和句子，把诉诸视觉的文字语言转化为诉诸听觉的有声语言。朗读能够有效培养学生的语感，增强其对语言的感受力；还可以加深对文章思想感情的体味与理解，促进记忆。同时，在朗读的过程中还可以训练思维，提高口头和书面表达能力等。

朗读训练不只是字词的朗读，更是语义的朗读、语境的朗读，传统朗读训练强调发音，这是正确的，例如：发音正确清楚，语气(轻重缓急)语调(抑扬顿挫)恰当，轻重停顿准确，节奏(速度)适当。《义务教育语文课程标准》明确提出各个学段的阅读教学要重视朗读，总体要培养学生“正确、流利、有感情”朗读课文的能力。但是要说明的是，发音正确只是朗读的形，更要注意朗读的神，语音是语言的物质外壳，因此，强朗读训练在强调读音的基础上一定要关注文本的意义、文本的个性化解读。语音和语义的结合是朗读训练的基本要求。

朗读训练的方式主要有：教师范读、学生仿读、接替读、轮读、提问接读、齐读、小组读、个别读、散读、分角色读、全篇读、分段读、重点读等等。

(2)默读训练

默读是指不出声的阅读，它通过视觉接受文字符号，然后直接反射给大脑，可以立即进行译码、理解，因此默读又称直接阅读[①]。相较于朗读，默读是一种最基本、最常用、最有效的阅读方式，它可以提高阅读速度，提升阅读效率，有利于学生静心思考，体现了阅读的个性化。默读训练的改革方向是强调习惯、理解与鉴赏的整合，而非单指默读形式本身。

第一，默读习惯养成的训练。《义务教育语文课程标准》对不同学段的默读训练提出了明确要求：第一学段，学习默读，做到不出声，不指读。第二学段，初步学会默读，能对课文中不理解的地方提出疑问。第三学段，默读有一定的速度，一般读物的默读每分钟不少于300字。第四学段，养成默读习惯，有一定的速度，阅读一般的现代文每分钟不少于500字。依据学段的不同特点，依据学生在不同学段的学习心理，要求学生养成相适应的默读习惯，如边读边思、边读边记、感受式阅读、鉴赏式阅读、批评式阅读等等。

第二，默读理解的训练。依据教学文本，学生的学习个性、能力、学习基础，引导学生对教学文本的内容、深度、社会性、时代性进行一定的理解和认识，在感受、体验、思考、评价、习得诸方面有潜移默化的提升。

第三，默读鉴赏的训练。主要是依据不同学段学生的学习心理以及教学文本的特点，依据学生的理解能力与学习基础，开展基于语言、思维、审美、文化等诸方面的鉴赏训练。

---

① 朱绍禹，中学语文课程与教学论[M]. 北京：高等教育出版社，2005.

(3)精读训练

精读是根据一定的目的,对阅读材料的内容、结构、语言、表达方式甚至是注释、标点符号、图表等进行认真分析、深入钻研的一种阅读方式。精读,有利于对重要的语句和章节所表达的思想内容进行透彻理解,有助于提高学生阅读的深度。

精读训练的改革既强调精读能力的养成,又强调学以致用。精读训练可以尝试从以下四个方面进行:

第一,指导朗读、默读。在默读训练中,教师可以依据实际的需要,适时地教给学生采用"要点标记法""勾画圈批默读法"等方法进行精读。

第二,精读词句,积累语言。精读中的字词理解,可以采用诠释词义法、分析词义法、推断词义法、联想字词法等进行指导。

第三,精读内容,体会情感。精读课文的内容可以采取多种方法:一是要抓住重点词句来理解课文内容;二是对阅读的内容加以分析和归纳,把握文章的结构,进一步理清课文的思路;三是联系自己的生活体验和感受,将自己置身于课文的情与景中,真切体会课文所要表达的思想情感。

第四,精读方法,学以致用。在理解内容、体会感情的基础上,还要掌握文中的写作方法和表达方式。可以采用读写结合的方法,首先归纳总结出写作方法或表达方式,其次要及时练习,学以致用,比如课上的随堂练笔、课下的短文写作等。

精读训练的方法一般有以下三种:三步阅读法:认读——理解——鉴赏;五步阅读法:纵览——发问——阅读——记忆——复习;六步阅读法:认读——辨体——审题——问答——质疑——评析①。

教学有法而无定法。在阅读教学中教师应根据学生的实际情况因材施教,设计符合自身教学特点的训练方式,开展精读训练。同时鼓励学生在实际阅读和训练中,总结出适合自己的阅读方法,积累阅读经验。

(4)略读训练

叶圣陶先生认为"学生从精读方面得到种种经验,应用这些经验,自己去读长篇巨著以及其他的单篇短什,不再需要教师的详细指导,这就是'略读'"②。相较于精读,略读不要求对文章字斟句酌,它要求根据文章特定的语言环境,能够较快地推断出词语的含义,掌握长句的主干,弄清文章的发展脉络。略读能够快速捕捉信息,发挥人的直觉思维能力,有利于扩大学生阅读的广度,是一种很有价值的阅读方式。

略读训练的改革既强调略读能力的养成,又强调批评式略读思维的养成。

第一,加强注意力的培养。学习建立对阅读的认知,建构适当的环境,引导学生开展有

---

① 朱绍禹.语文课程与教学论[M].北京:高等教育出版社,2005.

② 叶圣陶.略读指导举隅[M].上海:中华书局出版社,2013.

意义的阅读,养成良好的习惯。

第二,加强整合及概括能力的训练。利用逻辑思维迅速把握文章的基本内涵,并且有条理、有重点地对文本进行整合和概括。

第三,优选阅读内容。针对不同学段的学生,安排不同的学习段落,分层次有目的的开展阅读训练。

第四,开展批评式略读思维训练。在略读过程中,开展批评式的思维训练,使学生养成批判和反思的习惯,并形成自己的见解。

(5)速读训练

速读也称“快速阅读”,它的改革既强调快速阅读的单位时间效率,又强调要符合学生的学习心理和思维特征。在合理的范围内开展速读训练,既有助于提高速读的效率,有效获取信息;又有助于使学生学习动机的激活以及思维能力的养成。

速读的基本要求如下:了解不同学段学生的学习心理特点、思维能力水平;学会默读,避免发声;扩大视觉范围,目光以词语、句子或行、段为单位移动,改变逐字逐句阅读的习惯;养成高度集中注意力进行阅读的习惯;每读一遍都有明确的阅读目标;减少回读;从顺次阅读进入跳读①。

第二节 阅读教学目标的建构及内容解析

一、阅读教学目标的建构

语文学科核心素养是语文学习的必备品格和关键能力,主要包括“语言建构与运用”“思维发展与提升”“审美鉴赏与创造”“文化传承与理解”四个方面。阅读教学的根本目标,就是使学生从以上四个方面获得提升与发展。

义务教育阶段和普通高中教育阶段阅读教学的目标各有侧重。高中阶段强调阅读交流的意识与方法,初中阶段强调交流的一般知识和习惯。

① 朱绍禹.中学语文课程与教学论[M].北京:高等教育出版社,2008.

1.语言的建构和运用

在阅读教学中，语言的建构和运用是重要的目标指向，显性地呈现为“积累与建构”“交流与沟通”“梳理与整合”三个方面。(如表6–1所示)

表6–1　语言建构与运用

维度	学段	
	义务教育阶段	普通高中阶段
积累与建构	1.注重积累、感悟和运用； 2.养成良好的语感； 3.背诵优秀诗文240篇(段)； 4.九年课外阅读总量应在400万字以上	1.积累语言材料和言语活动经验； 2.有良好的语感； 3.语言的学习是系统的、框架式的； 4.理解、掌握、探索语言文字运用的基本规律
交流与沟通	1.具有日常口语交际的基本能力； 2.学会倾听、表达与交流； 3.初步学会运用口头语言文明地交往	1.凭借语感和语言运用规律进行有目的的交流； 2.根据具体的语言情境和不同的对象，运用口头和书面语言文明得体地交流和沟通； 3.能将具体的语言作品置于特定的交际情境和历史文化情境中理解、分析和评价
梳理与整合	1.初步具备搜集和处理信息的能力； 2.积极尝试运用新技术和多种媒体进行学习	1.将积累的语言材料和学习的语文知识结构化； 2.将言语活动经验逐渐转化为具体的学习方法和策略； 3.自觉地将语文知识运用于语文实践中

2.思维的发展与提升

在阅读教学中，高中阶段强调感受、体验和判断，强调基于形象思维和逻辑思维上的批判性思维、创新思维；义务教育阶段则更多指向感性思维和简单的逻辑思维，强调直觉和体验。(如表6–2所示)

表6–2　思维发展与提升

维度	学段	
	义务教育阶段	普通高中阶段
形象思维能力	1.注重情感体验； 2.发展感受力和理解能力	1.获得对语言和文学形象的直觉体验； 2.运用联想和想象，丰富自己对现实生活和文学形象的感受与理解

续表

维度	学段	
	义务教育阶段	普通高中阶段
逻辑思维能力	1. 阅读简单的议论文，区分观点与材料（道理、事实、数据、图表等）； 2. 发现观点与材料之间的联系； 3. 通过自己的思考，作出判断	1. 辨识、分析、比较、归纳和概括基本的语言现象和文学形象； 2. 有依据、有条理地表达自己的观点和发现； 3. 运用基本的语言规律和逻辑规则，判别语言运用的正误，准确、生动、有逻辑地表达自己的认识； 4. 运用批判性思维审视语言文字作品； 5. 探究和发现语言现象和文学现象，形成自己对语言和文学的认识
思维品质的养成	1. 发展各种思维能力； 2. 学习科学的思想方法，养成实事求是、崇尚真知的科学态度	1. 自觉分析和反思自己的阅读经验； 2. 增强思维的深刻性、灵活性、敏捷性、批判性和独创性

3. 审美鉴赏与创造

在阅读教学中，义务教育阶段更强调美和审美的意识、情趣、知识与一般方法；高中阶段则强调美及审美的个性化解读、鉴赏，以及审美境界，强调创新意识。（如表6–3所示）

表6–3　审美鉴赏与创造

维度	学段	
	义务教育阶段	普通高中阶段
语文的美感体验	1. 培育热爱祖国语言文字的情感，增强学习语文的自信心； 2. 培养爱国主义、集体主义、社会主义思想和健康的审美情趣	1. 增进对祖国语言文字的美感体验； 2. 感受祖国语言文字独特的美，增强热爱祖国语言文字的感情
鉴赏文学作品	1. 能初步鉴赏文学作品； 2. 丰富自己的精神世界	1. 感受和体验文学作品的语言、形象和情感之美； 2. 能欣赏、鉴别和评价不同时代、不同风格的作品； 3. 具有正确的价值观、高尚的审美情趣和审美品位
美的表达与创造	1. 发展个性； 2. 培养创新精神和合作意识	1. 运用祖国语言文字表达自己的审美体验； 2. 表现和创造自己心中的美好形象； 3. 讲究语言文字表达的效果及美感，具有创新意识

4. 文化传承与理解

初中阶段更强调文化的基本内涵与意义，并关注当代文化；高中阶段则强调文化自信，强调文化认同，强调对不同民族地区文化的借鉴，强调当代文化参与，强调文化传承的使命感。（如表6–4所示）

表6-4　文化传承与理解

维度	学段	
	义务教育阶段	普通高中阶段
传承中华文化	1.认识中华文化的丰厚博大； 2.汲取民族文化智慧	1.通过学习运用祖国语言文字，体会中华文化的博大精深、源远流长； 2.体会中华文化的核心思想理念和人文精神，增强文化自信； 3.理解、认同、热爱中华文化； 4.继承、弘扬中华优秀传统文化和革命文化
理解多样文化	1.尊重多样文化； 2.吸收人类优秀文化成果，提高文化品位	1.通过学习文学作品，学会尊重和包容； 2.初步了解不同民族、不同区域、不同国家的优秀文化，吸收人类文化的精华
关注、参与当代文化	1.关注当代文化生活； 2.广泛阅读各种类型的读物，丰富自己的精神世界； 3.积极尝试运用新技术和多种媒体学习语文	1.关注并积极参与当代文化传播与交流； 2.在运用祖国语言文字的过程中，坚持文化自信； 3.提高社会责任感，增强为中华民族伟大复兴而奋斗的使命感

二、内容解析

语文核心素养是指学生具有的语言与思维的品质，是学生语言经验的综合体现。从不同维度看，它包括语言知识及运用能力，以及审美与文化传承过程中所表现出来的情感、态度和价值观。按其内容来解释，包括“语言建构与运用”“思维发展与提升”“审美鉴赏与创造”“文化传承与理解”四个方面。其中“‘语言建构与运用’是基础层面，它要有语料、语感、语理等语言经验的积累，在此基础上运用提取、重组、补充（包括补充隐含的信息）、推断、转换、调整等方法建构语言意义。‘语言建构与运用’与‘思维发展与提升’相互依存、相辅相成”。

1.语言的建构与实践

（1）语言积累、梳理与探究

①树立语言文字发展的观念

通过在文本的语境中学习积累词汇，理解词义，不断质疑，梳理语言和言语的基本内涵，梳理对语言和言语的基本了解和认知，进而进行实践。需要注意的是，不同的学段有不同要求，但基本遵循积累、使用、归类、反思的脉络。另外要注意古今语言的联系和贯通，树立语言文字发展的观念，了解文字发展的历史。

②自主总结并积累

在阅读过程中，积累有关汉字的隐性义，积累相关的成果与典故，观察其特殊的表达作用，建构有关方面的知识。注意语言使用的方法和逻辑，总结规律，通过不断的积累，形成并提升自己的语言素养。

③善于反思和建构

总结、交流、反思自己的阅读经验，建构关于语言学习的方法和体系，增强个性化的表达能力。

需要注意的是，《普通高中语文课程标准》中已明确提出“语言积累、梳理与探究”学习任务群，并将之贯穿于高中语文必修、选择性必修两个阶段的学习中。

(2)拓展性阅读与研讨

拓展性阅读包括课堂教学的延展，也可以指单独的课外阅读。结合课堂教学的课外阅读在义务教育阶段通常表现为群文阅读和校本阅读，高中阶段则指向整本书阅读和校本阅读。

《普通高中语文课程标准》中明确提出了“整本书阅读”的学习任务群，旨在引导学生通过阅读整本书，拓展阅读视野，反思自己的读书习惯，建构阅读整本书的经验，形成适合自己的读书方式，提升阅读鉴赏能力。课外拓展指课文以外的拓展，比如《义务教育语文课程标准》中推出优秀古诗文推荐篇目135篇(段)，对适合学生课外阅读的材料也给出了建议等。

2. 思辨性阅读

思辨性阅读强调通过阅读“发展实证、推理、批判与发现的能力，增强思维的逻辑性、深刻性，提高理性思维水平”，这一说法主要体现在《普通高中语文课程标准》中。义务教育阶段，主要强调发展学生思维，培养想象力，开发创造潜能，提高学生发现、分析、解决问题的能力。思辨性训练起源于小学中段，发展于初中阶段，基本成熟于高中阶段，应该注重剖析其间的差别和侧重点。如果从学习任务角度考量，义务教育阶段的思辨性训练主要体现在对不同文本的阅读中，高中则单独安排了“思辨性阅读与表达”学习任务群。思辨性阅读也是循序渐进、承前启后的，注意区别的同时，也要注意其中的联系。

3. 文学阅读

文学阅读是阅读教学的重要内容，侧重于古今中外诗歌、小说、散文、剧本等优秀文学作品的阅读。在阅读文学作品时，要引导学生把握学习脉络，注重文学理解、文学鉴赏、文学创作、文学评论综合能力的提升，同时还要注意对关键节点内容的细化。例如，文学理解要细化为：感受形象、品味语言、体验情感、激活想象等等。具体而言，文学阅读包括以下三个基本层面：

第一，感受和理解作品。具体指感受作品中的艺术形象，把握基本内涵，理解和鉴赏语言表达艺术，同时要注意结合自己的生活体验和阅读经历，深化对作品的理解，进行个性化解读，建构自己的阅读艺术世界。

第二，鉴赏品析文学作品。能够根据诗歌、散文、小说、剧本的不同表现方式，尝试从构思、语言、形象、意蕴、情感等不同角度鉴赏作品。通过学习获得个性化的审美体验，养成审美感知力和判断力，能够认识作品的美学价值与艺术特点。

第三，开展文学创作。通过阅读学习，了解文学创作的一般规律，形成个性化的语言表达，尝试续写或改写文学作品。

文学作品的阅读因学段和年级的不同而有所侧重。通常鉴赏环节依存逻辑思维的形成和发展，小学段可结合文章具体理解；初中和高中阶段可以进行概括式理解，学习抽象表达。对文学作品的阅读，高中阶段单独开设了“文学阅读与写作”学习任务群，提出了具体的阅读目标和内容。

4. 实用性阅读

实用性阅读侧重于实用类文本的阅读，包括应用文、科普小品等。通过实用性文本的学习，学生可以丰富生活经历和情感体验，提高阅读与表达交流的水平，增强适应社会、服务社会的能力。其具体的学习内容可分为三类：①社会交往类：会谈、谈判、讨论及其纪要；活动策划书、计划、制度等常见文书；应聘面试的应对，面向社会大众的演讲、陈述。②新闻传媒类：新闻、通讯、调查、访谈、述评；主持、电视演讲与讨论；网络新文体，包括比较复杂的非连续性文本。③知识性读物类：复杂的说明文、科普读物、社会科学类通俗读物。

5. 阅读与文化参与

文化的传承与理解是语文重要素养之一。2018年3月，北京师范大学发布了《21世纪核心素养5C模型研究报告》，明确阐述了文化理解与传承、审辩思维、创新、沟通、合作五大素养的内涵和关系，并将文化理解与传承置于核心素养的统领地位。文化理解与传承的教和学离不开文化的参与，语文阅读教学要依据学习心理和具体环境，引导学生关注和参与文化生活，了解、剖析、评价文化现象，积极参与先进文化的传播和交流。通过不同活动，增强学生的文化意识，传承世界优秀文化和中华民族传统优秀文化，拓展文化视野，增强文化自信。具体表现为以下三个方面：

第一，关注并剖析文化现象。聚焦特定文化现象，制定调查提纲，开展文化调查，积极传播社会主义核心价值观，弘扬优秀文化。

第二，设立语文学习共同体。结合阅读教学，积极探析有关文化现象，拓展文化视野，培养多方面的能力，丰富语文学习的方式，参与文化公益活动，参与当代文化生活。

第三，开展文化实践。积极关注社区文化活动，了解社区的思想观念、生活习惯、生活方式，同时通过媒体关注当代文化生活热点，积极参与文化建设，提升对各种文化现象的认知能力和阐释自己见解的能力。

6.跨媒介阅读与交流

跨媒介阅读旨在引导学生通过运用不同媒介获取学习信息，在多元信息交流中获得体验，思考不同媒介语言文字运用的现象、特点和规律，提高理解、辨析、评判媒介传播内容的水平以及跨媒介分享与交流的能力。具体的学习内容包括以下四个方面：第一，充分关注当代网络文化，坚持正确的价值导向，杜绝偏见，提高文学的理解及鉴赏能力；第二，了解信息来源的多样性和价值意义，理解主流价值观立场，并能清晰判断媒体立场，既能够多角度分析问题，又有自己的独立意识；第三，了解常见媒体和语言辅助工具的基本特点，并能够学习运用相关媒介，更加有效地学习、表达和交流；第四，能够将多媒介学习和课堂阅读教学关联起来，相互照应，既有系统化学习又有多角度拓展。

第三节 阅读教学的基本要求

一、阅读教学的基本范型与各类文体的教学要求

(一)阅读教学的基本范型

教学范型理论一般包括以下四类：知识授受型、探究发现型、情意教学型、系统优化型。其共同特点表现为以下两个方面：单篇课文的阅读教学和单课时的阅读教学。这两类阅读教学的开展，要依据不同教学理论展示不同环节。

1.教学范型理论

教学范型理论包括以下四类：

第一，知识授受型。知识授受型注重以教师的教为主，以文本为中心，系统地开展知识的学习，目的是使学生达到“学会”的状态，知识授受型的代表理论是赫尔巴特的“四阶段说”，即明了、呈现、系统、方法。

第二，探究发现型。探究发现型主张学生自主学习、自主建构，获得个性化的学习方

法，形成探究发现的学习意识，达到“会学”的状态。苏格拉底的“产婆术”、孔子的“启发式教学”均属此类。其代表理论是杜威的“思维五步法”，即明确困难、形成问题、提出假设、逻辑推理、行动检验。

第三，情意教学型。情意教学型从人本主义思想出发，认为师生间的情意交往才是教学过程持续有效开展的“群体动力”。其代表理论是罗杰斯的“非指示性教学”，即确定自由学习情境；学生发现并明确问题；教师引导学生自主学习、合作学习、洞察思考；学生形成解决问题的方法和策略；学生表述学习过程及学习结果。

第四，系统优化型。系统优化型要求课堂教学要全面考虑教学规律、原则，现代教学的形式与方法，教学系统的特征及内外部条件，使教学过程达到最优化的标准，提升教学任务的完成质量，减少师生为完成这些任务所花费的时间和精力。

上述各种范型，虽然表现形态各异，但要注意以下三点：第一，这些理论具有不同的适用性，要认识到每个范型都存在利弊，没有万能的范型。在对各个教学范型进行充分理解的同时，依据阅读教学的具体特点和要求，择优使用。第二，教学过程是一个历史范畴，有其产生的原因和条件，不能完全否定或者肯定哪一种范型。尤其要注意，在教育教学的过程中要发挥创新性，使之具有个性化特点，更适合教学对象、教学内容。第三，教学范型有各自的特点，要根据需要融合适用，不将其模式化、公式化。

2.具体教学过程

(1)单篇课文的阅读教学

单篇课文的阅读教学一般按以下三个步骤具体展开：第一步是初读课文，整体感知。第二步精读课文，深入感悟。第三步是总结巩固，拓展升华。

在单篇课文的阅读教学中，教师、学生、文本构成了教学的基本要素，应着眼于学生的自主学习、共同学习，教师的示范引导。

①学生的自主学习

自主学习是学生学习主体意识觉醒的主要标志。学生通过学习不断形成阅读教学的感受、体悟、判断，以及思维审辨的一般方法和形式。具体而言，要以文本的结构、内涵、主题、艺术特点以及字词句章的相关知识为基本内容，通过课前预习，结合课文的助读系统和练习系统、微课以及其他相关资源，开展系统性学习，了解相关知识，得出明确的结论，体会主观情感，把握基本内涵，并能够对文本提出质疑，或者有个性化的理解与鉴赏结果。自主学习阶段既重过程，又重结果，一方面和之前的学习形成系统，形成衔接；另一方面，通过学习不断加强自身的基本能力和素养。

②学生的共同学习

通过共同学习，学生既能够在与他人的共享交流中提升自己的认知水平，提升策略有效度，又能够取长补短、举一反三，提升学习反思效果。共同学习特别注重社会情感的发展和团体间的互动。一般来说，共同学习要注意以下四点：一是强调面对面的直接交互；二是强调积极的相互依赖；三是强调学生个体的责任感；四是强调学生沟通与交流能力的培养。

③教师的示范引导

教师的示范引导要全面考虑教学规律、教学原则、现代教学的形式与方法、教学系统的特征以及内外部条件。教师的示范引导是相对于学生自主学习而言的，主要作用是通过系统的教学预设、问题引导、方法解析为学生学习提供助力，指明方向。教师的示范引导一般应注意四个方面的内容：其一，调动学生的语文学习期待与兴趣；其二，引导学生形成自己的方法策略；其三，对阅读层次的把握，恰当地选择和使用讲授、小组讨论等各种方式和方法；其四，将认知的引导、环境建构、行为示范有效组织起来。

（2）单课时的阅读教学

因教学范型以及教学目标的不同，单课时阅读教学的课型也有所不同，如精读课、略读课、研读课、复习课、练习课等。基于阅读教学的教育影响、教师、学生三者交互的基本规律，单课时阅读教学一般分为三个阶段：课程导入阶段、主体教学阶段、收束阶段。

①课堂导入阶段

课堂导入是课堂教学的初始阶段。在介绍和讲解新内容之前，通常先要确定这节课的框架，并使学生熟悉新内容，这一阶段教师经常采用语言导入，即导语。导语的行为主体可以是学生、教师，也可以是第三方资源。一般主要采用释题导入，介绍作者或时代背景导入，新旧知识联系导入，文章的风格或价值导入，故事式导入，谜语、诗词或对联导入，问题导入，情境导入，等。各类导入通常包括以下内容：a.复习前一天的教学内容；b.讨论教学目标；c.明白无误地告诉学生将要完成的语文学习任务；d.对于今天的语文教学进行概括，教育学通常称之为前导组织。前导组织有两种形式：说明和比较。说明是为学生提供语文学习的新知识，帮助他们熟悉即将到来的语文课堂教学，或者是描述即将开展的语文教学的主题及学习该主题的重要性。例如，学习苏东坡《念奴娇·赤壁怀古》时，为了帮助学生了解认识豪放派词的精神内涵、苏东坡的思想情感内涵，教师就要跟学生说明接下来将要学习宋代的政治、经济、文化特点，了解苏东坡的生活情况，了解后世对苏东坡及豪放词评价。比较是通过建立新知识与学生已有知识之间的联系来引入新内容。例如，刚刚提到的高中学段苏东坡《念奴娇·赤壁怀古》的课堂教学，教师可以提及初中学过的另一位词人陆游的作品，思考二者的联系和区别，帮助学生认识以苏东坡为代表的宋代豪放派词的精神内涵及艺术特征。

从目的上说，导入阶段要达到以下四个目的：其一，将学生的学习与之前的学习紧密连接，并能将之前学习的成果引入到本科目的学习中；其二，充分调动学生的学习兴趣，促使其主动学、愿意学；其三，明确语文的教学目标，使学生学习思维更聚焦，建构意识更明确；其四，激发学生的问题意识，使其对课文能有自己的个性化解读。导入通常有以下两种形式：语言导入、情境导入。其中，情境导入指有声语言之外的所有形式的导入。语言导入则应注意以下几个问题：其一，符合学生学习心理和学习思维；其二，语言要富有表现力和感染力；其三，紧密结合教学目标及学生学习特点；其四，语言要精练，语言选择要符合学习情境；其五，时间不宜过长，一般不超过3分钟。

②主体教学阶段

教师应该根据学生的学习心理特征、思维特性，自身的专业化水平、综合素养，根据教学目标以及课文的基本特征，确定教学情境，选择恰当的策略和学习方式，引导学生开始学习。这一阶段的教学方式一般有以下几种类型：

一是知识授受型。这一类型的课堂教学通常表现为五个阶段：一是激发学生的语文学习动机；二是感知和理解语文教材；三是巩固语文知识；四是运用知识；五是学习检查。这一教学方式注重知识的系统传授，目的是让学生达到掌握、学会的状态。这里要注意的是知识授受型教学方式在教学过程中应根据需要开展，即不能使之成为主体的教学范型，不能让教师包揽一切，但在需要的时候，也可以采用。其核心标准是能够促进每位学生的发展。

知识授受型，通常用的是“讲解”这一方法。讲解时可以使用以下策略：a.不要随便给讲课内容“添枝加叶”，要花一些时间准备和组织所要讲解的内容；b.讲解时间不宜太长，中间应该穿插一些问题和课题活动。例如，“教师可以讲解10—15分钟以提供背景知识和框架，然后让学生进行小组讨论；c.讲课要有趣味性。思考一下你能说些什么话来激发学生对某个主题的兴趣；d.遵循指定的顺序并包含关键组成部分：使用前导组织或预习主题来开始一堂课；用语言或图片等形式对关键概念和新观点进行强调；使用黑板、投影仪或其他大型显示设备；新知识应该与学生已经掌握的知识相联系；定期观察学生的反应以确保他们能跟上进度，并鼓励他们学习；讲课结束时进行总结或给出要点的概述；和将来的课程或活动进行联结。

二是探究发现型。这一类型的课堂教学通常表现为五个阶段，这五个阶段以思维的提升和发展为目标，它包括以下内容：一是问题的感知和发现；二是问题的界定与描述；三是问题解决的方法假设；四是根据学过的语文知识与技能，以逻辑推理判断上述假设是否合理；五是开展教学行动，检验上述假设是否合理。这一范型注重使学生获得个性化的学习方法，形成探究发现的态度，使学生善于发现、善于思考，实现“会学”。

探究发现型要求语文教师在课堂上和学生进行有效交流，一般采取以下策略。a.使用事实型问题作为开始，以引入思考型问题。例如在讲解《林教头风雪山神庙》时，教师可以提出事实型问题（如“小说三要素是什么？”），然后可以继续提出思考性问题（如“三者紧密结合在一起将对小说主题产生怎样的影响？”）当然，不要过度使用事实型问题，因为它倾向于死记硬背而不是理解性学习。b.避免使用是非型问题和诱导型问题。是非型问题只能用来引入更具探索性的问题，询问太多类似于“林冲被逼上梁山，是否和他所处的环境有关？”是不建议采用的策略，这样的问题应尽量少用，可以偶尔用来做其他文体的铺垫。使用诱导型问题(如“难道你不同意吗”)和其他选择性问题(如“大家一定想多了解关于宋代诗词的优秀代表作品,不是吗?”)也不是明智的策略。这类问题不会产生有意义的回答,只是把主动权又交回到教师手里。c.给学生足够的时间思考答案。很多教师提问时不给学生足够的思考时间,有研究表明,等待5~6秒钟效果比较好,但要提醒学生在这一时间里,必须思考和建构答案,而不是敷衍答题。d.问题要清晰、有目的性、简短和有序。要紧扣所学的课程内容,提前计划,以使你的问题有意义,且紧扣主题。如果问题啰唆冗长,学生可能听不懂,所以越简短越好。同时还要按照一定的逻辑顺序提问,进入新的学习内容之前,所提问题要结合前面已经学过的内容。e.监控你对学生回答的反应。学生回答了问题后,很多教师只是说声“OK”或“好的”。通常情况下,更明智地做法是提供更多的回应,你可以在学生回答问题的基础上进一步提问,让该学生或其他学生参与讨论,根据学生的现有知识水平和理解能力提供适当的反馈。f.清楚向全班同学或个别同学提问的最佳时机,向全班学生提问时,每个学生都有责任回答问题,而向个别学生提问时,其他学生就不大可能回答。向个别学生提问的理由包括:让注意力不集中的学生认真听课;向刚才回答问题的学生进一步提问;叫很少回答全班问题的学生参与发言。不要让少数过分自信的学生独霸回答问题的机会,私下找他们谈话,要求他们继续保持积极回答问题的热情,但不能独霸课堂时间①。g.鼓励学生提问,如果学生问题提得好就给予表扬。

三是情意教学型。这一类型的课堂教学通常表现为五个阶段:一是确定自由表达的情景,学生发现并清晰界定问题;二是生生、师生相互支持、共同思考;三是学生开展有计划的语文自主学习;四是形成解决问题的方式和策略;五是学生或学习共同体介绍自己的学习过程与结论。利用这一范型教学时,教师的指令较少,学生要为自己的学习负起责任,要更加主动、有效、持久地学习。

四是系统优化型。这一类型的语文课堂教学通常表现为六个阶段:一是明确语文学习的目的和任务;二是具体选择阅读教学内容;三是综合考虑教师、学生、教学影响的特点,选择适合的教学方法;四是开展教学,并注意师生互动、生生互动,注意形成高效的学习共同体;五是教师在教学过程中,应注意随时进行自我调整和反思,既有个性化收获又能借鉴他人的学习资源,教师注意对教学过程进行整体把握与调整;六是学生或教师评价教学结构,具体指出问题及原因。

③收束阶段

收束阶段通常是指课堂教学的小结,重在总结、检测本次课堂教学的任务完成情况,并对下一阶段的学习提出要求。教师一般关注三项内容:a.对本节课三维教学目标的完成情况进行概述、评价;b.对学生的学习态度、学习策略、学习思维、学习的自我效能感进行评价;c.布置作业。

---

①[美]约翰·W·桑切克.教育心理学[M].熊冠英,王学成,译,北京:世界图书出版公司,2007.

作业作为收束阶段的重要内容，一般包括两种类型：课堂作业和课后作业。

"教有法，无定法"，尽管阅读教学有不同的范型以及不同步骤，但是其基本规律是一样的。同时，由于教学流程总和教学情境、教师的教学个性与风格、学生的学习心理与思维特征、教材以及文本的内容与主题等因素联系在一起，某些因素的变化必然会引起教学范型的调整，因而每一种教学范型都不是模式化、公式化的。在教学中定要结合阅读教学的相关因素，选择恰当的范型，发挥创新精神，科学合理地组织教学流程，形成自己独特的教学风格，实现教学过程的最优化。

（二）各类文体的教学

课堂教学文本体裁丰富多样，按语言的时代特征划分，阅读文本可分为：现代实用文、文学作品和文言文三大类。其中，现代实用文又包含记叙文、说明文、议论文、应用文；文学作品包含诗歌、散文、小说、戏剧以及童话、寓言等。下面，分别对每一文体进行教学内容及教学要点的归纳和阐释。

1.现代实用文教学

（1）记叙文教学

记叙文是以记人叙事为主要内容，以叙述、描写为主要手法，兼用抒情、议论等表达方式，通过对具体、真实的人和事的叙述来反映生活，表达思想感情的一种文体。

记叙文教学的要点是：

①把握记叙文的要素

记叙文的构成要素包括时间、地点、事件（起因、经过、结果）、人物，其中"人物"和"事件"是记叙文的基本要素。教学时首先应该指导学生把握记叙文的基本要素，指导学生着重理解人和事，通过把握这些基本要素，发现记叙文所表达的思想内容，理解人物所蕴含的思想情感。

②分析记叙文的结构

分析记叙文的结构，把握线索，即明确文章各部分之间的关系和层次，尤其是文章的内部联系，理解事件的起因、经过、结果，以便更好地理解文章内容，有针对性地开展语文阅读学习。

③分析记叙文的表达方式

记叙文的主要表达方式是叙述和描写，除此之外，议论和抒情也是经常用到的表达方式。记叙能够清晰明确地阐述某一生活事件，而描写则能将这一生活事件生动形象地呈现出来。记叙文中的议论和抒情，能够在一定程度上渲染、深化文章主题，增强文章的艺术感染力。因此，在教学过程中，首先要让学生明确各种表达方式的作用，其次结合具体语境，分析表达方式的作用，引导学生体会文中的思想感情。

④学习记叙文的语言表达

记叙文多从现实生活中选取材料，以自然、生动为主要特征，同时又具有丰富多彩的特点。教学时，应注意引导学生品味作品在遣词造句上的特色，揣摩语言的丰富内涵，丰富学生的语言积累，培养语感，使其深刻理解文章的思想内容。学习记叙文的语言表达，尤其要抓住关键字、词、句，引导学生深入领悟，充分理解文章思想情感的本质以及人物形象。

(2)说明文教学

说明文是以解说事物，阐明事理为基本内容，以说明为主要表达方式的一种文体。知识性和客观性是其最显著的特点，作者的主观成分和感情因素相对较少。说明文教学要使学生了解说明文的内容表述和结构等，培养学生热爱科学、勇于探索的精神。

说明文教学的要点是：

①明确说明对象的特征

说明文说明事物或阐明事理，最重要的是抓住说明对象的特征，并将它用恰当的方式方法表述出来。因此，在教学中，要引导学生明确说明对象的特征，把握说明文的主要内容。

②理清说明的顺序

说明的顺序主要有：时间顺序，即按照事物、事理的发展过程来介绍说明，大多用于记叙性说明文中；空间顺序，即按照事物空间存在的方式，以由外至里、从上到下等顺序来说明事物，一般介绍建筑物等时采用这种说明顺序；逻辑顺序，即按照事物、事理的内在逻辑关系来说明对象，多用于阐释性说明文中。

③分析说明方法

说明文说明事物的方法很多，常见的说明方法有：举例子、列数字、作比较、下定义、做诠释、打比方、列图表等。作者在说明同一事物时，往往会使用多种说明方法。在教学中，教师应引导学生充分认识作者使用的说明方法的合理性，把握事物的特征，同时，要注意区分不同说明方法的作用。

④体会说明文的语言特色

说明文的说明对象常常有很强的专业性和科学性，因此说明文的语言具有准确性、严谨性和逻辑性的特点，但说明文的阅读对象一般为普通读者，因此说明文的语言也具有简洁性和平实性的特点。在教学时，要引导学生体会说明文的语言特色，把握说明对象的特征。同时，为了增加文章的可读性和趣味性，说明文的语言也可风格多样。

《统筹方法》教学实录①

执教者:魏书生

师:老师要讲的这篇文章大家可能不愿学。同学们愿学小说、散文、诗歌,不愿学说明文。今天我们学一篇说明文,施加一个意念,带着轻松愉快的心情学。不愿学的文体学起来都快乐,那么语文学习不就成为一件乐事了吗? 我们这节课学《统筹方法》。(用隶书体板书:《统筹方法》)

师:先不要翻开书,同学们知道这篇文章是谁写的吗?

生:(集体)华罗庚。

师:华罗庚的身份?

生:(集体)我国著名的数学家。

师:我再提一个问题,什么叫"统筹方法"? 谁能不看书,凭自己独立思考,回答这个问题?

生:就是笼统说明事物的方法。

师:她敢于独立思考。

生:就是系统的完成一件事的方法。

师:有点接近正确答案了。下面不再猜了,大家一定非常想知道什么是统筹方法吧? 那好,请同学们到书中去找答案。争取一分钟内找到并记住这个概念,现在开始!(学生看书,半分钟后陆续举手要求回答)

师:请找到答案的同学一起回答。

生:(齐)统筹方法,是一种安排工作进程的数学方法。

师:对,同学们没用一分钟就找到并记住了这个概念。同学们说,这叫什么说明方法?

生:下定义。

师:对。作者用下定义的方法说明什么是统筹方法。谁愿意到前面,在黑板上默写这个定义? 男女同学各推荐一名写字好的同学到前面来比赛好吗?(学生们热情地推荐,被推荐的男生说:"我一定能取胜。"教师赞许,男生同女生上台板书)

师:写得正确,字很工整,看上去男同学写得更好一些。(男同学会心地笑)

师:学习这篇课文,教师准备教会大家哪几件事呢?(学生七嘴八舌,教师边重复边板书:学习重点:1.字词:万事俱备,只欠东风。不无裨益)

师:大家听我喊"预备——起",用一分钟看课文下面注释,然后自问自答,可以出声。

① 选自魏书生等著《中学语文教学改革实践研究》,有删改。

（学生迅速翻开书看）

师：我暂时不提问，下面做第二件事，老师想领着大家思维的战舰驶向何方呢？（1.学生边思考边说，教师板书；2.学习用图表说明事物的方法；3.读懂全文，会说、会写、会用。）

师：先学习用图表说明事物的方法。作者举了一个例子，同学们想用多长时间在课文中找到这个例子并记住它？

生：（齐）一分钟。（接着学生立即看教材，全神贯注，学习积极性极高。教师看表一分钟后）

师：时间到。作者举了一个什么例子？

生：泡壶茶喝。（听众大笑）

师：（笑着纠正）是“烧开水泡茶”。请你把烧水泡茶的过程讲一遍好吗？（学生回答）

师：他说得对不对呀？

生：（齐）对！

师：他说泡茶有几道工序？（学生历数五道工序）

师：作者说这五道工序有三种安排方法，书上还画了图表说明。大家看书上的图表是对哪一种方法的说明？

生：（集体）是对办法甲的说明。

师：办法乙和办法丙怎么样？

生：这两种办法都窝囊。

师：作者没说“窝囊”，他说的是“窝工”。好，下面准备把办法乙和办法丙也分别用图表加以说明，请男女同学各自推荐一名代表在黑板上画图。（男女生各一名到前面在黑板上画图表）

师：让他们两人先画，咱们看书上的图表，大家想，如果文章没有文字解说，只有图表，能不能看得懂？

生：光有图表，我认为也可以看懂。因为图很清楚，图上又有文字。（学生指着图述说了一遍）

师：好！他说得很明白，的确只看图也能懂。现在大家看黑板。（女学生已经画完，教师对她小声说了句话，她转身在图上改了一处）

师：同学们看，他们画得对不对？

生：办法乙我认为画对了，办法丙画得不对。（教师请他上黑板订正，并交待下面的同学可以商量，可以上讲台帮助修改。一男学生在座位上小声说图画得不对，教师亲切地拍拍他的头，笑着问：“你怎么不上去改？”男同学站起来跑到黑板前修改。全班学生的积极性被调动起来，有的热烈商讨，有的跑上前去，黑板前有四五个学生争争抢抢，你擦我画，很是活跃）

师：（男女生都已画完，回到座位）好，我们比较一下，看起来还是女同学画得好一些，一

看图就一目了然。男同学的图表用序号表示,也算是一种创造。(女生们非常自豪,男生们也觉得公平)

师:图表说明法同学们已经掌握了。现在看我们思维的战舰距离第三个目标“读懂”还有多远呀?请同学们把全篇阅读一遍,重点读结尾一段。(学生读)

师:懂了没有?

生:(集体)基本懂了。

师:懂了,还要会说。每位同学都把办法甲说一遍,大声说,说错了也不要紧,要解放自己。(学生纷纷大声述说)

师:不仅会给别人讲,还要会写。今天这节课,我们没有时间用笔写了,课上我们说,其实是用“口”写,回去以后把说过的话整理出来,就是用笔写,同学们愿意的话,回去写一篇短文,作业我不检查,因为我明天就要回辽宁了。请同学们增强写作业的自觉性。除了会说、会写,还要会用。同学们思考一下,生活中我们应用统筹方法的实例,大家愿意商量还是愿意自己想?

生:自己想。

师:自己想也可以,商量也行。(过了两分钟学生要求发言)

生:比方说打扫一间房子,那就可以先踏着桌子、凳子。

师:她说的例子属于统筹安排工作进程范畴,但跟今天所学的联系还不太紧密。谁能举一个做事窝工的例子?

生:比方说我星期天帮妈妈做饭做菜,我家有两个煤气灶,可我却先摘菜、淘米,然后才想起烧水做饭,做完饭,才想起做菜,这样就窝了工。

师:怎样才不窝工呢?

生:我先烧水,等水开的这段时间,淘米、洗菜。水开后,米下锅,等饭熟的这段时间炒菜。这样就节省了不少时间。

师:他讲得很好,谁能让自己的思维从厨房和家庭中解放出来,举一个别的例子?

生:学校开运动会,总是在进行竞赛项目的同时,安排田赛和团体操,这就节省了时间。

师:这个例子举得好,大家如果细心,还可以发现更多的使用统筹方法的例子。同学们以后参加工作,就可以用作者教给我们的统筹方法去做好自己的工作,学会这样做工作就等于——

生:延长生命。

师:对!延长生命。请同学们商议总结一下咱们这节课的学习重点与学习过程。(学生们兴高采烈地讨论本节课三个学习重点及难忘的学习过程)

师:今天这节课就上到这里,盼望大家今后经常运用统筹方法,提高学习工作效率,为人民、为祖国多做实实在在的事情。

(3)议论文教学

议论文是以论辩说理为基本内容,以议论为主要表达方式的一种文体。论点、论据、论证是议论文的三要素。教师要引导学生学会区分观点与材料,把握观点与材料之间的联系,学习并运用论证方法和表达技巧,提高学生的说理能力和思辨水平。

议论文教学的要点是:

①分析中心论点

论点是作者对所论述问题持有的观念和看法,是议论文的中心。文章的各部分都围绕着文章的中心论点,组织论据,进行论证。议论文教学首先要引导学生找出文章的中心论点,了解议论文提出论点的规律,比如有的议论文只有一个论点,而有的议论文则围绕中心论点提出分论点,这时就要引导学生分析论点间的逻辑关系,分清主从,把握内容。

②明确论据

论据是用来证明论点的理由和根据。论据充分、可靠,它所支撑的论点才令人信服。因此教学时,首先要引导学生分清论据的种类,一般分为事实论据和理论论据两种类型;其次引导学生明确论据的意义,理解论据与论点之间的关系。

③分析论证过程和方法

议论文的论证过程就是用论据(摆事实、讲道理)证实论点的过程,一般采用的论证方法有:举例论证、比喻论证、对比论证、道理论证、因果论证等等。在学生理解论点与论据之间关系的基础上,引导学生有逻辑地分析论证过程,掌握并学会运用论证方法。

④学习论证结构和语言

议论文的结构通常包括:引论、本论、结论。从论述的角度看,就是提出问题、分析问题和解决问题。从论证方法看,纵向角度可以分为:递进式、对比式、并列式。横向角度可以分为:总-分,分-总,总-分-总。要注意的是,纵向中各类形式体现在“总-分-总”的“分”中,教学时应该注意议论文的结构特点以及层次关系。

议论文的语言应具有简练、准确、逻辑性强、概括性强等特点。通过严密的逻辑推理,准确鲜明地表达观点。议论文语言的学习要结合具体的结构层次展开,既要着眼于具体段落、复句、单句的关系,又要基于文章整体,分析全文逻辑,从而实现对文章的整体把握。

(4)常用应用文教学

应用文是应用在人们的学习、工作和日常生活中,用来解决实际问题的、有固定格式的一类文体。应用文的显著特点是:文字简明,格式固定。从中小学的培养目标看,应用文教学的重点在于使学生了解常见写作格式和要求,训练学生应用文的写作能力。

应用文的教学要点是:

①掌握常用应用文的格式

应用文种类很多,对于常用应用文的教学,应主要借助文本示例来了解其功用和基本格式,以学生的语文实践为主,使学生熟练地掌握几种常用应用文的基本格式。

②掌握应用文的语言要求

应用文的语言朴实、明确、简练。教师在应用文教学中,要通过例文的示范、学习和写作训练,使学生掌握应用文的语言要求。

③学会从应用文中搜集和整理信息

应用文具有很强的实用性。因此,在教学时要引导学生学会提取有效信息的方法,并掌握整理信息的方法,为自己所用。

2.文学作品教学

文学作品主要包括诗歌、散文、小说、戏剧等,文学作品教学有利于学生在语言、思维、审美、文化四个方面获得提高,培养学生的理解力、情感道德水平和审美鉴赏力,发展学生的形象思维和直觉思维。

(1)诗歌教学

诗歌是用凝练、形象、富有节奏感和音乐美的语言创造意境,高度集中地反映生活,抒发作者强烈的思想感情的一种文学样式。

诗歌教学的要点是:

①领会意境,体会感情

要注意发挥学生的联想和想象去丰富和补充诗歌的画面(画外之形),以感受诗人的感情,从而把握诗歌的感情和艺术特色。领会诗歌意境有以下步骤:第一,揣摩语言特征,寻求进入情境。诗歌教学要引导学生细致反复揣摩诗歌语言,准确理解关键词句的含义,把握语句中显性和隐性的关系,结合背景、作者、诗歌情感线索等,形成综合感受和体悟,为进入意境提供前提。第二,通过联想、想象呈现意境。在揣摩语言、借助相关资源体会情景的基础上,启发引导学生展开联想想象,通过形象思维以及逻辑思维,使学生既能捕捉和勾画出言外之意和画外之象,又能个性化地理解诗歌所包含的深刻思想及情感内涵,判断诗歌的时代价值和传统意义。这个过程中的熏陶感染以及感受和判断,也正是呈现意境的关键点。第三,分析意象。意象是诗歌中包含诗人思想感情、伦理价值的物象,物象是诗歌表情达意的关键。教师应引领学生发现、体会意象,要注意由物至人,由人至情,忌主观随意判断,也不能公式化、结构化,要具体诗歌具体分析。

②品味语言,分析形象

诗歌的语言凝练含蓄,富有节奏感、音乐美。诗歌教学要展开想象,分析形象,升华理解。品味语言要注意以下两点内容:一是反复朗读,加深领悟。让学生在朗读中感受诗歌的美——语言美、音乐美、节奏美、情感美、意蕴美,在美的熏陶中把握意象,进入意境。二是启发学生体味用词的精妙,通过关键词句和诗眼走进诗歌,和诗人的情感产生共鸣,使抽象的诗歌具体化、形象化。要注意的是,不能将诗歌的分析等同于议论文的逻辑分析,同时要注意整体把握诗歌,不能片面化、碎片化,杜绝偏见。

③分析艺术构思和表现手法

诗歌中的形象通常是鲜明、独特、新颖的。基于不同需要，诗人经常采用夸张、拟人、反复、对比、对偶、比喻等修辞手法以及映衬、烘托等手法，以增强艺术感染力。在教学中，教师应该根据诗歌的具体写作特色，在意象、意蕴的基础上分析表达手法及其作用。一方面加深对诗歌内蕴的理解，另一方面为模仿创作奠定基础。模仿创作是培养学生语文实践能力的一个重要手段，既能使学生充分感悟诗歌语言的凝练，同时也能提高学生的思维能力。

《再别康桥》教学实录片段①

执教者：程翔

师：徐志摩在20世纪20年代，在这里上学，有一些让他追求一生而无法实现的梦想。这康桥就是剑桥，剑桥大学，老师去过那地方，没有彩虹桥，只有一座很小的桥。剑桥大学是世界上著名的大学，希望你们将来能够去那儿读书。那榆荫下的一潭，就是清泉，可作者偏偏说不是清泉，那意思是要提醒我们读者，你可千万不要把它看成——

（无人举手）

师：同学们，生活中有这种情况，比如你到商店里看到一种你非常喜欢的笔，但是，这种笔很贵，你回家问爸爸妈妈要钱去买，可你爸爸妈妈说你不是有很多笔吗，不买！但是，有一天，你爷爷给你买来了这支笔，你非常高兴。以后你每次看到这支笔，你就认为这不是一支笔，而是——

生：爷爷的爱。

师：本来是一支笔，在你心里那不是笔，成了爷爷的爱。那么，这里作者说不是清泉，那是什么呢？

生：象征着梦。

师：什么梦？

生：爱情。

师：天上的虹，怎么揉碎了呢？刚才说了是风吹，就不完整了，但这是表面的。破碎的是什么呢？

生：爱情。

① 选自程翔《课堂阅读教学论》，有删改。

生：希望，梦。

师：是消失了吗？

生：没有，埋在心里。

师：一起来读一下。（学生齐读）

师：这种写作手法，不是徐志摩的独创，在宋代，苏东坡写了一首《水龙吟——次韵章质夫杨花词》："细看来，不是杨花，点点是离人泪。"杨花柳絮呀，同学们看过吧，我们看来，那就是杨花，可苏东坡却说不是杨花，是离人泪。这种写作手法叫"移情"，就是作者把自己的主观感情转移到了他所描写的客观景物上。直接写太直白，没有意思，这样写，让我们去猜，越猜越有意思。以后同学们也可以学习这种写作方法。读到这个地方的时候，应该怎么读？

生：快一点。

师：但不是轻快，而是什么感觉？

生：忧伤。

师：为什么忧伤？

生：因为美好的梦想破碎了。

师：而他又没有忘记，他埋在心里，心应该荡漾一下，对吗？

生：嗯。

师：荡漾了多少下才合适？你们荡漾过吗？（学生齐笑）

师：你们太小了。把前面的连起来读一下。（学生齐读）

师：出现了梦，下面的小节应该写什么？

生：寻梦。

师：请你读下这小节。（该学生朗读）

师：好，我问你们，作者的梦是什么样的？寻梦，作者用的什么标点符号？

生：问号。

师：问谁？

生：问自己。

师：寻梦，你解释解释什么意思。

生：寻找彩虹般的梦。

师：那是什么样的梦？下面有没有描述？

生：星辉斑斓的梦。

师：那个梦好像与什么行动有关？

生：划船。

师：我问你，划船，一个人好，还是两个人好？

生：两个人。

师：同性好还是异性好？说心里话。

生：同性。

师：哇，我好失望呀！（学生齐笑）

师：划着划着，划到哪儿去了？

生：青草更深处。

师：没人的地方吧。划着划着天怎么样啦？

生：天黑了。

师：应该怎么样了？

生：回家。

师：回家了吗？

生：不想回家。

师：不想回家怎么样？感情加深了吧？干什么？

生：放歌。

师：齐读这一小节。（学生齐读）

师：同学们能不能体会到这一节诗人的感情达到了高潮？能体会到的举手。（学生纷纷举手）

师：你说，你通过哪几个字体会到的？

生：放歌。

师：人在什么情况下会放歌？

生：愉快，特别高兴的时候。

师：那是因为他回忆起了过去美好的情景。那你说，这个地方应该怎么读？

生：声音大一点儿，站在徐志摩的角度，就是感情太强烈了，要宣泄出来。

师：宣泄出来，那手可以怎么放？

（生张开双手）

师：头应该怎么样？

生：扬起来。

师：好，你这样读一读。（某生朗读）

师：请你也来读一读。（某生读，其余同学鼓掌）

师：大家自由地读一读。（学生自由读，读完，教师范读，学生集体鼓掌）

师：寻梦，诗人情不自禁地回忆起这个情景，诗人想到这个场景，心都醉了。多好呀，这个场景。可是诗人放歌了吗？

生：没有。

师：为什么没有放歌？读下面一小节。（学生齐读）

师：但我不能放歌，与上节相比，来了一个多大的转折呀。一个人想要放歌而不能放歌,内心是很压抑的,读到这个地方的时候,内心还轻快吗? 不能轻快了。悄悄是别离的笙箫,笙箫是什么?

生:乐器。

师:你会吗?笙箫是能够发出美妙声音的乐器,可"悄悄是别离的笙箫"。下面一句是什么?

生:夏虫也为我沉默。

师:夏天的虫子,蝉呀、蟋蟀呀,它们好像也理解徐志摩的心情,也沉默了。最后一句是什么?

生:沉默是今晚的康桥。

师:整个康桥今晚都一片沉默,为谁沉默?

生:徐志摩。

师:刚才想放歌,现在都沉默了,还高兴得起来吗? 请你读这一小节。(某生读)

师:还没有沉默。你来读。(某生读)

师:好。这说明我们的同学深入到诗歌的境界了。这样的意境不适合齐读,你们自己再读读。(学生自由读)

师:(在黑板上板书2,3,4,5,6,并画上一条带箭头的直线)这是我们刚才研读的几个小节,这个箭头表示感情,但是诗人的感情不是一条直线,想一想,应该怎么画?(学生分小组讨论)

师:每一小组派代表板演。(学生上讲台板演)

师:(逐个评判学生的板演)我留一个问题,诗的最后说:"我挥一挥衣袖,不带走一片云彩。"诗人到底是带走还是不带走? 这个问题我留作同学们的作业。下面我请一个同学朗读全诗。(被点名的学生面对全体听课老师读,读完后全场鼓掌)

师:好。老师很高兴,这节课看出了大家的进步,从开始的时候对诗的不理解,到现在基本上理解了,这就是进步。当然这个同学在读的时候还有个地方似乎处理得不是很好,就是"在星辉斑斓里放歌"高上去了,但是,后面没有下得来。(老师范读后,学生练读)

师:好。这节课就上到这里。下课。

(2)散文教学

散文由于取材、立意、表达的不同而分为叙事散文、抒情散文和议论散文。散文具有情真意切、语言优美、形散神聚等特点。

散文教学的要点是:

①抓住线索,理清结构

散文的结构特点是形散神聚。"形散"指的是题材广泛,形式自由灵活;"神聚"指的是散文的主题集中,中心明确。作者往往用一条线索把零散丰富的材料有机结合起来,使之成为一个整体。散文一般是以人物为线索、以事物为线索或者以情感的变化为线索等等。在散文教学中，教师要引导学生抓住线索，分析作者的行文思路，更好地感受文章的意蕴和情感。

②感受意境，领会情思

散文教学中，教师要着重引导学生感受意境，体会情感。意境赏析的一般思路是：首先，通过语言分析引导学生描绘画面；其次，抓住关键词，仔细揣摩，领会其中的深刻含义，深入理解意境；再次，引导学生联系生活实践经验，通过联想和想象，进入作者所创造的意境，体会作者的情感。

③品味语言，学习写法

散文的语言风格多样，要注意引导学生分析和品味字、词、句，体会作者在“炼字”“炼词”“炼句”上下的功夫。但要注意的是应从文章整体出发，紧密结合具体语境、文本内容进行字、词、句的分析。散文写作中往往运用比喻、拟人、排比、夸张等多种修辞手法，使文章语言生动，富有感染力。在教学中教师应通过诵读、朗读等方式，引导学生品味语言美，学习语言表达的技巧，丰富语言积累，提高理解、运用语言的能力。

《安塞腰鼓》教学实录片段①

执教者：郑桂华

师：我们可以在词语的选用上进行讨论，发现词语选用的特点。

（教师板书：句式、词语）

师：我们有些同学已经发现一些了。每个小组准备派一个代表来发言，展示你们讨论的成果。

（一分钟后）

生：第18段，用了排比，语气上非常强烈，有递进的意思。

师：（板书“排比”）怎样排比的？

生：第一个“有力地搏击着”，第二个“疾速地搏击着”，第三个“大起大落地搏击着”，表达的意思一个比一个强烈。

师：它跟下面的排比一样吗？“它震撼着你，烧灼着你，威逼着你。”

生：一样，一个比一个程度深，都是越来越强烈。

师：用词上呢？我们再来看一遍。

① 选自郑桂华《〈安塞腰鼓〉教学实录》，有删改。

（教师范读“后生们的胳膊、腿、全身，有力地搏击着，疾速地搏击着，大起大落地搏击着。它震撼着你，烧灼着你，威逼着你。”）

生：这里三个词都是说明了程度。

（教师看到该小组有同学举手）

师：你们小组成员想帮助你一下。

生：“有力地搏击着”是指力度，“疾速地搏击着”是指速度，“大起大落地搏击着”则指幅度。

师：这3个“搏击”和下面“震撼、烧灼、威逼”一样吗？

生：不一样，后面表明气势逼人。

师：前面一组排比都是“搏击”这一个中心词，作者从不同的角度来修饰它，就像你用到的“力度、速度、幅度”。

（板书：多角度修饰）

而且都是从力度、速度这些有震撼力的角度来修饰的。

（板书：力度、速度、幅度）

下面是连续运用三个动词：震撼、烧灼、威逼。

还有其他发现吗？

生：第7段用的也是排比和比喻。

师：比喻怎么能有气势呢？排比有气势我能理解。

生：比喻也有气势的。把鼓点比喻成“骤雨”，骤雨就是比较急促，也比较雄伟。

师：等一会儿。大家要记下来。好，对好东西最好都要记下来。

生：用“旋风”比喻“流苏”，“骤雨”比喻“鼓点”，“乱蛙”比喻“脚步”，都有气势磅礴的感觉。

师：你的感觉很好！我发现你的思考很有特点。你从喻体入手，这是一种很好的思考角度。

（板书：喻体）

为什么这些比喻能突出豪迈的气势呢？你能不能还原得更具体一点、明确一点？

生：这些喻体本身给人一种气势磅礴的感觉，用它们比喻要比喻的物体，也会产生气势磅礴的感觉。

师：好！

生：我看到第12段。

（学生读“容不得束缚，容不得羁绊，容不得闭塞。是挣脱了、冲破了、撞开了的那么一股劲！”）

这里用了排比，写出了说不出来的一股劲。庞大的气势，一股劲。

师：你的朗读中好像没有把那股劲表现出来，你能不能重新读一下，试着把那股劲读出来?

(学生重新朗读这段文字)

师:有进步吗?

(学生集体点头)

师:有一定进步,但感觉还不到位。有人好像想帮助一下她。

(另一学生朗读这段文字)

生:束缚、羁绊、闭塞、挣脱、冲破、撞开,感觉一步一步推进。

师:不错。现在有感觉了。这里三个"容不得"是什么语气?

生:反复

(板书:反复)

师:你们小组还有谁想补充?

(男生小组开始交流,朗读"这腰鼓,使冰冷的空气立即变得燥热了,使恬静的阳光立即变得飞溅了,使困倦的世界立即变得亢奋了"。)

生:它这里用了"空气、阳光、世界",是从环境的角度来描写,又用了"燥热"来修饰它们,使环境显得更加紧张。

师:我看到圈这一段的有好几个小组。有没有不同的想法,来一起碰撞一下?

生:我认为这里用了排比,"冰冷"和"燥热","恬静"和"飞溅","困倦"和"亢奋"都是反义词,形成强烈的对比。

师:好!他的发现很有价值,在句式上用了排比,用词上运用反义词,后面还用了很好的说法——对比。很专业!

还有要补充的吗?

师:前一个小组是从环境描写的角度来分析的:"空气、阳光、世界",塑造了一种强烈、紧张的氛围。第二组从排比、反义词对比的角度分析。这节课我们从词语的角度来归纳一下,你们要做点笔记。

(教师发现有人举手)

好像还有人想讲?

(学生朗读"愈捶愈烈!形体成了沉重而又纷飞的思绪!愈捶愈烈!思绪中不存任何隐秘!愈捶愈烈!痛苦和欢乐,生活和梦幻,摆脱和追求,都在这舞姿和鼓点中,交织!旋转!凝聚!奔突!辐射!翻飞!升华!")

生:这里"愈捶愈烈"用了三次,也是一个排比段。

(另一个学生不同意)

生:还有内容,这一段应该接下去,"人,成了茫茫一片;声,成了茫茫一片……"

师:他加了后面一句。你是有意的吗?

生:这一部分应该是一体的,说明人融入了,声音也融入进去了。

师:他有个词用得很好。哪个词?

(学生齐声回答“融入”!)

教师问前一个学生:你同意他的说法吗?

生:同意。

师:人和人,人和鼓,人和自然,一切都是交融的,就像有同学在前面提到的“是来自大自然的东西”,才使得安塞腰鼓变得这么震撼人心。大自然的力量是无穷的。我们投身到自然,融入到自然中去,我们的力量也是无穷的。

(学生说“无限的”)

好,就用你这个词。有一个小组发扬了风格,现在轮到你们了,相同的就不用讲了。

生:第20段。多水的江南,用了对比的写法,衬托出了黄土高原的雄壮。

师:很好!还有吗?

生:我读到的是第14段。“百十个腰鼓发出的沉重响声,碰撞在四野长着酸枣树的山崖上,山崖蓦然变成牛皮鼓面了,只听见隆隆,隆隆,隆隆。”这里“山崖”变成了“牛皮鼓面”,运用了比喻和夸张手法。

师:“山崖”变成牛皮鼓,声音会怎么样?夸张是有磅礴的气势的,李白的“白发三千丈”“燕山雪花大如席”,有气势吧。

生(另一人):还有第21段,这里有两个“厚”字,突出了黄土高原的悠久历史。

师:还有哪些发现?

生:我想为他补充一下。第27段用了很多感叹号。我们觉得黄土高原的人们把发现的好与坏,全部发泄到捶鼓当中。

师:对,刚才也有人提到了感叹句。你们有没有注意到,这篇文章的感叹句特别多,多到什么程度?几乎每段都有。我数过,全文共30个自然段,有15段结束在感叹句上。为什么用这么多感叹句呢?或者说感叹句擅长表达什么?

生:用力。

师:作者的感情实在太强烈了。你看,轰轰烈烈,热情奔放,这样的感情都需要用感叹句。还有,这篇文章的句式段落都比较短。短句一般有什么效果?

(板书:短句)

我记得朱自清的《荷塘月色》中有一句“微风送来缕缕清香,好像远处高楼上渺茫的歌声似的”,还有“弯弯的杨柳的稀疏的倩影”,他写的荷塘月色给人什么感觉?

生:雅。

师:是环境的雅。节奏是缓慢的,所以他用的句子都是长句。而这里写猛和快,句子都是比较短的。在这里,我们要思考一下,这样的感情和这样的表达之间是一种什么样的关系?

下面,你们选择一段来朗读,感受一下这篇文章“感情与表达形式之间的关系”。

（板书：感情——形式）

（学生轻声朗读）

师：放开来，热烈奔放的！

（学生大声朗读）

师：时间差不多了，大家还想读下去的话，课后再好好读。

总结一下，作者写的对象是安塞腰鼓，它有什么特点？

（板书：安塞腰鼓）

（师生一起说"热烈的、壮观的"）

师：表达形式带有强烈的感情色彩。大家看看作者是什么地方的人？

生（齐声）：黄土高原。

（板书：黄土高原）

师：一方水土养育一方人，一方水土养育一方文化。作家是那里的嘛，如果换了我就写不出来。西北作家写自己的家乡，充满感情，所以用了（指着板书，师生一起说）"排比、比喻、反复、对比、感叹"，把对当地的热爱之情传递出来。

（板书：西北作家）

大家理解了他写的，说明他的感情传递是成功的。如果让你来写西湖，你能写出什么感受来？是不是像这篇文章写的那样"是易碎的玻璃"呢？

（学生摇头）

师：对，江南有很多的优点，西湖有太多的美丽。身在其中，你们的感受肯定是最深的。有兴趣的同学回去以后可以写一下西湖，看能不能写出你心中的西湖。

下课！

（3）小说教学

小说是一种叙事性的文学体裁。主要用描写和叙述的方式，以完整的故事情节和具体的环境描写塑造鲜明的人物形象，广泛深刻地反映社会生活。人物、情节和环境是小说的三个基本要素。

小说教学的要点如下。

①理清故事情节

理清故事情节是小说教学的首要环节。一是抓住主要矛盾。情节的变化和发展以一定的矛盾冲突为基础，有的小说只有一组矛盾，情节较为简单，而有的小说则有几组矛盾，情节错综复杂，在教学中要引导学生分清主次，抓住主要矛盾，分析人物性格的变化和发展。二是理清情节线索。小说的情节线索有主线、副线、明线、暗线等，呈现多样化特点，因此，教学中要抓住线索，把握故事情节的发展，从整体上分析小说的主题思想。三是关注情节的变化。明确开端、发展、高潮和结局等阶段，从而理解和把握人物性格发展的各个阶段和发展方向，更好地理解人物性格的典型性。尤其要注意的是，如果教学内容是长篇小说的节选部分，还应简要说明整部作品的故事情节以及节选部分在作品中的作用。

②明确典型环境

环境是人物活动的背景和事件发展的场所，包括自然环境和社会环境。小说中的环境描写能够渲染一定的氛围，体现人物的情感，推动故事情节的发展，深化主题等。因此，小说教学中要引导学生关注环境描写，除了文中的环境描写，还要关注与作品相关的时代背景。其次，明确环境描写的作用，分析环境尤其是社会环境对人物的影响，认识小说所反映的社会生活，进一步理解小说的主题。

③分析人物形象

人物形象的塑造是小说的核心目的之一，以此反映社会生活，表现写作意图。小说教学要注意通过对人物的具体描写来把握和分析人物性格。具体而言包括以下四个方面的内容：一是分析富有特征的肖像描写，即人物的音容笑貌、体态服饰。分析人物肖像时，要重视人物的外貌变化与富有特征的细节。二是分析个性化的语言。不同环境、不同身份、不同情节中，语言有不同的表现力，指向不同的人物特征，应抓住人物的个性化语言。三是分析行动描写。人物的行为往往是人物思想性格的直接表现。尤其是人物在矛盾冲突中的行为，最能反映人物深层次的思想品质和性格特征。小说教学要求抓住那些最有意义而又最能显示人物性格的行为，引导学生分析认识人物形象。四是分析心理描写。注意人物心理特点和感情的发展变化，引导学生由表及里、由现象到本质对人物进行认识。其次还要注意，在分析人物形象时，应充分结合故事情节和典型环境。

(4)戏剧教学

戏剧是一种综合艺术，它包括文学、音乐、美术、舞蹈等多种因素，是用多种艺术手段来塑造人物形象、集中概括地反映生活及其矛盾的舞台艺术。语文教学中通常指的是文学剧本。

戏剧教学的要点如下。

①明确剧情结构，把握矛盾冲突

剧情指的是剧本的情节。剧本的情节一般分为开端、发展、高潮、结局四个部分，是戏剧矛盾发生、发展、激化、解决的过程。教师应引导学生理解剧本的基本矛盾与冲突以及人物之间的关系，进而分析人物形象，把握戏剧主题。

②分析人物形象，理解典型性格

分析人物形象要注意的是：一是把人物放在尖锐、激烈的矛盾冲突中进行考察，观察人物感情的层次变化。二是紧扣个性化语言，关注对白、独白、旁白，理解人物语言个性化的特点。三是从舞台提示分析人物形象。引导学生注意故事发生的场景、时间，布景，灯光，道具，以及人物的身份、动作、表情、内心活动，人物之间的关系，等。另外，教材中的剧本一般为节选部分，因此教师在教学时要考虑节选部分和全剧的关系及其作用，简要介绍全剧的剧情，合理安排教学内容，促进学生对剧本内容的理解。

（5）童话、寓言教学

①童话

童话是一种儿童文学体裁，其具有趣味性、虚幻性、教育性等特点。在童话教学时，要注意以下三点内容：一、遵循儿童心理发展特点，灵活运用多种教学方式。比如，儿童生性活泼好动，教师可以采用音乐、绘画、表演等活动展开教学，引起学生的学习兴趣，达到寓教于乐的效果。二、充分利用语言，感悟童话形象。童话的语言朴实、生动，在教学中教师可以运用朗读、分角色表演的方式，通过语言这一媒介，让学生进入到童话故事的情境中，更好地理解内容，同时引导学生辨别是非，理解童话蕴含的道理。三、读写结合，培养学生的想象力和创造力。童话教学可以通过复述、改编童话等方式，让学生充分发挥自己的想象力进行写作，提高学生的语言能力和创造力。

②寓言

寓言一般篇幅短小，语言精练，蕴含着深刻的哲理，具有形象性、教育性、比喻性、讽刺性等特点。针对寓言的特点，理解寓意是寓言教学的首要任务。在寓言教学过程中，要注意以下几点内容：一是通过多种方法引导学生理解故事内容。比如情境创设法、语言描绘法、复述法等，让学生基本理解所要表达的故事内容。二是解读关键词句，引导学生感受寓体形象。抓住文章中的关键词句，引导学生深入分析和揣摩，感受寓言中的角色，体验其荒诞可笑的行为，加深对寓意的理解。三是联系实际生活，让学生进一步思考，领悟寓意。

3. 文言文教学

（1）文言文教学的目的

文言文教学的目的在于：培养阅读浅易文言文的能力，提高语言表达能力，为传承中华文化打下基础；感受古代语言所蕴含的独特美感，体会中华文化的核心思想和人文精神；扩大学生的知识领域，理解、认同、热爱中华文化，增强文化自信心。

《义务教育语文课程标准》在7、9年级的“阅读”中的阐述是：“阅读浅易文言文，能借助注释和工具书理解基本内容。注重积累、感悟和运用，提高自己的欣赏品位。”《普通高中语文课程标准》中安排了“中华传统文化经典研习”和“中华传统文化专题研讨”学习任务群，并提出该任务群旨在引导学生“积累文言阅读经验，培养民族审美趣味，增进对中华优秀传统文化的理解，提升对中华民族文化的认同感、自豪感，增强文化自信，更好地继承和弘扬中华优秀传统文化”。

（2）文言文教学的内容

文言是指以先秦口语为基础形成的上古汉语书面语言以及后来历代作家仿古的作品中的语言。文言文，就是用文言写成的文章。教学中应注意以下六个方面：

①文言字词的认读

认清字形，读准字音，这是阅读文言文课文的第一步。特别要注意对一些学生不常见的生僻字、通假字、古今字、形同异义字、异读字的认读。认读字词，除了掌握一定的汉字知识、古汉语词汇基础知识，还应该使学生学会使用工具书，养成积累文言字词的习惯。

②文言词义的理解

读懂文言文的关键在于掌握文言词汇，其重点是对实词的积累，难点是对虚词的辨析。因此，要特别注意一词多义的现象。在不同语境中，同样一个词可能有不同含义，表现为不同的词类。理解词义，需要根据上下文内容进行分析和辨别，还要注意区分古今异义。

③文言句式的判断

文言句式一般分为固定句式和特殊句式两大类，其中固定句式较简单，易于理解，特殊句式较为复杂，主要包括倒装句、省略句、判断句、被动句，因而要注意文言文中特殊句式的教学。在教学时，要具体分析特殊句式，可运用对比的方法，让学生掌握不同句式的特点，加深其理解和记忆。

④翻译技巧的训练

文言文的翻译，要求忠实于原文、通顺流畅、规范得体、富有文采等，但不同的学习阶段，要求上应有所区别。文言文的翻译方式主要有直译和意译两种，翻译时应遵循“直译为主，意译为辅”的原则。在翻译过程中，也要让学生掌握一定的方法和技巧，比如常用的“增、删、换、调、留”等，使译文更加准确。

⑤文章内蕴及情感的把握

文言文体例复杂，包括先秦诸子、两汉辞赋、史传散文等等。不同时代、不同作者、不同体例，文言文的内蕴情感及精神力量也是不同的。随着学段的递增，对文言文内蕴及情感的把握应该逐渐成为文言文学习的主体。教学时，要注意几点：一是要把握不同文体对应的写作目的。二是引导学生理解文言文在今天的时代价值与作用。三是客观评价文言文内蕴的思想情感、精神力量，去粗取精，传承经典。

⑥中华优秀文化的传承

文言文是中华民族古代文化的重要载体。因此，文言文教学要注重传承中华优秀文化，弘扬民族精神。在教学过程中，可以结合具体篇目，简介写作背景和作者的生平、政治主张、作品风格，有关的史实和典故、社会习俗，以及与课文密切相关的官制、科举制、礼仪制度等，帮助学生开拓视野，让学生了解相关的社会历史知识和文化常识，体会其所蕴含的民族精神。

(3)文言文教学的方法

文言文教学要充分运用诵读法、比较法、归类法等，串讲法也是文言文教学使用较多的一种方法。

①诵读法

诵读法即熟读和背诵的方法，它是文言文教学最常用的方法。诵读，一定要读出文章或作品中固有的语气、语调和节奏，表达出文章或作品的情绪、气氛和感情。在读的过程中，可以使学生理解词句的含义，掌握文言句式的特点，形成良好的语感，让学生深入体会文章所蕴含的思想和情感，从而能够熟读成诵，有效提高文言文的阅读能力，真正感受古文的魅力。

②比较法

比较的方法主要有两种：一是古今比较。学习古汉语的字、词、句，引导学生进行古今对照，找出古今语言的联系与区别，从而认识古汉语的特殊规律。这样利于理解，且印象深刻，有助于记忆。二是前后联系。把前面学过的知识与后面所学的知识联系起来，一方面使学生能够巩固记忆；另一方面使学生能够温故知新，举一反三，扩大积累，加强阅读理解文言作品的能力。

③归类法

归纳法可以使学生所学的文言知识系统化和条理化，提高学生阅读文言文的能力。根据文言文教学的内容，一般从文言实词、虚词、句式、文化常识四个方面进行梳理和归纳，包括对近义实词、古今异义字、一词多义、通假字、虚词、特殊句式等的归纳。

④串讲法

串讲法是我国传统语文教学方法之一，一般分三步进行：读（读原句或段）——讲（讲该句或段中不易理解的疑难字词）——串（串通句意或段意）。简而言之，就是在学生粗读课文的基础上，对所学语段进行字面上的讲解，尤其要对学生不易理解的字词逐一进行讲解，最后把整个语段的意思贯通起来。

《阿房宫赋》教学实录片段[①]

执教者：黄厚江

师：现在同学们根据要求，再读课文，画出相关的句子。第一组同学看看课文中哪些句子是写阿房宫其形的雄伟壮丽、规模的庞大；第二组看看哪些句子具体地写出宫中之女的众，宫中之宝的多；第三组找一找“其费可谓靡矣”体现在哪里；最后一个组找“其奢可谓极矣”体现在哪里。如果自己的任务完成得很快，可以把所有这些和课文中相对应的句子找出来。有些同学比较慢，也可以集中找一两处。

（学生看书）

师：好，有没有找好？下面我们来交流交流。先请第一组说说课文中哪些内容、哪些句

① 选自《阿房宫赋》课堂教学实录，网址为：http://www.docin.com/p-286413374.html

子描写了阿房宫其形的雄伟壮丽、其规模的庞大。(指名)你找到的是哪里?

生:我找的是第一小节。

师:你把句子读一读,好吗?

生:"覆压三百余里,隔离天日",是写规模庞大;"二川溶溶,流入宫墙,五步一楼,十步一阁",是写阿房宫很雄伟;然后"盘盘焉,囷囷焉,蜂房水涡,矗不知其几千万落",写规模很大;"一日之内,一宫之间,而气候不齐",也是写规模很大。

师:好的。这位同学抓住课文第一部分,既读了有关句子,还作了简要分析。我们再看看后面。哪些句子写宫中之女的众、宫中之宝的多?第二组哪位同学来说说?(指名)你找到了?

生:第二节,"妃嫔媵嫱"一直到"焚椒兰也",都是写宫女的"众"。

师:你能简要分析一下,作者是怎样写宫女的"众"的吗?

生:他是从侧面来写的,比如"渭流涨腻,弃脂水也"。

师:对。在这里有同学提出一个问题,不知你能不能解答。"绿云扰扰,梳晓鬟也",这个"绿云扰扰"是指什么东西?你有没有想过这个问题?(生摇头)没有?好,请坐。其他同学有没有想过"绿云扰扰,梳晓鬟也"是写什么?

生全体:头发。

师:对,是头发,这也表现了宫女的多。刚才那位同学说,主要是从侧面间接地写,其实作者用了多种方法。夸张、排比、比喻等等,都有。"绿"在这里可以理解为黑,我们在日常生活中有没有注意到,有人说"他眼睛黑得发绿",也有人说"这衣服的颜色绿得发黑",说明黑色和绿色到了一定程度以后,相互之间是难以区分的,所以这里其实就是说"黑云","扰扰"是说飘飘的样子,说明宫女的确很多。那么写"宫中之宝可谓多矣"的句子在哪里?哪个同学来说说?

生:"燕赵之收藏,韩魏之经营,齐楚之精英,几世几年,剽掠其人,倚叠如山,一旦不能有,输来其间",表现了宫中宝物的多。

师:好。这里想请你解决一个问题,有同学问"韩魏之经营"的"经营"是什么意思,你能回答吗?

生:都是指金玉珠宝等物。

师:好,请坐。其实我们这里要注意一个问题,就是文言文理解的方法。其实理解这个"经营",可以从一些词语中寻得启发和门径,是哪些词语呢?

生全体:收藏,精英。

师:对。这三个句子虽然从修辞来讲,不能算是互文,比如说"朝歌夜弦"就是典型的互文,你不能说早上就唱歌,晚上就弹乐器,应该是早晚唱歌弹乐器,这叫互文,互文不"合而见义",就不能"解其义",但是像这一种排列的句子,可以互相参照,是一种反复,同时又回避了词语单调简单的重复。所以"经营""精英",都是六国费尽心思从其他国家争抢、抢夺来的宝物。

第三组同学说说“其费可谓靡矣”体现在哪里。

生：鼎铛玉石，金块珠砾，弃掷逦迤，秦人视之，亦不甚惜。

师：哦，这是耗费的奢靡。有没有不同理解？

生：蜀山兀，阿房出。

师：“蜀山兀，阿房出”，就是说把蜀山的东西都砍光了。好的，请坐。其他同学有没有补充理解的？

生：从“使负栋之柱”到“多于市人之言语”。

师：好的。有同学说“瓦缝参差，多于周身之帛缕”，这个句子书上没有注释，他不懂。你能解释一下吗？

生：参差的瓦缝比身上的帛缕还多。

师：好。这个“帛”是布，“缕”是什么？

生全体：丝。

师：对。这告诉我们房子上一片一片的瓦形成的瓦缝比我们身上穿的衣服上一缕一缕的丝还要多。作者仍然是用夸张、比较、衬托的手法，来突出它耗费之靡。好，请最后一组同学说说“其奢可谓极矣”体现在哪里。

生：我认为应该是“鼎铛玉石，金块珠砾，弃掷逦迤，秦人视之，亦不甚惜”。

师：对，这是非常典型的句子。把宝鼎当作破锅，把金玉当作沙砾，可见其奢靡的程度。其实《阿房宫赋》通篇都在表现秦始皇、秦王朝的……

生全体：奢侈。

师：对，奢侈。我们前面学过一篇《赤壁赋》，《赤壁赋》说不上一篇典型的赋。我和你们说过，苏轼对散文的重大贡献，是对赋的拓展，是“以文写赋”。《阿房宫赋》可以说是典型的赋文，有人称之为“千古第一赋”，它典型地表现了赋的内容和特征。“赋”的形式特征是什么呢？有同学知道吗？“赋”特别重视……

生全体：铺陈。

师：对，铺陈排比。它能从多角度反复描写同一个对象。我一个字，他写一大排句子，对吧？我几个句子，他用通篇来表现。这就是铺陈。铺陈的作用大家体会到了吗？

生：更能突出表现描写的对象，语言有气势。

师：哦，主要有两点。一是更突出事物的特点，还有一点是语言有气势。怎样使语言有气势啊？对，是将大量的排比、比喻和夸张组合到一起，使语言具有了超乎寻常的表现力和魅力。下面我想通过诵读，请大家整体感受一下语言的美、语言的气势和文章所表现的阿房宫的特点。

（师配乐诵读全文）

刚才老师诵读了全文，为了加强效果，配上了古典音乐。现在同学们可以先自由诵读一下,有谁愿意尝试一下,选择一两个句子、一两个片段,能够在诵读中表现赋的特点。有哪位同学主动试一下?(指名)你读一下第二小节。

(生读第二小节)

师:总的来说不错,就是意味的表现稍微欠缺了一点。比如"而望幸焉"这里,可以稍微慢些,表现期盼、等了好久都等不到皇上的心理。当然读好这一段,关键在于虚词的处理,你们知道是哪一个?

生全体:也。

师:对,大家数一数,这里一共有几个"也"?

生全体:六个。

师:那你们体会一下这六个"也"表达的效果是否一样?有哪一个"也"和其他"也"作用是不同的?有没有发现?

生全体:最后一个。

师:对。前面五个"也"是表判断,而最后一个"也"更多的是强调。前面五个句子关系更为紧密,而最后一个句子要相对疏离一些,所以大家读的时候,最后"辘辘远听,杳不知其所之也",车远远地来了,宫女心中充满了希望,"要到我这里来了",车又慢慢地走远了,心中的失望随着车声的远去而增强。皇帝看不见了,车声听不到了,我们要读出一个效果来,让人觉得宫女仍然在翘首盼望。下面同学们集体把这一段再读一下。(生集体读)

师:"杳"字还是读得太急了,同学们课后再仔细琢磨一下。"辘辘远听,杳——不知其所之也",不要太急。课前有同学提了一个问题,说是"本文的中心段,也就是作者要表达的意思是在哪一段";还有同学问得更具体,"本文点明主旨的句子是不是最后一句"?你们看是不是最后一段?

生全体:是。

师:是不是最后一句?看来大家有不同理解。其实我觉得不一定要落实到具体的某一句,这一段都是作者在表达他的思想。本文和《六国论》不一样,它不是一篇史论,但作者仍然表达了他对历史的感悟、见解,并告诫我们这些后人。大家想一想这一段中的"后人"是指什么样的后人?"使六国各爱其人,则足以拒秦;使秦复爱六国之人,则递三世可至万世而为君,谁得而族灭也?"谁能够消灭他们呢?"族灭"就是"灭族"。"秦人不暇自哀,而后人哀之;后人哀之而不鉴之,亦使后人而复哀后人也。"大家注意,这里四个"后人"的内涵、所指的对象是否一致?

生全体:不一致。

师:怎么不一致呢?哪位同学分析一下?(指名)你说说对这几个"后人"的理解。

生:第一和第二个"后人",是一个意思,指哀秦人的后人;第三个"后人"是相对于前面两个后人的再一个"后人",是后人的后人。

师:是后人的后人。我们解读文章的时候,应注意文章的背景,从杜牧写作的年代、时期来看，当时唐敬宗大造宫室，不问政事，所以这个“后人”，我们可以把它理解为“唐以后的人”。最后一个“后人”是第三个“后人”的意思呢，还是前面两个“后人”的意思呢？

生全体：和前面两个一样。

师：对。四个“后人”两层意思，一、二、四，是指秦以后的人，第三个是指唐以后的人，是这样的吧？其实，这四个“后人”又指向一个共同的对象，是什么？

生：国君。

师：对，主要是指君主、皇帝。黄老师在读这篇文章的时候，想法也很多，读到最后一段的时候，我忽然有感而发，把杜牧的最后一段改写了一下。也许是狗尾续貂——可我改写以后蛮得意的。现在呢，“敝帚不自珍”，让大家比较一下，作者写的和我写的哪一个好，好在哪里。你不要觉得杜牧写得好，黄老师也不差的哦。（生笑）现在同学们集体把这段话读一下，然后品评一下，看看哪个好。

（投影显示）观古今之成败，成，人也，非天也；败，亦人也，非天也。成败得失，皆由人也，非关天也。得失之故，归之于天，亦惑矣！

下面我们齐读这一段，我读到“嗟乎”，你们就接着读下去。灭六国者，六国也，非秦也。族秦者，秦也，非天下也。嗟乎！——

生全体朗读。

二、阅读教学的评价与资源建设

（一）阅读教学的评价

1. 着眼于核心素养的整体发展

语文课程评价的根本目的在于提高学生的语文核心素养。评价应围绕阅读与鉴赏、表达与交流、梳理与探究等学习活动，在具体的语文学习情境和活动中，全面考查学生核心素养的养成和发展情况。

阅读教学的评价功能主要聚焦于检查、诊断、反馈、激励、甄别、选拔。需要注意的是，不能片面强调评价的甄别和选拔功能。评价不仅要注重学习结果，更要关注学生内在的学习品质和学习过程，从而引导学生学会学习。

2. 综合统筹评价过程

语文阅读教学的评价应根据，各个学段学生学习心理、学习情况，考察学生的阅读兴趣、习惯、方法和能力。具体而言，应注意考察学生在语文阅读活动中体现出的参与程度、思维特征，以及沟通合作、发现问题、解决问题、批判创新的能力。

3. 倡导评价主体多元化

语文阅读教学评价应面向全体学生，鼓励家长、教师、教学管理人员也参加教学评价过程，帮助学生认识语文学习与个人发展的关系，引导学生参与多种评价活动，建构学习评价共同体。

4. 选用恰当的评价方式

学生语文核心素养养成情况，要在真实的语文学习任务情境中综合考查。语文教师应根据实际需要，综合使用诊断性评价、形成性评价、终结性评价等多种评价方式。具体可使用纸笔测试、现场观察、对话交流、小组分享、自我反思等多种评价方法，同时还要注意搜集学生在学习过程中的成果，例如试卷、读书笔记、文学创作、小组研讨成果等等。教师可以为学生建立学习档案，记录核心素养的养成过程和轨迹。

5. 明确必修和选修课程评价的重点和联系

高中阶段的阅读评价，必须明确必修与选修课程的联系和区别。必修课程评价应立足于共同基础，考查学生在不同学习情境和实践活动中学习和运用语言文字的基本能力。重点考查学生的语文学习体验、策略，尤其是基于社会情境的阅读、表达与交流、读写活动中的思维表现，以及不同体裁文学作品的审美感知、评价欣赏、独立创作情况，还要考查跨媒介的多元文化理解、当代文化现象的关注和评析，以及对未来文化发展的思考和展望等。

（二）阅读教学的资源建设

1. 立足课堂，开发教材资源

语文教材是学生最重要的阅读资源，课堂教学主要就是师生开发和利用教材资源的过程。因此，在课堂教学中，要充分开发和利用语文教材，发挥教材的多种功能。

（1）引导学生自主阅读，拓展文本内涵。在课堂教学中，要积极倡导自主、合作、探究的学习方式，激发学生的阅读兴趣，引领学生走进文本，体会文本的丰富内蕴，感悟作者的情思。在学生、教师与文本的对话中，深入挖掘文本意义，让学生领悟到文本以外的东西，有所感悟和思考。

（2）开展多种活动，丰富教材资源。在语文课堂教学中，教师要灵活运用多种教学方式，充分发挥学生的主动性和创造性，让学生开发多样化的教材资源。比如，针对教材中的某一阅读文本，让学生以小组合作的方式，选取感兴趣的某一话题展开讨论和交流，由教材内容延伸到课外阅读；也可以通过改编课文、模仿写作、表演话剧等方式，增加学生阅读的乐趣，创造性地开发教材资源。

2. 挖掘教师潜能，开发教师资源

教师是教学的组织者、实施者和评价者，同时，教师的语文素养、阅读能力、价值观念等也潜移默化地影响着学生的学习。换言之，教师本身也是一种课程资源，因此，开发教师资源是必不可少的。

(1)在教学中开发资源。在阅读教学中，语文教师因其自身的语文能力和生活经验，对课文内容会有独特的感悟和思考，可以根据课文内容用口头或书面的形式进行创作，与学生分享、交流，其作品将有助于学生加深对文本的解读，同时，也丰富了学生的阅读资源。

(2)在对话中生成资源。阅读教学是学生、教师、教科书编写者、文本之间的对话的过程，语文教师在对话过程中要挖掘自身的潜能。同时，语文教师应重视交流、学会交流，积极参加各种交流活动，例如教学研讨会、学者讲座、学术沙龙等等。在交流对话过程中拓宽知识面，丰富阅读教学资源，实现资源共享，生成新的资源。

【思考与探究】

1. 语文阅读教学的基本理念是什么？它和阅读教学目标是什么关系？
2. 语文阅读教学的基本内容有哪些？
3. 请你联系实际，辨析不同文体的教学方法。
4. 谈谈你对文言文教学的理解和认识，并思考文言文教学的方法。

【拓展阅读】

1. 代顺丽、王荣生：《语文阅读教学有效问题的本质特征》，《课程·教材·教法》，2014年第8期。
2. 丛立新：《讲授法的合理与合法》，《教育研究》，2008年第7期。
3. 李镇西：《听李镇西老师讲课》，华东师范大学出版社，2005年版。
4. 王荣生：《听王荣生教授评课》，华东师范大学出版社，2007年版。
5. 王荣生：《阅读教学教什么》，华东师范大学出版社，2016年版。
6. 萧承慎：《教学法三讲》，福建教育出版社，2009年版。
7. 霍秉坤：《教学方法与设计》，商务印书馆，2004年版。
8. 中国教育在线：http://eol.cn.

第七章

语文与现代教学媒体

YUWEN
YU
XIANDAI
JIAOXUE
MEITI

现代教学媒体作为一种信息传递工具，加快了语文教学的变革步伐，在信息技术快速发展的背景下，语文教师要了解现代教学媒体的特征、功能和应用原则，并结合语文学科的专业特点，在实践中合理使用、开发现代教学媒体，增强语文教学效果，促进语文核心素养的发展与提升。

第一节
现代教学媒体概述

语文教师要合理使用现代教学媒体，要对其发展及分类有一定的认识和了解，明确其特征与功能。

一、现代教学媒体的内涵及类别

（一）现代教学媒体的内涵

教学媒体有广义和狭义之分。广义的教学媒体是指在教育过程中一切可以承载和传递教学信息的人、物、技术等介质，它既包括教师本人，如教师的言语、神情、姿势、板书，又包括学生，还包括黑板、教科书、投影仪、实物、幻灯片、录音录像、计算机等。狭义的教学媒体指可承载和传递教学信息的现代电子媒介和技术，主要包括投影仪、电影、广播、电视、计算机、多媒体、网络和虚拟现实技术。

（二）现代教学媒体的基本分类

人类获取信息与知识的渠道是多维的，仅从人类自身的感官而言，其作用与效果却又不同。实验心理学家特瑞赫拉做过二则实验，其中一则是人类通过各种感觉器官获得知识的比率。他的结论是通过视觉获取的知识约占83%，通过听觉获取的知识占约11%，通过嗅觉获取的知识约占3.5%，通过触觉、味觉获取的知识各占约1%。

可见，人类的感官获取信息与知识的比率是不同的。在教学活动中，教师如果能够依据不同感官的特点、不同学生群体的特点、不同知识的特点而充分利用不同教学媒体，那么在教学过程中，学生的收获将是多角度的。

1. 按照媒体的发展历程分类

教学媒体的发展是伴随着教育和科技的发展而实现的。时代、社会和科技的不断发展，对教育技术有着重要的影响：首先是原始的口耳相传、观察与经验叠加的以语言媒介为主的技术阶段；其次是文字及印刷术发明后的以文字及印刷媒介为主的技术阶段；第三是在现代电子技术出现后，通过模拟信号和数字信号等电子信号的综合利用传递教育教学信息的以电子媒介为主的技术阶段。

从教育技术的上述发展历程看，教学媒体大致可以分为以下四类。

（1）口语媒体。教学过程中，以口语为信息传递的主要媒体。如口语教学等。

（2）文字媒体。教学过程中，师生双方以文字书写传递教学信息的媒体。如板书、作业等。

（3）印刷媒体。教学过程中，师生双方以印刷材料传递教学信息的媒体。如印刷的语文教材、试卷、参考书、挂图等。

（4）电子媒体。以模拟信号和数字信号等电子信号传递教学信息的媒体。如广播、录音机、电视、计算机等。

基于以上分类，人们还习惯把前三种教学媒体称为传统教学媒体，把电子媒体称为现代教学媒体。

2. 按照感官作用分类

在教学过程中，传统教学媒体对学生的感官作用较小，主要是直接作用于记忆与训练。感官的作用更多地体现在现代教学媒体中，教师利用教学媒体对不同感官的刺激，更方便、有效地感染、启发和引导学生实现信息的有效获取、加工、交流和思考。按照对感官的不同作用，教学媒体一般分为以下四种。

（1）听觉媒体。即在教学过程中，通过对听觉器官的作用，推动教学进程，提高教学效果的媒体。如广播、录音机、录音笔等。

（2）视觉媒体。即在教学过程中，通过对视觉器官的作用，推动教学进程，提高教学效果的媒体。一般分为实物性视觉媒体和投影性视觉媒体两种。前者包括教材、试卷、挂图、实物模型等，后者包括幻灯片、投影仪等。

（3）视听媒体。即在教学过程中，通过对视觉和听觉器官的共同作用，推动教学进程，提高教学效果的媒体。如电影、电视、数字录像机等。

（4）综合媒体。即在教学过程中，通过对人类多种器官的综合作用，有效推动教学进程，拓宽教学视野，实现多维教学目标的媒体。如互联网、微格教学系统等。

这四类教学媒体中，从时代、社会发展和学生全面发展的角度看，综合媒体有其独特的优势。综合媒体即多媒体，是一种以计算机为中心媒介，利用数字化技术，综合利用多种媒体优势，综合处理、传送和贮存各种教学信息，提高教学效率、提升教育功能的组合媒体。

通常，这种组合媒体包括文本、图表、图片、图形、动画、视频、音频等。这些独立的媒体由教师按照一定条件组合到一起，形成多媒体。

结合学科的特点，多媒体组合条件包括以下几方面：

①教育教学内在规律；

②教师的教育教学理论水平；

③学科专业特点；

④教材特点；

⑤师生教与学的能力水平与组合技术水平；

⑥师生的综合素养；

⑦各种媒体的软件资源；

⑧各种媒体的硬件资源。

多媒体作用强大，所提供的各种资源对学生感官的刺激是多样性的，非常有利于知识的感受、获取、理解、探究、反思与保持，使教与学的平台空间非常开阔，有益于高效地实现教学目标；对各种教学信息实施有效的组织与管理，有效地提高了教学效率；最大限度地实现教学媒体间的合作，实现教师、学生、教学资源和教学媒体的真正交互，使教学预设与课堂生成存在更多变化，有利于提高教与学的兴趣。

依据不同的视角，现代教学媒体有不同的分类。但是我们要意识到，作为一种教学信息传递手段，教学媒体只是教学中的一个环节，不能取代教师、学生教与学的心理演变以及对文化和审美的理解，也不能取代其他教育资源。教学媒体与其他教学要素相互协调、相互促进，才是最佳的选择。

二、现代教学媒体的特征和功能

（一）现代教学媒体的特征

加拿大著名传播学者马歇尔·麦克卢汉于1964年在《媒体通论：人体的延伸》一书中写道：媒体是人体功能的延伸，印刷品是人眼的延伸，无线电广播是人耳的延伸，电视则是人耳和眼睛的同时延伸，传声器是嘴巴的延伸，面对面交流则是五官的延伸，电视则是大脑的延伸。每一种新媒体的出现都是一种延伸，而每一种新的延伸，都会使人的各种感官的平衡产生变动。作为媒介，教学媒体有着共同的特性。

1. 重现能力

教学媒体受时间、空间的限制较小，在教学需要的时候，能随时重新展现媒体之前所记录和存储的相关内容。重现能力的强弱因媒体的类型而异，现代教学媒体尤其是多媒体更易于信息的保存、提取与重现。

例如，在人教版高一下册《神奇的极光》教学过程中，传统的教学媒体通常是以挂图的形式展示“极光”，而现代教学媒体的运用将极光“搬到”了课堂上，打破了时间、地点的限制，学生不用亲自到北极去观看极光，通过多媒体的演示就能身临其境地感受极光。

2.表现能力

媒体的主要作用是传递信息。虽然在传递的方式与程度上不同，但都是从各自媒体的特点出发，通过不同视角和平台展现信息的客观特征及变化动态。这种表现重在描述，是一种事实的呈现，方便师生感受、思考、研究与反思。

例如，在《景泰蓝的制作》教学过程中，教师可利用不同媒体进行教学。如通过挂图、教材从视觉上调动学生对景泰蓝的感知与认识；通过多媒体演示动态的景泰蓝的制作过程，利用文字、图画、影像、声音的综合效果，调动学生视觉、听觉、感觉等不同感官。

3.传播能力

不同的媒体虽然传播的范围、程度与内容不同，但传播是其固有特点。传播是信息在教与学、学与思、思与惑、惑与解、解与得的教育链条中产生作用的推力。没有信息则无助于这个链条的实现，没有传播则信息无法发挥作用。

与传统教学媒体相比，现代教学媒体极大地促进了信息的传播与交流，现在很多语文老师利用现代教学媒体将自己对某篇文章的独特见解录成视频并传到网上去，大大促进了信息的交流传播。

4.参与性

媒体教学重在教与学的信息交流，其本身也因传递信息的内容而具有不同的感染力与启发性，使学生有期盼值。同时，媒体的参与也使教与学的内涵与空间得到深化与拓展。例如，在人教版七年级上册朱自清《春》的教学中，学生只有融入文中所描写的如诗如画的情境中去，才能更好地体会到这篇文章的魅力。因此，教师可以充分使用现代教学媒体。

教师要在学生提前预习的基础上，播放一段轻柔舒缓、旋律优美的音乐让学生想象春天到来的情景，然后从一些视频、音频或者美术作品中选取材料来设计课件，从而生动形象地给学生展示春天伟大的生命力。现代教学媒体以其自身的优势参与语文教学中，使得文中情与景交融，教学效果自不待言。

5.交互性

现代信息技术的发展为语文教学中的多方向互动创造了条件。这种多方向的互动主要体现在以下几个方面。

(1)教学媒体与学习者的交互。教师不仅要利用多媒体进行授课、教学，同时也要注重让学生自己通过操控计算机进行自主、个性化的网络学习交流以及控制自己的学习进程。

在传统教学方式即班级授课制下，教师用相同的教学方法和教学资料使大部分学生按照相同的进度学习相同的内容，不能很好地顾及学生之间的差异和需求。现代教学媒体则通过声音、图像、符号、文字向学生呈现信息，使传统单一、静态的“人—教科书”向多元、动态的“人—机”转换。

(2)教师与学生、学生与专家之间的交互。通过现代媒体教学，教师可以根据学生的反馈信息，及时地调整教学步骤并给予恰当的指导。学生不仅可以与自己的老师进行交流学习，还可以通过网络，如远程教育平台，向专家求助。

6. 情境性

传统的教学使得知识“去情境化”，将抽象概括化的知识传授给学生，让学生脱离具体的情境进行学习。然而，语文教学和生活是相联系的，语文的学习离不开生活实际。现代教学媒体采用了大量的多媒体技术，从而营造仿真性的网络学习情境，将学生难以亲身经历、感受的现象或过程呈现到课堂上来。

例如，高中人教版第一册课文《胡同文化》，是汪曾祺先生为他的摄影集作的序文，教师除了利用多媒体展示汪曾祺先生拍摄的原汁原味的胡同照片之外，还可以播放关于解说北京胡同文化的纪录片，让学生身临其境。这种情景化的学习，使枯燥、乏味、难懂的书面语言变得鲜活生动，有利于激发学生的学习兴趣，促进学生对知识的理解。

7. 多样性

现代教学媒体类型多样，形式各异，极富感染力和表现力。它利用先进技术将声音、色彩、动作、形象结合起来，使得教育信息的表现形式变得多种多样。

(二)现代教学媒体的功能

1. 激发学习兴趣，提高学习效率

现代教学媒体以声音、色彩、文字、符号、图形来诠释和呈现教学内容，它的解说和表达不仅是动态的，而且是多维感知的，因此在语文教学中，教师可以利用多媒体的优势，充分调动学生各种感官的参与，激发学生的求知欲，使学生的思维变得活跃起来。

例如，在讲授甲骨文或者汉字的演化时，教师可以插入小动画并结合自己的讲解形象地进行演示，这样可以引起学生浓厚的学习兴趣。

实验证明，同样学习一份材料，采用视听结合的方法，学生记住的内容以及保持时间的长短远远高于传统口授教学方法。可见在教学中，充分调动学生多种感官的参与，对学生学习效率的提高有很大的帮助。

2. 帮助学生积极探索、建构和重组信息

一项教育学研究表明，现代教学媒体承载及表现的信息能够激发学生主动选择、组织和整合视觉、语言信息，从而提高学习效果。

3. 创设语文学习环境，加深学习者的感知度

现代教学媒体能够使学生清晰地认识到学习认知策略所具有的合理性和必要性，并能为学生提供理解和把握知识的平台，进而加深学生的感受度。

例如，在学习《再别康桥》时，教师可以播放徐志摩的生平事迹，从而使学生更好地感受徐志摩的性情品格，以及他在诗歌上的贡献、成就，也能更好地品味诗的意境韵味。

现代教学媒体能向学习者提供各种感性材料，但要警惕其所带来的"替代的经验"，这将不利于加深学习者的感性认识，更不利于学生感性认识进一步上升到理性认识。例如，在学习人教版高中语文必修课《林黛玉进贾府》时，教师往往喜欢通过播放视频来加深学生对《红楼梦》里那个时代的人、事、物的感知，但这样不仅会导致学生"先入为主"，还会使学生形成依赖，不愿意自己动脑思考，缺乏自己的理性认知，这就陷入了现代教学媒体的使用误区了。

4. 提高语文教师教学技能，改进教学方法

现代教学媒体是不能取代教师而独立存在的，但是当教师知道如何利用媒体技术激发学生学习的热情进而进行有效交流时，现代教学媒体将会发挥作用。在不断改善、调整媒体功能、使用区域以适应学生的需要过程中，教师的教学技能会得到提升和发展。

第二节 语文与现代教学媒体的关系与实践原则

一、语文与现代教学媒体的关系

（一）语文学科要适应多媒体的快速发展

现代社会的快速发展以及科学技术的突飞猛进，使得基于先进科学技术上的现代教学

媒体的教学功能逐渐强大,现代媒体教学也因此不断革新与发展。《2017地平线报告(基础教育版)》由美国新媒体联盟正式授权北京开放大学地平线报告项目组翻译并发布。《2017地平线报告(基础教育版)》聚焦最有可能影响今后五年(2017—2021)技术规划和决策制定的六项主要趋势、可能阻碍新技术采用的六个关键挑战以及基础教育应用的六项重要技术进展——创客空间、分析技术、人工智能、机器人、虚拟现实、物联网。多年来,地平线系列报告对于我国基础教育信息化发展,尤其是推动技术在教育领域的应用方面具有重要的参考价值。现代教学媒体技术的快速发展也必然会对语文课堂教学理念、模式、方法产生重要影响。

《普通高中语文课程标准》(2017年版)强调语文学科的时代性,提出了18个学习任务群,其中第三个"跨媒介阅读与交流"任务群贯穿必修、选择性必修与选修三个类型的学习中,它的提出,旨在引导学生学习跨媒介信息的获取,使学生能够对不同媒体呈现出的信息进行筛选、阅读、理解与思考,提高跨媒介信息提取与交流的能力。在现代教学媒体日益充斥在语文教学各个环节的背景下,语文教师必须要结合语文学科的特点,创新现代教学媒体的使用,使语文教学与现代教学媒体有机结合,培养学生获取跨媒介信息的能力。

(二)语文学科的教与学须与现代多媒体融合

语文学科是一门内涵和外延都非常丰富的学科,而对其外延和内涵能否最大限度地进行挖掘和领悟又往往取决于师生双方的参与度以及现代教学媒体的使用及其与教学的融合情况,这里的融合是指教师要结合所教授的文章内容、自身专业化水平以及学生的学情,选择与教学相契合的多媒体,在教学与多媒体融合的前提下,更要强化学生学习与现代多媒体教学的融合,使"教学媒体"更好地向"学习媒体"转换。

例如,尝试让学生把预习的结果制作成简单的PPT;学生阅读完名著、经典作品后,试着在网上写博客、书评等;学生之间分享好的自媒体,并说说推荐的理由;等等。

二、语文教学中现代教学媒体的运用原则

(一)达到预期的教学目的

对于语文教学而言,任何一种教学媒体都是为完成教学目的而服务的,如果所选择的教学媒体不能对预期的教学目的的达成起到促进作用,就没有任何意义。

（二）节省精力和时间

恰当的教学媒体必然能使语文教学更高效，师生所花费的时间和精力更少。

（三）帮助学生获得了良好的语文学习结果

良好的语文学习结果，是指学生能够对学习内容有较为系统的认知，学习思维清晰，并且能够将所学知识应用到实践中去。

（四）符合教学伦理的要求

所谓符合教学伦理的要求有两个衡量标准：一是所选择的教学媒体是否和语文教学方式相适应，是否符合学生身心发展规律；二是所选择的教学媒体应该有助于学生的身心健康，有助于语文教师正确处理教师权威与学生自由的关系。

（五）帮助学生学会学习

这也是教学媒体选择和应用的最大目的，是语文教学的必然要求。换言之，恰当的教学媒体应有利于培养学生的自学能力，培养学生的自主性和主动性。

总之，在选择教学媒体的时候要综合考虑上述五个原则，同时要结合具体的教学内容、教学资源、教师的教授特点、学生已有的经验、学生的学习规律等要素。此外，应该综合使用多种教学媒体，只有这样才能弥补某一现代教学媒体的不足，使教学更为有效。

第三节
现代教学媒体的运用与创新

语文教师不仅要恰当使用现代教学媒体，了解一般的规律和方法，还要尝试开发新的多媒体教学资源以期达到对现代教学媒体的创新使用，从而更好地将现代教学媒体运用于语文教学中，创新语文教学平台，提高语文教学效率。

一、一般步骤

在课堂教学中，教学媒体的使用是灵活的，但同时又是有针对性的，这就需要教师使用得当，将之与教学目的自然贴合，既适合自身教学，又适合学生学习。

教学媒体的使用，一般包括确定、调试、教学运用、反馈等步骤。

（一）确定使用细节

1. 适合的环节

教学媒体的意义不仅仅在于传递信息，还在于帮助、启发和引导学生。学生学习的过程是有其内在规律的，例如在学习过程中，接受、思考、实践、反思、探究等环节都是必要的，这都不是教学媒体可以包办的。在此情况下，信息的传递方式就要同教与学的方式、教与学的方法相适应，在需要表现、重现、多元参与的教学环节中给学生以帮助、启发和引导。在课堂教学开始前，教师要充分考虑自己、学生及教学内容等因素，结合所选教学媒体的特性，确定在何种环节中使用媒体。

例如，教师可以在新课导入环节利用多媒体再现之前学过的相关知识，目的是加强新旧知识之间的联结。教师引导学生学习新的知识之前，首先要组织学生进行复习，以使前后课堂教学衔接得更自然，避免新知识出现的突然性和孤立性。

以朱自清的《荷塘月色》为例，教师可以利用课件展示学生学过的诸如李白“清水出芙蓉，天然去雕饰”、杨万里“接天莲叶无穷碧，映日荷花别样红”等借景抒情的诗句，提示学生“一切景语皆情语”，让学生联想到之前所学的融情于景、借景抒情等知识，从而在学习过程中重点体会本文中的景色特点并分析作者寄予的情感。

2. 适合的时间

教学媒体的使用时间分为介入时间与持续时间。在教学环节，需要媒体介入的时候，媒体介入，而在课堂教学前，教师要根据学生群体的特点和教学设计，初步确定媒体介入的时间，这是教学的预设，具体的介入时间还要根据实际的教学状况来定。持续的时间也是如此，教师根据教学的需要和学生群体的特点做预设性的持续时间准备。无论何时介入，持续多长时间，在准备的过程中，都要预先设定。

3. 选择适合的情境

设置教学情境，是提高教学效率，提升学生学习兴趣的重要方法。适合的教学情境会使信息的传递更有效，同时，教学媒体也有助于教学情境的进一步优化。在课堂教学之前，教师要考虑所要营造的教学情境对教学媒体有何要求，教学媒体要承载何种任务，教学媒体如何运用才能使教学情境更真实、有效，从而使教学媒体的作用得到充分发挥。

例如在教学《祝福》时，教师可以在本文讲解结束后给学生播放《祝福》的影片。学生通过文本的学习形成了自己的思考和理解，再结合影片，进一步强化对文章的体会，升华感性认识。在教学《阿Q正传》讲到阿Q的精神胜利法时，可以播放电影中的“优胜记略”的片段，以使学生在演员惟妙惟肖的表演中体味阿Q的性格特点，挖掘精神胜利法的内涵，进而把握小说的思想内涵。

4. 熟悉媒体信息及使用技巧

在课堂教学前，教师要熟悉教学媒体所承载的信息及不同信息间的逻辑性，例如，是感受性信息还是理性信息，感受性信息如何承接，理性信息间有何逻辑，等等。同时，要将媒体的内容与教师和学生的情况结合起来，确定教学媒体所传递的信息对课堂教学的作用，判断媒体信息的使用重点，有的放矢，才有效果。另外，还要熟悉媒体的使用方法、相关设备的连接方法。

（二）调试

1. 检查媒体

媒体的检查主要体现在四个方面：媒体是否可以正常使用，设备连接是否成功，教学环境是否适合使用此媒体，媒体摆放位置等。

2. 关注学生特点

在媒体的调试期间，要考虑学生的特点和教学设计，尤其要熟悉学生群体接受信息的习惯、方式和程度，有针对性地使用媒体。还要熟悉教学设计的程序与重难点，调试时，要确定媒体的重点信息及调控方式，看看是否与教学设计一致。

3. 熟悉媒体传递的信息内容

主要熟悉以下内容：媒体所承载的所有信息以及信息的类别、信息的重点、信息的重现、信息的传递方式、信息的生成空间、各教学媒体间的协作方式等等。

4. 熟悉媒体展现的方式

展现方式不仅仅指媒体的一般使用技巧，还有以下因素：媒体由谁来操控，如何操控，操控的时机，操控的顺序，等等。由此，应加强实际演练，提高熟悉度，方便使用。

（三）教学运用

1. 选择恰当的时间

在实际教学中，教学媒体的运用要选择恰当的时间。实际教学不等同于教学预设，教师与学生的不同的理解能力和实践能力会使课堂教学出现突发情况，而教学媒体所传递的是固有的信息，无法与课堂生成的信息相匹配，这就要求媒体的使用要灵活，不囿于预设的传递时间，要根据教学实际及时进行信息的传递。

2. 关注教学情境

关注教学情境，一方面是关注教学情境的生成，利用教学媒体的丰富表现力、重现力、参与性等特性，积极营造教学情境，使学生在适合的情境中学习与反思，提高学习水平；另一方面是充分利用教学情境，借助这个因素，有效地完成信息的传递。

3. 有所取舍

在课堂教学中，正如上文所述，教师与学生两大教育因素的不同特点、媒体固有信息和教学过程中的不确定性因素生成的矛盾、教学情境对教学媒体的需求等都会影响预先选择的教学媒体对教学内容的呈现。教学不是教学媒体的展示过程，不是固有信息的简单传递过程，教师要充分考虑课堂教学过程中各因素间的影响。对促进教学进程的媒体与媒体信息，要按课前预设正常使用并适当加强。反之，则可以略过。有所取舍，才能有所侧重，有所提高。

（四）反馈

1. 效果反馈

课堂教学结束后，教师可以和学生、其他相关教师沟通，也可以进行自我反思，了解和思考媒体使用的总体效果是否达到了预期目的，是否有助于教学目的的实现。这个效果可以是总体效果，也可以是阶段效果。同时，还要注意信息反馈的真实性。根据反馈结果，教师可以重新调整教学媒体的信息内容、关系，以利于以后的教育教学工作。

2. 形式反馈

形式反馈主要是指媒体类型及媒体展现形式是否适合于本课的教学，是否适合于学生群体的接受，是否有利于课堂问题的生成，是否在形式上与本课教学设计保持同步，是否有利于学生的进一步发展，等等。同时，利用反馈的意见，积极调整媒体传递方式，积极引入新的媒体及传递方法，使教学媒体在形式上有创新性，适合时代、社会与学生群体的发展步伐。

3. 内容反馈

内容反馈主要是指媒体的信息内容是否和教学内容一致，是否对教学内容的内涵的提升有所助力，有所补充。在内容实现的过程中，要看是否实现了媒体的表现力、重现力与参与性。在教学过程中,要看内容是否有逻辑性,还要看其是否符合学生的接受特点,要总结得失分别是什么。

根据上述方面的信息反馈,教师要积极进行有针对性的调整,并在以后的教学实践中继续使用和观察,提高教学媒体的信息传递水平,完成既有任务。

在教学媒体的使用过程中,还要注意以下两个原则性的问题。

(1)熟悉用途,当用则用

教学媒体是一种信息传递工具,恰当地使用,在课堂教学过程中会起到事半功倍的效果,激发学习兴趣,提高教学实效。但是要注意的是,教学媒体不是教学的全部,它只是教学工具,是教师用来教学的凭借,它承载知识,但本身不是知识;它表现情感,但本身没有情感;它展现思维过程,但本身不会思维;它用来传承精神与价值,但本身不内涵精神。在实际教学中,教师要分清功用,不能用教学媒体取代教学,教学有教学的三级目标,媒体有媒体的传递功能,教师尤其要明确这一点。同时,应摒弃技术功利主义,不能为了技能而技能,为了方便而方便,也不能只追求形式而不顾内容。因此,要熟悉教学媒体的用途与效果,当用则用,当弃则弃,对学生的发展负责,对教育负责。

(2)恰当选择,适度使用

在实际教学过程中,每堂课的教学内容不一,教师群体的思维特点、知识基础、教学方法,学生群体的学习习惯、学习方式也不尽相同,对教学媒体的要求也各异。因此,根据教学诸方面因素选择适合的媒体是必要的。一味图新、图全,会使教学偏离到单一的技术层面,形式会取代内容。当教学过程中形式胜于内容时,教学就变成了走过场,这是危险的。在选择教学媒体时,要根据前文所述方法选择适合的媒体。同时,在使用过程中,教学媒体要与教学内容、学生情况充分贴合,要与其他媒体形式合作,完成预期目标即可,不可过度使用。

二、现代教学媒体的创新性运用

(一)听觉类教学媒体资源的开发

听觉类教学媒体主要是指作用于人的听觉系统的教学媒体,它以语言为载体,在教学过程中传递信息。和文字相比,其更具真实性和亲切感,更贴近学生的实际生活,能够激发学生的学习兴趣。同时,也能直接训练学生对语言内容的判断与识别能力,有实践意义。

1.听觉类教学媒体资源的基本类型及设计原则

(1)基本类型

主要包括记录型和播放型两大类。记录型媒体以记录语音为主要目的,例如录音机、录音笔、记录型语音实验室等。播放型媒体以语音播放为主要目的,例如收音机、扩音器、CD机、激光唱机、MD和听音型实验室等。

(2)设计原则

要能够引起学生收听的兴趣;主题要明确,要让学生知道学习的内容与重点;目标要明确,要让学生清楚地知道学习的目的与方向;逻辑要清晰,要使学生理解学习的层次与逻辑关系;语言要准确,对学习内容有准确的表述。

2.听觉类教学软件的制作方法

(1)编写稿本

稿本,就是将要表达的教学内容以画面和解说相结合的形式组成的书面材料。

应根据教学目标、学生群体特点、教学内容特点和听觉类媒体的特点撰写稿本,其基本内容如下。(如表7-1所示)

表7-1　稿本基本内容

<table>
<tr><th rowspan="2">序号</th><th rowspan="2">教学目的</th><th rowspan="2">教学对象</th><th rowspan="2">播放时间及频率</th><th colspan="4">解说形式</th><th colspan="3">音频</th><th colspan="2">音效</th><th rowspan="2">备注</th></tr>
<tr><th>主体</th><th>时间</th><th>用途</th><th>来源</th><th>长度</th><th>播放时间</th><th>来源</th><th>控制方式</th><th>用途</th></tr>
<tr><td></td><td></td><td></td><td></td><td></td><td></td><td></td><td></td><td></td><td></td><td></td><td></td><td></td><td></td></tr>
</table>

(2)收集和采录素材

素材来源要广泛,内容要丰富,可以来自社会生活或者网络,也可以借用、剪辑现有素材。搜集的素材可以根据教学实际需要进行现场录制。无论何种方式,均要与教师和学生的特点相适应,与教学目的和教学内容相一致。

(3)编辑合成

这是综合加工过程。按照稿本的具体要求,对搜集和采录的素材进行加工与合成。编辑时要将解说词、其他音频进行搭配,要确定好播放时间和播放长度,控制好音效,关注教学设计的具体要求。

要选择适合教学和保证效果的音频形式,例如MP3、MD等。

(4)评审并保存

编辑制作完毕之后,由学科组及相关教师进行评审,然后,不断修改、补充、完善,直到达到最好的教学辅助效果。课件最后用光盘等形式予以保存。

(二)视觉类教学媒体资源的开发

视觉类教学媒体主要是指作用于人视觉系统的教学媒体,它以视频或者实物为主要形式,通过直接可见的教学信息推动课堂教学。和音频相比,它更直接可感,可以使学生直接参照，使教学内容明确、清晰。正确使用视觉类媒体，可以训练学生的感受能力，营造教学氛围。

1.视觉类教学媒体资源的基本类型及设计原则

(1)基本类型

视觉类教学媒体主要包括实物和投影两类。

实物类媒体通常是指直接可见的教学资源，包括文字类材料、图像类材料、具体实物或模型等等。

投影类媒体通常指幻灯片和投影仪。

(2)设计原则

①明确的目的性

软件设计要有明确的目的性，要关注教学的三级目标，要注重知识与技能的传授、练习，要注意让学生通过观察、分析、比较、探究等方式进行深入、自觉的学习，关注学生学习的过程性因素。

②选材的代表性

选材的代表性集中体现于材料内容的丰富上；材料具有典型性，有代表意义；展现的材料与教学要求有高度的一致性；在材料的选取上有观察和思维的空间，学生能够理解和参与。

③特征的鲜明性

鲜明性即明确性，为了体现这一点，要求教学资源特征突出，有代表性；细节表现鲜明；内在情感及价值可感，同时，理性意义突出。

④方法的艺术性

艺术性集中于激发学生的观看兴趣、学习兴趣，要求影像色彩鲜明、清晰；表现方法生动、形象；感染力强；有美的特点。

2.视觉类教学软件的制作方法

(1)准备材料与工具

通常要准备的工具有：各种颜色的笔、绘图墨汁、透明胶片、透明玻璃片、各种颜料、透明胶带、硬纸板、调色板、修正液、剪刀等。

(2)制作方法

①直描法：在透明的胶片上，用绘图墨汁直接描绘出文字或者图像。也可以把无效部分描绘成黑色，保留透明的要表现的文字或者图像。

②涂色法：先把透明胶片直接覆在准备好的图像或者画稿上，描绘出基本轮廓，再用色笔或者广告色按要求涂在轮廓内，最后用重色勾出轮廓。

③彩刻法：把玻璃片裁成需要的尺寸，把广告色调好后按要求直接均匀地涂在玻璃片

上，待晾干后，再根据需要涂写内容。

(3)关于制作的基本要求

①选题

根据学生群体特点、教学环境要求及教学过程的重难点，选择合适的内容进行投影式展示。选题时要注意投影类软件的基本特点，要适合静态影像展示，有利于学生观察与思考。

②写出解说词

根据教学目的和预设的程序写出解说词。解说词要清晰明确，并且和投影相适应；要简洁，有逻辑性、启发性。切忌长语赘述，干扰学生观察投影片和思考。

③写出稿本

根据教学目标，根据学生群体特点与教学环境、教学内容的要求，写出投影软件播放的稿本，记录于表格中，在教学中使用。(如表7–2所示)

表7–2　投影软件观察项目表

课程名称	投影材料	投影内容	演示时间	解说词介入时间	演示技巧	演示效果	备注

④评审并保存

编辑制作完毕之后，由学科组及相关教师进行评审，然后，不断修改、补充、完善，直到达到最好的教学辅助效果。课件最后用光盘等形式予以保存。

(三)视听类教学媒体资源的开发

视听类教学媒体主要是指同时作用于人的听觉和视觉器官的教学媒体。视听类教学媒体音像皆备，更直接可感，可以使学生有直接参照，易于模仿，易于评价，有现场感，有说服力。正确使用视觉类媒体，可以训练学生的感受能力，营造教学氛围，提高情感境界。

1. 基本类型

视听类教学媒体的基本类型通常包括直接展示类设备，例如电影、电视以及各种类型的自媒体资源、网络资源；各种有存储能力的设备，例如硬盘、优盘、云存储、激光视盘等。

2. 设计原则

(1)材料的外显性

视听类教学媒体直接可感，音像皆备，学生可以直接参照，因而在选材上宜凸显外显性，方便借鉴和判断，促进学生的自主学习和反思。当然，外显性也是和典型性相关联的，外显的材料更有示范性和思考价值，更适合启发学生。外显不能只顾及形式，从内涵上看还要更有指向性和引导性，这也符合语文课程工具性和人文性相融合的本质属性。

（2）鲜明的情境性

对于语文学科而言，生成情境是产生教学美和促进教学实效的重要手段。无论何种情境，视听媒体都可以为其生成提供条件，使工具性和人文性的融合更自然，更符合学生的学习心理特征，更有利于学生学习动机的激活。相应地，视听类教学媒体在设计时，就要考虑鲜明的情境性，引导学生进入其中，让语文课生动起来。

（3）感受的唯美性

语文学科视听类媒体的设计力求唯美，让学生在进行理性的认识和学习外，还可以感受美的气息，领悟美的境界。这里的“美”并不单指工具美，还有“语言”“情趣”“思维”“文化”等诸方面内涵的人文美。对语文学科视听类媒体而言，唯美不是目的，但一定是必然的过程。

3. 视听类教学软件的制作方法

（1）确定教学目标

教学目标是教学媒体制作的方向，要在知识与技能、过程与方法、情感态度价值观等方面做进一步设定，要符合学生群体的特点与要求，要符合教学内容设置的目的与意义。

（2）选择生动可感的内容

这是视听类媒体的必然要求，音频部分要真实而生动，并契合教学内容，有感染力；视频部分要具体可感，易于模仿与感知，重视感性的表现，重视理性的暗示。

（3）选择学生容易接受的方式

视听类媒体的表现方式灵活，包含直接展示型、角色扮演型、专题讲座型、热点讨论型等。

这些方式的取舍要根据教学内容和学生的特点来确定，要与教学目的与任务相适应，与学生群体学习、发展、提高的需求相一致。

（4）后期编辑

后期编辑就是指将前期搜集或者拍摄的图像与声音素材，按分镜头稿本的要求，根据教学设计和学生群体的接受能力进行再编辑，形成适合教学的视听资源。编辑时，要注意整体上连贯流畅，动画运用要恰当、重点突出，要过渡自然。

其中，还要注意解说、音效等与拍摄素材的一一对应。解说词，既用来诠释、概括画面，还用来引导和启发学生思考；音效则用来渲染气氛，烘托教学主题，激发学生联想，增强审美意蕴。

（5）评审与保存

编辑制作完毕之后，由学科组及相关教师进行评审，然后，不断修改、补充、完善，直到达到最好的教学辅助效果。课件最后用光盘等形式予以保存。

(四)多媒体教学资源的开发

多媒体教学是由教师、教学资源、计算机和学生四方面构成的人机对话形式的教学。随着基础教育课程改革的发展和科技的进步,多媒体教学已经成为各中小学的常规教学方式。在使用中,一般分为两种:计算机管理教学(CMI)和计算机辅助教学(CAI)。其中,计算机辅助教学数据量大、交互性强,既实现了教师教学内容的丰富性、思维的广阔性,又为学生自主、合作、探究学习提供了空间与平台,激发了学习兴趣,提高了教与学的效率,在教学中被师生广泛采用。

1.多媒体教学资源的基本类型及设计原则

(1)基本类型

①教学过程展示型

这种类型的软件重在对教学设计进行全过程表现,线索清晰,逻辑严密,重点突出;多种媒体参与,综合利用各种表现方式,注重对学生进行知识教授与思维启发,引导学生进行探究式学习。这种类型的软件主要用于一般课堂教学。

②复习演练型

这种类型的软件主要用于指导和检查学生的知识和技能,有较全面的知识覆盖,有一定的逻辑层级,由浅入深,有不同的难易程度。

(2)设计原则

①要体现教与学的过程

多媒体教学软件设计,既要体现教师的教学过程,尤其是思维和理解过程,也要重视学生的知识系统的建构过程。另外,软件要留有生成空间,能引导学生进行个性化的探究学习。

②要体现学生的主体地位

教学本身就是以学生为主体,教师要通过软件的设计让学生投入学习的过程中,或者自主学习,或者合作学习,或者探究学习。作为参考者与评价者,教师要从学生学习的角度出发,设置环节、问题与情境,为学生提供表达意见的环境,引导学生进行有效的思考与研究,充分体现学生的主体地位。

③要能提供示范

多媒体提供的示范表现在三个方面:一是正确的思维习惯与方法,二是正确的知识体系和使用方法,三是正确的学习习惯与方式,四是道德与情感的熏陶与感染。媒体通过示范供学生感受、模仿和练习。

④要提供丰富的教学资源

由于信息的来源不同,软件中的信息表现方式、信息内容均各异,教师应说明出处,方便学生从不同角度审视问题。同时,丰富的信息量也会给学生的进一步学习、探究提供资源支持，开拓学生的视野，引发思考，启迪智慧。例如，在教柳永的一首词时，可以链接柳永的其他词，让学生对比赏析，或者链接其他婉约派词人的诗词或豪放派词人的诗词，让学生进行对比赏析。

⑤要形成具有启发和创新意义的平台

多媒体的多角度、多资源和多结论给不同层次、不同能力的学生的思维和能力的提高提供了空间，使因材施教成为可能。多媒体营造的教学情境和传递的教学信息使教学过程成为学生多重角度参与的平台，满足了不同水平层次的学生的需要。在此基础上，在大量不同的信息支持下，学生自主、合作和探究的学习方式的实现成为可能。

2. 多媒体教学软件的制作方法

多媒体教学软件的制作是一个系统性较强的工作，编制此类软件的目的如下：一是使教学更加形象生动；二是在教学过程中给学生提供更为丰富的资源支持和思维启发，引导学生学习与创新；三是使教学内容突破时空界限，给学生以更多的信息容量，体现时代性与科学性；四是有利于多学科知识与思维的融合，使学生习惯于综合利用所学知识，拓展思维空间和更新学习方式、方法。在具体制作的过程中，既要考虑各教学媒体方面的选择及制作，又要考虑脚本和稿本的写作内容。

(1)选题

多媒体教学软件的选题关系着软件的内涵丰富度、教学利用率及各媒体利用效率，切忌流于形式。

选题应尽量利用媒体进行表述，要充分利用各媒体的特点与优势。

选题要关注教学目的、教学方法、教学评价、教学重难点、学生接受能力、学生学习方式等。

选题时，要选择有教学空间、有多种结论、多学科知识综合的内容，方便师生在教学中生成新的问题，进而探讨并解决问题。

另外，注意省时、省力、高效，节约资金与相关物资。

(2)编写脚本

多媒体脚本通常有文字稿本和制作脚本。文字稿本是基于教学设计基础上的教学软件的文字流程。一方面，这个流程要符合教学目标的要求，符合学生群体的思维特点和学习能力要求；另一方面，这个流程要方便和适合软件的制作，重点突出，层次清楚，前后逻辑鲜明，反映教学的进程以及教学的树型结构。在内容上，文字稿本要明确本课的教学目标、基本教学设计、教学重点与难点、评价方式、软件使用及持续时间等等。

制作脚本即对文字稿本的具体实施过程通常包括以下几方面：整体构思，主体界面和分界面的基本布局，界面内容的分类，多媒体的切入点及时间，控制方法，等等。

(3)搜集和制作素材

根据脚本的要求，搜集和制作素材。基于媒体的类型与特点，多媒体素材来源较广，但是要注意符合脚本的要求，适应教学环境所提供的设备情况，符合教学目的与内容的要求。

素材可以从网络、书本、光盘、网盘等平台上查找，也可以和他人联系，沟通有无，然后利用相应媒体工具根据脚本要求进行素材的制作和编辑。

(4)选择制作软件

适合多种媒体和脚本的制作软件较多，要根据脚本要求、语文学科专业要求和教学目的选择适合的平台进行软件制作与合成。

(5)编辑合成

对搜集和制作的素材进行整理与分类，根据脚本和教学要求将其模块化。同时，利用适合的制作软件将素材进行模块化编辑。最后根据教学设计与脚本的总体要求将各分模块编辑合成为系统的教学软件。其中，注意各模块的排列与联系、交互方式以及部分音视频及文字材料的链接。

(6)评审并保存

编辑制作完毕之后，由学科组及相关教师进行评审，然后，不断修改、补充、完善，直到达到最好的教学辅助效果。全部完成后，制成光盘或者进行存储。

(五)微课的建构与使用

1. 微课的发展

微课是基于信息传播技术而开发的，教师围绕某个知识点、教学环节、实验活动和技能点开展的简短完整的教学活动。微课有其鲜明的发展脉络，首先是对常识的普及。例如1960年，美国爱荷华大学附属学校提出短期课程的说法，主要是对一些常识进行普及。后期发展为对学科核心概念进行解析。1993年，美国北爱荷华大学提出60秒课程。英国纳皮尔大学提出1分钟演讲，主要是对核心概念进行说明。最后，微课发展到第三步，即交叉学科的融合，通过不同的角度、不同学科的理解，综合性地解析一个具体的认知问题。

2010年，我国首次提出微课的教学理念，经历了资源建设、教学活动设计和微课程三个层次；2012年全国首届中小学信息技术教育应用展演会，展示了优秀的微课作品，由此，全国大中小学开始开展微课活动。

2. 微课的界定

关于微课的内涵，学界主要有以下几种观点。

张一春认为，微课是为使学习者自主学习获得最佳效果，经过精心的信息化教学设计，以流媒体形式展示的围绕某个知识点或者教学环节开展的简短、完整的教学活动；黎加厚认为，微课是指时间在10分钟内，有明确的教学目标，内容短小，集中说明一个问题的小课程；胡铁生认为，微型课程是基于学科知识点构建、生成的新型网络课程资源。微课以“微视频”为核心，包含与教学相配套的“微教案、微练习、微课件、微反思、微点评”等支持性和扩展性资源，形成一个网页化、开放性、情景化的资源动态生成与交互教学应用环境；焦建利认为，微课是指以阐释某一知识点为目标，以短小精悍的在线视频为表现形式，以学习或者教学应用为目的的在线教学视频；郑小军认为，微课是指为支持翻转学习等学习方式，以短小精悍的微型教学视频为主要载体，针对某个学科知识或者教学环节而精心设计开发的一种情景化、趣味性、可视化的数字化学习资源包。

上述观点的主要区别在于微课是课、课程，还是一种学习资源，这是根本的差异。将微课界定为什么，要看教师的教学理念是什么。微课是语文教育教学的一种方式，如何设计和使用，要和教师的教学理念、思维、方式方法相匹配，并不能简单判定它是课、课程还是资源。但是我们从中可以总结出微课的共同点：目标单一、内容短小、时间很短、结构良好、视频格式。

3. 微课的类型

当前我国基础教育层面的微课类型呈现多模态的特点。（如表7–3所示）

表7–3　微课类型

标　准	类　别	
按课堂教学方法分类	以语言传递信息为主	讲授类　问答类　启发类　讨论类
	以直接感知为主	演示类
	以实际训练为主	练习类　实验类
	以欣赏活动为主	表演类
	以引导探究为主	自主学习类　合作学习类　探究学习类
按课堂教学主要环节分类	课前复习类　新课导入类　知识理解类　练习巩固类　小结拓展类	
按课堂教学类型分类	说课类　班会类　实践课类　活动课类	

4. 微课的特点

（1）内容聚焦

内容要单一，以一个知识点、一个教学环节或者一类活动为单位。做到简短有效，时间要控制在10分钟内，这样做既可以吸引学习者的注意，又能实现教学资源的有效分享与交流。同时有利于学生进行自主学习，数据量较小，更易于网络传输。

（2）技术创新，方便移动学习

课程资源由各种教学短片构成，内容以知识点为单位，聚焦新知识讲解，形式上强调片段化，便于网络传播与学习。教学过程强调知识与思维的可视化与动态展示。

5. 微课的应用原则

(1)精美

文字、画面、音乐，是组成微课的三个最直观的要素。

(2)简洁

5—10分钟，但只针对一个概念，一事一议，开门见山，语言简洁明了，内容细致。

(3)具体

时间短，主题清晰，内容完整，结构流畅。有引入，有学习高潮，有结论。

(4)生动

有动听的音乐、清晰的主题、精心设计的流程和表现手段。

6. 微课应用模式

(1)可汗学院模式

其核心要素是学生课下学习，师生、生生课上讨论。

(2)TED-Ed模式

TED(technology, entertainment, design)以它组织的TED大会著称，这个会议的宗旨是“用思想的力量来改变世界”。TED-Ed计划是由TED的成员同可汗学院的萨尔曼·可汗(Salman Khan)一同提出来的。可汗学院拥有三千多个在线视频，与一个便于学习的平台相结合，可以使世界各地的数学和自然科学的老师变革课堂，他们可以让学生在家里上网看视频，用课堂上的时间来进行个性化的指导。一些相关设计如下。

快速问答。利用一些很基础的基于之前视频内容的小测试，方便学生快速掌握基本知识。

开放问题。引入情景式分析讨论，学生可以上传自己的答案供老师评判。

深度挖掘。提供进一步学习的资料与链接。

TED-Ed是一种全新的视频学习组织形式。其导航项目中给出简明扼要的介绍。主要包括：①课程标题；②视频播放区；③视频简介；④联系制作者；⑤即时练习；⑥思考题；⑦深入挖掘；⑧分享按钮；⑨个性化修订。

(3)中国微课应用模式

中国微课应用模式目前强调学生的高效学习与快乐分享，配合语文课堂教学引导学生开展学习、实践、积累与反思。

7. 微课设计原则

(1)以学生为中心的原则

微课的设计要满足学习者的需要，引导和帮助学生根据自身节奏，自定进度。

(2)保障原则

微课是一种新型的学习资源与学习方式,需要与之配合的课程体系。这个课程体系不只提供视频,还提供完整的配套资源,例如任务单、讲义资源、关联课程等。

(3)服务原则

微课的设计既要满足学习者自主学习的需要,同时还要适应互联网环境下的学习方式,有互动交流、在线笔记、在线答疑、在线评价等,为学生的学习提供服务和助力。

8. 微课的制作

(1)分析知识单元

①分析教学目标

在制作微课时,教学目标通常分为两类,一是系列课程的教学总目标,二是一次具体微课的教学目标。这里所指的是第二类。

分析教学目标时要注意以下三个方面:

一是教学目标是否简洁、明了、聚焦且外显;二是教学目标是否只有一个,且为知识目标;三是是否能够在10分钟内完成这个教学目标。

还需要提及的是,微课的教学目标要和课堂教学中的相关内容相呼应,要符合学生的学段特点和学习心理。

②建立知识单元

建立知识单元,主要是明确本次微课的知识点以及内容的细化。通常而言,虽然微课只有10分钟的时间,而且只有一个知识点,但是并不意味着内容的抽象和笼统。对知识点的细化一般应关注以下几个方面:

一是设计本课知识点的使用条件和核心内容;二是有具体的事例进行说明和示范;三是设计有针对性的检测性习题。

(2)确立序列结构

确立序列结构时,可自上而下逐步细化,从抽象到具体,形成目标树。

这里的序列结构并不单指知识结构,还指知识点之间的逻辑关系、详略设计和重难点。确立序列结构能够帮助微课的制作者有针对性、有重点、有逻辑地展示课程内容。

确立序列结构要注意以下两个方面:

一是对具体知识点进行层次梳理和逻辑把握,讲得清晰,看得明了;二是要准确把握本课知识点在语文知识与技能、语文核心素养中的位置。

(3)设计教学内容

①主题设计

即确定培养目标,设计重难点、确定是以知识还是以情感为主题、或者展示技能等等,分清主次。

②过程设计

第一，快速引入课题。限于时间限制，微课引入课题强调迅速、聚焦两个方面。迅速是快速引入本次微课的学习目标，要求逻辑清楚，话语简洁；聚焦是指将本次微课内容要素化、系统化。为了提高媒体效果，可以适当插入音频、视频或者以文字形式直接显示。

第二，讲解逻辑清晰。在微课制作过程中，讲授者按照制作脚本预设的解说词进行讲解，做到三清晰：课程内容的逻辑清晰；语言表达的准确清晰；教学目的清晰。

第三，科学设计问答。在微课制作过程中，问答可以采取三种方式，即制作者的自问自答、教师问学生答、直接用文字显示答案。在问答过程中，要做到四个注意：问题设计短小精悍，不宜过于复杂；问题设计与本次微课教学目的直接相关；问题适于口语回答；问题设计适合学生学段特点。

第四，收尾简洁明快。微课的收尾作用在于总结和强调，保证微课的聚焦性、资源性和知识逻辑体系的建构更加有效。收尾要简洁明快，通常有三种方法：一是承前法，简要总结本次微课的基本内容和逻辑，二是启后法，说明本次微课内容将会有效地使用在哪些方面，解决什么问题。三是提出希望和期待，鼓励学生学习。

第五，提供经典例题与作业。微课的作业与例题，建议以经典、指向清晰、生动有趣为特征。作业不建议太多，1—2个题目即可，在例题和作业的基础上，可提供2—3个相关链接，以拓展学生的视野，启发思维，促进思考。

③教学语言设计

教学语言设计可以根据制作者语言表达的特点和教学内容进行综合设定。基本要求是精简明确、富有感染力。

④辅助内容设计

在进行辅助内容设计时，要求提供和本次微课直接相关的视频、图文信息以及相关链接。

(4)开展课程录制

课程录制通常分为三个步骤。

①确定收看群体

有的课程是开放性的，是知识点的系统讲解，供有兴趣、有需求的观众浏览；有的课程是有针对性的，只供自己学校或者班级的学生学习。确定收看群体，会使录制平台及方法的选择更清晰、准确。

②选择录制工具

视频的制作工具有以下几种，可以根据课程内容、制作者的条件进行综合考量：

PPT+解说词+录课软件(屏幕录像大师)

绘图板+电子白板(手写板书)+解说词+录课软件

纸笔+电子白板液晶显示屏/抠图技术+摄像机

课堂实录+双机位摄像

③录制及后期剪辑

后期剪辑通常注意以下四个方面：一是时间不超过10分钟；二是有利于教学目标的实现；三是注意逻辑关系和重难点；四是有利于学生学习。

【思考与探究】

1. 现代教学媒体有哪些类型？

2. 现代教学媒体怎样才能与语文教学更好地融合？

【拓展阅读】

1. 陈盼、王湘蓉、吴盈盈、程建钢、钟秉林、黎加厚、顾俊、邹景平、姬十三：《慕课来袭 基础教育准备好了吗？理论篇》，未来教育家，2014年第2期。

2. 黎加厚：《人工智能时代的教育四大支柱——写给下一代的信》，人民教育，2018年第1期。

3. 黎加厚：《信息时代优秀教师的七个习惯》，中小学数字化教学，2017年第1期。

4. 黎加厚：《区域教育BYOD榜样：信息技术与教学的深度融合——淄博的故事》，现代教育，2016年第5期。

5. 黎加厚、王竹立：《最终改变课堂的或许是手机——关于学生自带设备进课堂的讨论》，中国信息技术教育，2015年第20期。

6. 黎加厚：《迎接"互联网+"时代的教师专业发展》，中小学信息技术教育，2015年第10期。

第八章

语文教师与专业化发展

YUWEN
JIAOSHI
YU
ZHUANYEHUA
FAZHAN

教师的角色随着时代发展、课程与教学的发展而变化，从思想道德的启发者、传播者，社会伦理的示范者，社会价值的捍卫者到近代的知识的传播者、情感态度与价值观的指导者，再到当前学生发展核心素养的设计者、促进者、引导者、评价者等等，这一系列的转变与发展，体现了教师专业化发展不同阶段的目标、要素，显示了教师专业化发展的必备品格和关键能力要求。

随着基础教育课程改革的不断深化，以教师专业化推动教育发展已经成为当前教育改革与学科发展的共同主题和趋势。其中，语文教师也需要专注于自身的专业化发展，审视自己的角色定位。

第一节 语文教师专业化发展的内涵与结构

一、语文教师专业化发展的内涵

二十世纪六十年代，联合国教科文组织与国际劳工组织在《关于教师的地位和工作建议》中提出要把教师职业当作专门职业来看待，自此以后，教师职业就和律师、医生等职业一样，成为一种专业。而关于教师专业化发展的研究最早始于美国，兴盛于二十世纪七八十年代，在我国教育研究领域成为热点是在二十世纪九十年代之后。对于语文教师而言，语文教师专业化发展和教师专业化在概念上是相通的，均有强调教师专业性的内涵指向。语文教师要成为一名专业人员，还需要不断探索学习和研究，提高自己的专业化水平。

（一）语文教师专业化发展的基本内涵

关于语文教师专业化发展的基本内涵，截至目前，学界没有一个统一的界定，研究者们从各个角度抒发己见，例如，叶澜等人认为，教师专业化发展就是指促进教师专业成长或教师内在专业结构不断更新、演进和丰富的过程；[①]朱新卓认为，教师专业化发展是教师以包括知识、技能和情意等专业素质的提高与完善为基础的专业成长与成熟的过程，是由非专

① 叶澜，白益民等. 教师角色与教师发展新探[M]. 北京：教育科学出版社，2001.

业人员转向专业人员的过程。①

关于“语文教师专业化发展”，从构词的角度有两种理解，即“语文教师专业”的发展与语文教师的“专业化发展”。前者意指语文教师职业与教师教育，尤其是师范教育形态的历史演变；后者则强调语文教师由非专业人员成为专业人员的发展过程。目前国内外对“语文教师专业化发展”的定义正体现这样两种思路和视角：一是侧重外在的、关涉制度和体系的、旨在推进教师成长与职业成熟的教育与培训发展研究；二是侧重理论的、立足教师内在专业素质结构及职业专门化规范和意识的养成与完善的研究。

综合语文教育研究者和实践者们的观点与认识，我们认为，语文教师专业化发展是指语文教师个体的专业精神、专业理论与专业实践知识、专业技能等方面的培养、提高与完善。基于此，语文教师专业化发展是一个不断学习、终身学习的过程，正如叶澜所说的那样，我们把教师专业化发展理解为教师的专业化成长或教师内在专业结构不断更新、演进和丰富的过程。

靳健也曾指出，语文教师要成为一个成熟的专业人员，需要通过不断的学习与探究历程来拓展自身的专业内涵，提升言语水平、思维水平、美感水平、教学水平、专业态度与自主意识，从而达到专业成熟的境界。②靳健从语文教育的工具性、人文性视角出发，确定了语文教师专业化发展的基本内涵。语文教师专业化发展既要立足于本学科也要放眼于整个时代的发展，在接受知识更新的同时，也要主动反思自己的专业技能、专业精神，在文化基础、语文个性化教育、语文合作教育等各方面得到实质性的提升和发展。

（二）语文教师专业化发展的过程与阶段

语文教师专业化发展主要指语文教师这个群体的专业性发展，也指语文教师从专业思想到专业知识、专业能力和专业心理品质等这些方面由不成熟到成熟的过程。

1.西方教师专业化发展过程及阶段

1980年美国《时代周刊》发表了题为《危急！ 教师不会教！》的文章，意图提高教师素质，促进教师专业发展。1986年美国卡耐基教育促进会和霍姆斯小组先后提交了《国家为21世纪准备教师》和《明天的教师》的报告，明确阐明了教师专业化的概念，主张确立教师的专业地位，建立与教师专业化相应的衡量标准，以教师专业化实现教学专业化。霍姆斯小组1995年在《明日之教育学院》中则明确倡导由大学和中小学合作，共同提高教师专业学习的质量。之后的许多研究和改革都是围绕如何使教师获得最大程度的专业化发展而展开的。例如，英国教育标准局与英国教师培训署于2002年专门颁发了入职教师标准与在职教

① 朱新卓.“教师专业发展”观批判[J].教育理论与实践，2002(8).

② 徐兴华.语文教师专业化发展的策略与途径[J].新课程学习，2014(4).

师训练标准，以提升教师专业标准，保证教师质量，并要求大学与中小学建立联系，从而把教师的专业化发展提升到一定的战略高度。发展至今的日本教师教育，不仅重视职后培训，真正将教师视为在教育实践中持续不断发展的专业人员，而且特别强调未来教师和在职教师专业能力的提升。

1969年，福勒开展了关于职前教育的系统的教师专业化发展研究，他认为教师专业化发展可分为四个阶段：

（1）任教前关注阶段

指的是师资养成时期，师范生扮演学生角色，并对自己将来的教师角色进行想象。这一时期的师范生没有教学经验，只关注自己，对上课教师持批判态度。

（2）早期生存关注阶段

指初次实际接触教学工作，关注自己作为教师的生存问题。此时他们以关注班级管理、教学内容及指导者的评价为主。在此阶段，师范生感觉压力较大。

（3）教学情景关注阶段

此阶段关注教学情景限制和挫折及学校对他们的教学要求，比较重视自己的教学，关注自己的教学表现，而不是学生的学习。

（4）关注学生阶段

此阶段的教师，已能自如地把注意力从自身转移到学生的学习需求和发展上，经过前三个阶段的发展，他们已能适应现实的教学情境和任务，因此，他们更能专注于学生的学习心理和学习成果。

同样，20世纪70年代美国学者卡茨采用访谈和问卷法研究学前在职教师的培训和发展情况，提出了相似的教师阶段发展论。（如表8-1所示）

表8-1　卡茨的教师阶段发展论

阶段	期限	特征
1.求生阶段	任教1~2年	原来对教学的设想与实际有差距，关心自己在陌生环境中能否生存
2.巩固阶段	任教2~3年	有了处理教学事件的基本经验，并开始巩固所获得的教学经验和关注个别学生
3.更新阶段	任教3~4年	对教师重复、机械的工作感到厌倦，试图寻找新的方法和技巧
4.成熟阶段	任教4~5年	习惯于教师角色，能较深入地探讨一些教育问题

费斯勒在1984年提出了动态教师生涯循环论，整体探讨教师生涯，将教师专业化发展划分为八个阶段：

①职前教育阶段

②入门阶段

③能力建立阶段

④热心和成长阶投

⑤生涯挫折阶段

⑥稳定和停滞阶段

⑦更新生涯阶段

⑧退出生涯阶段

2. 我国教师专业化发展过程及阶段

我国于1993年颁布的《中华人民共和国教师法》指出，“教师是履行教育教学职责的专业人员”，第一次从法律的角度明确了教师的专业地位。随后几年，随着《教师资格条例》的颁布，我国教师资格认定制度开始在全国范围内广泛实施。2001年，教育部在《基础教育课程改革纲要（试行）》中提出，“应制定有效、持续的师资培训计划”。在北京召开的“面向21世纪师范教育国际研讨会”进一步明确了“当前师范教育改革的核心是教师专业化问题”。2010年，《教育部关于深化基础教育课程改革进一步推进素质教育的意见》重申，“把促进教师专业发展作为重要目标和任务，加大教师培训力度，不断改进培训模式，组织开发以教学实际问题为核心、以优秀教学案例为载体的培训课程，增强教师培训的针对性和实效性”。同年7月颁布的《国家中长期教育改革和发展规划纲要（2010—2020年）》强调，要“完善培养培训体系，做好培养培训规划，优化队伍结构，提高教师专业水平和教学能力”。“要严格教师资质，提升教师素质，努力造就一支师德高尚、业务精湛、结构合理、充满活力的高素质专业化教师队伍。”

我国也有很多学者对教师专业化发展阶段开展研究，比较有代表性的是学者白益民提出的“自我更新”取向的教师专业化发展阶段理论。（如表8-2所示）

表8-2　白益民的教师专业化发展阶段论

阶段	特征
非关注阶段	教师进入正式教师教育之前的阶段，几乎没有专业化发展的意识，教师在这一阶段获得的经验是将来专业化发展的重要基础
虚拟关注阶段	师范生在师范学习阶段的发展状况，这时的师范生所接触的中小学实际带有某种虚拟性。师范生的自我发展意识比较淡漠
生存关注阶段	初任教师的阶段。他们特别关注“生存技能”，急于找到维持最基本教学的求生知识和能力，他们努力维持课堂纪律、激发学生动机、评价学生作业、与家长建立联系，同时又感到缺乏基本的教师专业知识和基本的教学能力。他们在实践中不断补充知识，并有求助于有经验的教师的需要

续表

阶段	特征
任务关注阶段	由关注自我的生存转到更多地关注教学上来。在这个阶段,教师不论是在教学技能、人际关系还是专业态度等方面都处于相对成熟稳定的状态
自我更新关注阶段	教师不再受外部评价或职业升迁的牵制,有意识地自我规划,以谋求最大程度的自我发展。更加关注课堂内部的活动及其实效,关注学生是否真的在学习,教师能够对问题予以整体、全面的关注,认识到学生是学习的主人,自身的实践知识进一步得到拓展

二、语文教师专业化发展的结构

虽然不同的学者对教师专业化发展的结构有不同的理解,但其基本内涵是清晰的,主要包括三个方面:专业知识、专业技能、专业精神。

1. 专业知识

专业知识是教师专业化发展结构中的核心内容,针对其内涵,有很多学者提出了不同的观点。(如表8-3所示)

表8-3 几种有代表性的教师专业知识分类

研究者	教师专业知识分类
伯利纳	学科内容知识;学科教学法知识;一般教学法知识
斯滕伯格	内容知识;教学法的知识(具体的、非具体的);实践的知识(外显的、缄默的)
舒尔曼	学科知识;学科教学法知识;课程知识;一般教学法知识;有关学习者及其特点的知识;关于教育脉络的知识;有关教育的目的、价值及其哲学与历史渊源的知识
格罗斯曼	学科知识;学习者和学习的知识;一般教学法知识;课程知识;情境的知识;自我的知识
申继亮	本体性知识(学科知识);条件性知识(教育学、心理学知识);一般文化知识;实践性知识
傅道春	原理知识(学科原理、一般教学法知识);案例知识(学科教学的特殊案例、个别经验);策略知识(将原理运用于案例的策略)

本书选择我国学者申继亮的知识分类来对语文教师的专业知识进行叙述。

(1)本体性知识

本体性知识,就是教师应当具备的那些学术性知识,这种类型的知识位于教师知识结构的基础层面,成为最为基本的教师素养。①对于语文教师而言,本体性知识是作为一名语

① 钟启泉.语文课程与教学论[M].杭州:浙江教育出版社,2003.

文教师胜任语文教学工作所必须具备的语文学科的专业知识,是基于文化视角,关于语言、言语规律和文学的知识。在现代语文教育语境中,本体性知识是传统基础知识和现代语文知识、静态知识与动态知识的集成,具体而言,是对语言文字、文章、文学、文化知识的系统习得与建构。

按照加涅的知识学习层级分类理论,我们还可以将教师的语文知识按照层级由低到高划分为文字知识、文章知识、文学知识和文化知识四个等级。语文课程知识则是关于语文课程方案以及语文课程标准的整体框架的认知,是语文教师区别于其他学科教师的标志。此外,语文教师还要学习和积累关于语言、思维、审美和文化的知识。

(2)条件性知识

语文条件性知识就是"如何教语文的知识",包括一般教育理论知识和语文教育理论知识。一般教育理论知识是关于学科课堂组织管理的基本原则和策略知识,例如教学准备知识、教学及辅助教学行为知识、课堂管理知识、课堂教学评价知识等等。

语文教育理论知识主要包括语文教育发展的历史脉络、关于教育教学情境的知识。语文教师必须了解语文课程的性质、语文教学的目的与任务,掌握语文教学的原则、过程与方法,以及语文教材的编制体系及内容结构、语文教学评价等方面的知识。

总体而言,语文条件性知识对本体性知识起着理论支撑的作用,也是本体性知识转化成语文实践性知识的桥梁。

(3)实践性知识

实践性知识是语文教师在教育教学活动中解决语文学科领域相关问题时所表现出来的知识,语文实践性知识是语文学科内容和语文教育理论的结合,也是本体性知识与条件性知识得以发展的基本条件。语文实践性知识既包括语文教师在教学中对现有知识的沿用、继承,也包括对相关知识策略方法的重构、处理、加工、创新等等。语文实践性知识还包括语文教师个性化的知识。语文教师在教学实际情境中对语文教学实践有个性化理解,进而形成包括教育信念、自我知识、人际知识、情境知识、策略知识和反思知识等等。

在语文教师个性化实践知识的基础上,会产生语文教学风格。语文教师面对不同的教学情境、学生不同的学习思维与特点,根据自身的专业知识水平作出有个性化特点的教学判断与反应,采取个性化特征鲜明的语文教育教学行为,从而体现出不同的教学风格。

(4)一般文化知识

一般文化知识是指语文教师在阅读、理解、鉴赏等方面的个体化经验和思考。通常,一般文化知识包括以下几个层次:第一层是一般性知识、科学知识,一般性知识是语文教师进行语文教育的基础;第二层是社会科学知识和其他科学知识;第三层是和语文教育教学相关的专业知识。

语文教师要注意传承祖国优秀文化,以开阔的视野领会不同民族的文化,以博大的胸怀领略人类文化,从而形成自己独特的思想内涵和人格魅力,建构适应教育教学的文化知识体系。

2. 专业技能

专业技能是基于专业知识逐渐形成的能力结构。关于教师专业能力结构有以下几种代表性观点。(如表8-4所示)

表8-4　几种关于教师专业能力结构的代表性观点

研究者	教师的能力结构
邵瑞珍	1. 思维条理性、逻辑性;2. 口头表达能力;3. 组织教学能力
曾庆捷	1. 信息的组织与转化能力;2. 信息的传递能力(语言表达能力、非语言表达能力);3. 运用多种教学手段的能力;4. 接受信息的能力
孟育群	1. 认识能力(思维的逻辑性、思维的创造性);2. 设计能力;3. 传播能力(语言表达能力、非语言表达能力、运用现代教育技术的能力);4. 组织能力;5. 交往能力
罗树华、李洪珍	1. 基础能力(智慧能力、表达能力、审美能力);2. 职业能力(教育能力、班级管理能力、教学能力);3. 自我完善能力;4. 自学能力(扩展能力、处理人际关系能力)

基于当前基础教育的实际需求和师范生技能核心要素,本书主要采用的是《高等师范学校学生的教师职业技能训练大纲(试行)》和《教师教育课程标准》的相关内容。我们认为,语文教师的专业技能主要表现为以下基本内容:

第一,具有理解学生的技能。主要包括观察、倾听等方法,理解学生学习和发展的需求,同时还要了解我国的教育政策法规,熟悉关于儿童权利的基本内容和维护儿童合法权益的基本途径。

第二,具有教育学生的技能。其内容主要包括以下几个方面:第一是了解语文教育基本目标、语文学科课程标准,并能够依据语文课程标准制定教学目标;第二是熟悉语文学科的教学内容和方法,能够联系学生特点、自身经验和相关课程资源设计教学活动;第三是积极建构和创设适合语文学科教育教学的情境;第四是了解课程开发的一般性知识,能够注意开发校本课程;第五是掌握语文教师所必需的语言技能、沟通合作技能。

第三,具有自我发展的能力。语文教师应该明确自身专业化发展的重点;了解自身专业化发展的基本途径和阶段,熟悉专业化发展规划的一般方法,能够分享优秀教师的成长经验;能够利用各种学习机会,积累经验。

第四,具有教学设计技能、课堂教学技能、应用多媒体教学技能、教学研究技能、组织和指导学科课外活动的技能。其中教学设计技能在前文有专章介绍,在此不赘述,其余技能的主要内容如下:

(1)语文课堂教学技能

课堂教学技能其实是语文教师综合能力的展示,主要包括教学语言能力、教学应变能力、信息化教学技术选择能力等等。

首先是教学语言能力。语文教师的教学语言能力，从功能上看，第一要具备导引功能，包括渲染、提示、导引、点拨、深化、联系、对照、组织学生活动等等；第二要具备展示功能，展示教材等教学资源的基本知识、基本框架，展示教材等课程资源的学习方法、策略以及评价等迁移的相关知识；第三要具备抒情功能，主要包括理解作品的基本情感并激活教师情感和学生情感；第四要具备质疑的功能，包括引导学生养成问题意识，学会质疑、学会思考，学会问题界定，问题的表达、分析，总结问题的本质，等等；第五要具备示范功能，教师的语言应该是规范化的语言，供学生在学习生活中借鉴、模仿。

教学语言的特点：一是科学性，语文教师的语言要准确无误，有严密的逻辑，观点清晰，要具有科学的导引功能、启发功能，符合语文学科的一般标准。二是规范性，规范性是语文教师教学的基本要求。教师必须能用普通话准确流利地进行表达，语音标准、语调正确、语法科学、音质纯正、音色优美、抑扬顿挫，显示出语言的美感、内涵和力量。三是艺术性，语文教师的教学语言要生动形象、风趣幽默，具有较强的感染力、启发性。在想象情境、推理情境、导引功能、示范功能等诸方面都能体现出语言的简练明确、灵活多样。四是交流性，语文教师要通过不断的提炼加工，使自己的教学语言具有交流性、启发性，能给学生以智慧的启迪和美感的体验。五是发展性，发展性是语文教师教学语言的基本要求。语文教师要根据学生学习心理、思维特点、不同的教育教学情境，以及时代与社会发展对语文新教学功能的赋予，调整自己语言的适应性，最终使语言适合教育教学的要求。

其次是教学应变能力，教学应变能力是多种教育教学能力的综合运用，从解释学角度来说也就是“教育机智”。这是教学艺术的核心，日本教学论专家吉本均认为教师的教育机智是连接教育理论与教育实践的“媒介”。

语文教师的教学机智是语文教育经验和教育理论相互发展的结果，它基于语文教师的人格力量。语文教师只有广泛地、认真地继承和借鉴语文教育的优秀经验，不断吸收和扬弃，并将教育教学理论融入到实践中，才能最终形成优秀的教学洞察力、应变力。学者柴田义松说过，教学工作是以教师的整个人格决一胜负的职业，其实这也就是对教学应变能力的价值说明。教学应变能力不但表现在常规语文教学活动中，也表现在语文课堂教学生成性问题和突发性情境的处理中。对教育教学中发生的其他意外事件，要综合现场客观因素采取应急措施，保证教学的正常进行。

(2)多媒体辅助教学技能

21世纪是信息化时代，充分利用先进的信息技术手段提高教育水平是语文教师必备的能力之一。一个合格的当代语文教师必须掌握相应的计算机和网络知识，能利用计算机收集教学资源，制作和展示课件，不断丰富和改进教学方式。语文教师在综合性学习中应该注重多媒体的运用，通过计算机网络摆脱当地资源的限制，带领学生遨游在科学的海洋里。

对于语文教师而言，信息技术及信息技术的选择是语文教学不可分割的组成部分，通常信息技术的选择应注意以下几个方面：

第一，要着眼于如何帮助学生积极地探索、建构和重组信息。多项研究表明，信息技术手段所呈现的信息能够激发学生主动选择、组织和整合信息的兴趣与期待，从而提高学习效果。

第二，要积极寻找能够将技术融入学习的方式。对于语文教师而言，培养学习共同体也是教育的基本目的。学生共同解决挑战性问题和建构具有创新意义的语文学科问题时，应引导学生使用信息技术工具，并且为他们提供合作学习的机会，通过信息媒体接触课堂以外的世界，使他们能与根本无法接触到的地区的相关对象进行交流。

第三，要选择为学生呈现积极榜样作用的信息技术。

第四，无论使用何种信息技术，教学技能都是至关重要的，我们不必担忧信息技术会取代语文教师。作为一名语文教师，应该能正确使用信息技术，充分指导、监控学生对新技术的使用，并且利用信息技术激发学生学习的热情。简言之，要想通过先进的媒体信息技术让学生受益，语文教师必须恰当地让学生熟悉它并能够最大程度地合理使用它。

第五，语文教师要坚持学习信息技术并且提高运用信息技术的能力。多项研究表明，信息技术在课堂上是否得到有效使用的决定性因素是教师使用技术的能力以及教师对技术的态度。多媒体手段多用于创设教学情境，能有效帮助学生体会文本情感、理解教学内容和拓宽视野。

(3)语文教学研究技能

①语文教师教学研究的内容

语文教师的教学研究内容伴随着语文教师专业化成长而发生变化，一般的脉络是研究教材——研究学生——研究教学方法——研究课程。

研究教材。这里的教材是一个通识性概念，并不单指语文教科书，还兼指作为教学出现的文本。广义的教材研究，不单要研究教材本身，还要研究它的转化，也就是教材有哪些内容可以作为教学内容出现。

研究学生。主要研究学生身心发展的一般规律和影响因素，熟悉学生的年龄段特征和个体发展的差异性，还要了解学生的认知发展能力，了解影响学生学习方式选择的因素，熟悉学生建构知识、获得技能的一般过程，了解学生品德和行为习惯形成的过程等等。研究中还要关注学生生理特点、学习与心理特点同语文教学的关系。

研究教学方法。要研究教学方法的历史发展脉络，不同时期教学方法的一般特征、本质和基本要求，还要了解教学方法和教学理论之间的关系，最终使教学方法具有一定的程序性、可操作性，避免模式化。语文教师要认识到，研究教学方法不是将其作为简单的技术去研究，而是把它作为教育理论与实践的途径。

研究课程。要研究课程发展的一般脉络，课程在每次课程改革中的改革发展内容，要了解当前最新语文课程的一般结构和特点、要求，还要注意当前语文课程的一般目标。简而言之，课程的一般性质、特征、核心要素、目标，课程对教学的一般要求等都在研究之内。语文课程研究是具有一般意义和普遍意义的理性研究和探索，要注意与之前的教材研究、学生研究、教学方法研究结为一体，将其系统化，使其有序发展。

②语文教学研究的一般步骤

教学研究通常包括以下四个步骤：

第一步，问题概念化。这是语文教师要确定所研究问题的核心要素，要提出研究假设，要明确所研究问题的具体价值，尤其要明确其在具体语文教学实践过程中的作用。

第二步，搜集数据和信息。研究者要确定研究计划，并且在研究计划开始前和结束后，充分利用对学生语文成绩的评定，以及诊断性评价、过程性评价、终结性评价等手段搜集相关的信息和数据，结合数据验证、分析第一步所提出的问题及假设。

第三步，得出结论。结论要观点明确。

第四步，修正研究结论。语文教师要在教育教学过程中、在语文教学研究的理论中验证所得出的结论，尤其是其可行性、科学性，并最终进行修正。

③语文教学研究方法

语文教学研究方法包括以下几类：

一是调查法。调查的基本方法有书面材料分析、开调查会、访问、问卷等。

二是行动研究法。即语文教师基于解决教学实际问题的需要，与专业研究人员合作，对问题进行研究的方法。

三是实验法，这是一个严格控制的过程，语文教师要对可能影响研究行为的一个或多个因素进行操纵，并且保持其他因素不变，进而确定可操纵可变化的实验因素的作用、价值及内涵。实验法是确立因果关系的真实可靠的办法，包括自变量和因变量，自变量是可控的、有影响的实验因素；因变量是实验中可测量的因素，当自变量受到操纵时，因变量就会随之而改变，因变量的值取决于自变量的变化。

④如何成为一名成就卓著的研究型教师

第一，要在课堂教学中注意观察，注意研究学生的学习情况、心理特点。

第二，选修一门关于教育研究方法的课程，以增进对研究过程的理解。

第三，利用图书馆或网络资源了解更多教师作为研究者所需要的技巧。

第四，形成研究共同体，进行合作研究，提升解决问题的效率，相互促进。

(4)组织、指导学科课外活动的技能

首先，语文课外活动开展的方式应该是多元的。例如组织竞赛，开发潜能。通过比赛实现激励的作用，启发、调动学生课外活动的积极性，激发其潜力，提升综合素养。

其次，要利用网络平台开展语文专题活动。语文教师可以利用网络平台的特点开展专题活动，使学生科学利用网络，并且从中吸取营养，丰富自己的视域、认识与见解。同时，注意交流、共享信息化成果。

第三，开展课外阅读活动。教师要注意引导学生进行课外阅读，关注古今中外的经典诗歌、散文、小说、剧本等，促使学生在感受形象、品味语言、体验情感的过程中，提高文学欣赏能力，提升审美鉴赏能力和表达交流能力。具体有以下几个方面：

一是要引导学生总结前人阅读经验，形成自己阅读的方法和技巧。

二是要在指定范围内帮助学生选择阅读文本。

三是要指导学生利用书中的目录、序跋、注释等检索作者信息、作品背景、相关评价材料，深入研读作家作品。

四是引导学生联系个人经验，深入理解作品，享受读书的愉悦，以丰富自己的精神世界，形成正确的人生观、世界观和价值观。

3. 专业精神

夸美纽斯说教师是“太阳底下最崇高的职业”，作为语文教师，不仅要拥有扎实的专业知识和过硬的教学技能，还应拥有高尚的职业道德和正确的价值信仰。

语文教师的专业精神，包括教育信念和责任两个方面，具体有以下内容：

(1)具有正确的学生观和相应的行为

首先要理解所在学段在学生人生发展中的重要地位和作用；其次要尊重学生的学习和发展权利，保护学生的自主性、独立性；最后，要尊重学生的个体差异，相信学生的发展潜能，乐于为学生创造发展的条件和机会。

(2)具有正确的教师观和相应的行为

首先，要理解教师是学生学习的促进者，要创造条件帮助学生自主发展；其次要注意了解教师的职业特点和专业要求，提升自身的科学文化素养，还要养成终身学习的习惯；最后，要了解教师的权利和责任，遵守教师职业道德。

(3)具有正确的教育观和相应的行为

首先，理解教育对学生成长发展和社会进步的重要意义，相信教育充满了创造的乐趣，愿意为教育事业奉献精神力量和专业技能，为人师表，敬业奉献；其次是了解教育的现状和发展趋势，充分理解素质教育理论，并参与教学改革；最后，要有正确的教育质量观，能对教育现象进行专业的思考和判断。

三、语文教师专业化发展的系统训练

1971年英国的詹姆斯·波特提出了教师教育应分为三个阶段，即职前教育阶段、准备教育阶段和在职教育阶段。2011年10月，教育部颁行的《教师教育课程标准(试行)》提出教师教育分为两个阶段，即职前教育阶段和在职教育阶段。联合国教科文组织在《1998年世界教育报告——教师和变革世界中的教学工作》中强调中小学教师的在职培训，应当以教师从事的教学活动为主要内容，以课程教学的实际为基础，切实帮助教师在理论和实践两个方面得到提高。

以终身教育理念为出发点，积极推进教师教育两个阶段一体化的进程，要求既要为不同学习基础、学习目标的受训者提供个性化的职业技能训练，又要在培养目标、训练内容以及时间等方面做一体化的系统设计。

1.语文教师专业化发展目标一体化

语文教师专业化发展培训要经历职前培养、职后培训两个阶段。两个阶段的目标既有一致性，又有差异性。

职前教育阶段以掌握语文理论知识和教学技能为主。除此之外，还要掌握教育学、心理学的基本理论知识以及基本实践技能，即“三字一话”技能、信息技术实践技能、班级管理能力、心理健康教育能力等，为从事教师职业奠定基础。同时，通过微格教学、教育实习进一步熟悉教育教学、管理工作的基本常规，积累实践知识与经验。

职后教育阶段是指在职语文教师继续接受各种形式的培训和实践，旨在更新语文教育教学理念，完善专业知识结构，提高教学和研究能力，通过对教育教学的不断反思与总结，促进教育教学个性化发展。

教师专业发展培训目标一体化，就是要打破各阶段互相独立、互不联系的局面，从教师终身发展、专业发展的角度，统一规划、系统设计。同时，充分利用各种相关教育资源和途径，采用多元的学习方式，尤其要建立学习共同体，自主学习、共同学习相结合，使语文教师知识、技能、技术、能力等智力因素发展与态度、情感、意志、兴趣等非智力因素发展有机地结合起来。

2.语文教师理论学习与实践一体化

理论学习与实践一体化设计旨在从专业知识与技能方面提供既有阶段性而又连贯的学习课程，以促进教师专业化发展。

在职前教育阶段，一方面进行系统性的语文教育理论课程学习，同时，根据从事中小学教学的实际需要，开展系列实践类课程，如微格教学、教育见习、教育研习、案例学习、教学竞赛等。

在职后教育阶段，通过观摩学习、传帮带活动、交流合作等形式，共享优秀教师的经验，促进教师的个性化发展。必须打破各自为政的局面，建立高校、教师进修学校、中小学沟通、协调与合作机制，加强了解、密切配合、适当分工、各有侧重，以提高教师专业化发展培训的效率和效益。

3.语文教师专业化发展培训目标与课程体系一体化

教师专业化发展培训目标与教师教育课程体系应该一体化设计，二者具有连贯性，前者是后者的基础。

首先,教师技能训练的总目标可以分解为具体目标,显示在不同阶段教师专业能力养成的课程之中。不同的阶段有不同的要求和侧重点,基本可以划分为专业知识、专业能力和专业情意等方面。

其次,将具体目标再分解为若干个子目标,若干子目标自成体系,以应对具体的模块课程。

最后,开展各模块课程的训练。一方面注意各模块课程的关联性,另一方面注意突显课程的核心技能要素。课程设置一体化既强调课程设置的科学性,又强调一体化,即一方面强调课程设置自身的科学意义,注重系统性和要素化,另一方面又要强调课程之间的连贯性。

四、语文教师专业化发展的影响因素

1. 自身因素

教师的自我效能感及自我发展意识尤为重要,这是教育哲学的起点,是影响教师专业化发展的首要问题。能否成为优秀的教师,其根本原因在于教师自身的认知与努力程度。

2. 实践因素

教师专业化发展进程中更强调反思、创新和科学研究。在反思层面,语文教师的反思并不只是对教育教学行为的思考和判断,而是讲求层次性和发展性,分别是对教育教学行为的描述性反思、对比性反思和审辨性反思。这些反思范型是有层次的,也制约着教师的专业化发展水平。在创新层面,更强调承前启后,即在前人经验基础上的进一步发展和完善,不等同于创造,这制约着教师的专业化发展。

3. 情境因素

情境因素也称作生态因素,按布朗芬布伦纳的观点,可分为微观系统、中观系统、宏观系统、外部系统和时序系统。从微观系统看,影响教师专业化发展的并不只是教师自身,还有学校、学生、学生家长、媒体、社区、地域等因素,它们共同影响着教师发展进程;从宏观系统看,学科专业发展情况、理论发展因素等也产生着作用;从外部系统看,社会文化环境以及教育行政部门的要求与规范都是影响因素;从时序系统看,时代发展,尤其是信息技术手段的发展也对教师专业化发展产生作用。以上情境因素既相互独立,又融合发生作用,是不可忽视的。

综上所述,教师专业化发展其实受多种因素的影响,在不同的发展阶段,不同的因素发挥着不同的作用。总体而言,自身因素决定着发展的动机水平,是先决条件;实践因素是对学习过的课程理论的检验和调整,是保障条件;情境因素是对专业化发展平台的拓展和系统化,是优化条件。对于处在不同发展阶段的教师而言,它们综合发挥着作用,并各有侧重。

第二节 语文教师专业化发展的挑战与困境

语文课程改革已经进入深水区,这为语文教师专业化发展提供了契机,同时也提出了新的要求和挑战:一要改变教育观和教师观;二要变革教学观和教学理念;三要勇于教学实践。语文教师专业化发展不再仅仅是知识的发展,更是教学理念的发展、教学生态的发展和行为的变革。

一、语文教师的多重角色

语文教师是语文教育教学中的重要因素,区培民指出,“语文教师角色,就是指语文教师在特定的社会关系中的身份,以及由此而规定的行为规范和行为模式的总和”[①]。语文教师是知识的传授者,但并不只以基本知识和技能为内容,还包括基于语文核心素养而形成的言语经验、学习心理、思维特征等等。

语文教师还是参与者,这主要体现了教育教学的平等性。后现代课程观代表人物多尔强调教师是“平等中的首席”就是这个道理。教师给学生以学习的权利和平台,但同时要适时引导和启发,既不简单以“权威”身份教学,又不脱离教学,置身“学”外。面对不同的课程和不同的学习情境、不同的学生群体,教师应显示不同的角色定位。例如,在课堂教学中,语文教师的职责之一是“认知”教学,当认知难度达到学生学习心理基线的时候,教师成为学生学习的建议者和评价者;当认知难度处于学习最近发展区的时候,教师成为学生学习的启发者、参与者,为学生提供必要的脚手架;而在学生学习“认知示范”“建构示范”的时候,教师则是学生学习的传授者和指导者。再例如,语文素养中最为核心的部分是“语言的建构与运用”,即引导学生学习、理解由语文实践而获得的言语经验。语文教师需要精心组

① 区培民.语文课程与教学论[M].杭州:浙江教育出版社,2003.

织和有效引导与推动学生的语文实践活动，并适时提供语文实践所必需的知识，使得学校语文实践区别于生活语文实践，具有比后者更高的效率，才符合语文教师角色的要求。

二、语文教师专业化发展的困境

实践教育哲学认为，一切真实的教育都直接或间接发生于实践场域中，都是经由实践、为了实践、属于实践的，教师个体成长的复杂多变和不可预测性客观上是因为教师处于一个由诸多复杂性实践所组成的复杂性网络中。基于此，我们要梳理语文教师专业化发展中的困境，使教师个体成长为能够既适应和改造学科教学又具有独特个性的人。

（一）低效的语文教师培训

当前语文教师的培训内容主要囿于宏观性、抽象性的教育理论、学科专业知识，具体课程的设置受培训机构自身资源及授课教师的基本能力的局限，与中小学语文教师实践需求、能力成长需要存在较大差异，很难满足中小学一线语文教师的需求。因此，语文教师需要提升以下基本能力：思考与学习的能力；文化交流与表达的能力；理解生活的能力；多模态识读的能力；ICT相关能力；创新能力；参与并开展持续性学习的能力。而当前语文教师培训的方式主要是将应试教育下的课堂模式复制到语文教师培训中，没有完成上述语文教师培训的基本需求。另外，在集中性培训结束以后，培训者很少通过持续性地参与指导教学实践来确保语文教师能将在培训中接受的观念、知识和技能落实到日常的语文教学活动中去。长期以来，各高校与各级教育学院、教师教育学校被认为是应然的培训者，然而，从教师培训的实际来看，有的培训者自身并没有具备良好的专业条件。

（二）语文教师的职业倦怠

随着专业化能力的提升、实践工作的具体开展和职业生涯发展阶段的不断循环和发展，语文教师容易出现职业倦怠。

首先是思想上的倦怠。语文教师专业情意的停滞发展，主要表现为教学理念、教学理想等方面开始出现停滞不前的状态。教育缺乏自觉，教学处于混沌状态，对问题缺乏解释和分析，教学也因此缺少灵魂，产生游离和偏移。

其次是学术上的倦怠。学术上的倦怠是指出现了以知识教学为主要过程、以传播知识为主要方式、以知识教学为主要中介的单一学术形式。学术倦怠还可以理解为教学模式的停滞，即停留在简单教学经验层面，教学个性不彰显，学科教学内在逻辑、相应教学法不鲜明，教学模式单一，风格并不彰显。

最后是行动方式上的倦怠。比如说，语文教师还停留在以发掘知识为主而不是以教学理解为主，以教育技术的熟练为主而不是以教学智慧的生成为主，以教学理论的实践为主而不是以教学生活的理解和生成为主的阶段。

简而言之，职业倦怠期的语文教师不能够对自己的发展作出明确规划，不能够进行基于自主意识的教育教学方面的知识理解和重组建构，不能开展非功利性的教育教学，不能按学生的学习心理开展个性化的教育教学，不能开展明确的教育教学研究，缺乏对自身专业化成长的反思，也因此缺乏有个性的实践，这都是我们需要警醒的。

（三）语文教师专业化发展培训难以取得实效

多年来，各级政府行政部门开展了各种类型层次的教师专业化发展培训项目、人才工程，例如中小学语文教师的三沟通培训、学历进修、寒暑假的继续教育、基础教育课程改革培训、名师培训、骨干教师培训、“百千万工程”“名师名校长工程”“人民教育家工程”等。从通识培训到学科专项培训，形式多样，无疑推动了语文教师的专业化发展，但是，语文教师教育教学的实质并没有得到改变，语文教师专业化发展培训仍处于高原期，缺乏根本性、实质性的突破与变革，例如对语文教师专业化发展培训的逻辑起点、培训主线、培训过程、培训平台、培训中介变量等都缺乏系统性的思考和实践。

尤其要指出的是，我们的培训仍是单一层面的培训，缺少对来源于问题、升华于实践、指向于生活的立体培训体系的建构。对于教师个体而言，教育理解能力、教育智慧、教育现象解读、教育经验反思、教育思想达成等各方面也缺乏相关的培训和引领，这是我们必须要正视的问题。

（四）语文教师专业化发展评价制度薄弱

语文教师专业化发展评价的主体目前为培训方，即培训的组织者，也即政府或者学校。评价主体的单一使被培训者即语文教师无法参与评价，也无法评价他人，这使评价制度缺乏科学性，缺乏应有的价值和意义。目前对语文教师专业化发展的评价更多地着眼于终结性评价，例如研究论文、研究课题、公开课数量、班级学生语文成绩等等，或者着眼于教师个体的工作表现，将量化的终结性评价与语文教师个体的表现、态度结合在一起，作为奖惩性的教师评价。这种所谓的优胜劣汰、奖优罚劣、奖勤罚懒的评价制度是存在问题的，应将终结性评价、过程性评价与诊断性评价相结合，不能只停留于单一的评价方式。

第三节

适应课程与教学变革的语文教师专业化发展途径与策略

一、校本培训

校本培训是校本教师培训的简称，是有效实现教师专业化发展的培训活动之一。对于校本培训，学术界对其定义有着不同的看法，按照欧洲教师教育协会的有关界定，校本培训是指源于学校发展的需要，由学校发起和规划的，旨在满足学校每个教师的工作需要的校内培训活动。[①]这个界定强调的是以学校为培训主体，以满足教师个体发展需求为目标。还有一种界定是指学校根据自己的发展规划，对学校教师的现状与潜力进行系统评估的基础上，充分利用校内外的各种资源，通过自行规划设计或与专业研究机构、研究人员合作等方式开展的旨在满足学校需要和教师需求的培训活动。[②]这种界定主要是注重学校以及教师自身潜力的挖掘，强调校内外资源的充分利用。从这个意义上来说，学校、教师都在校本培训中受益，这种模式是一种规划性、预设性、系统性、时效性比较强的培训方式。

校本培训于20世纪70年代在英国和美国产生，两个国家的教师培训工作是将中小学教师集中起来由高校或教师培训机构进行培训。这种培训导致教育理论与教育实践脱节，学校及教师缺失主体性和发展性，培训效果并不理想。后期，各国开始重视中小学校在教师在职培训及教师专业化发展过程中的作用，逐渐形成了以中小学校为中心的教师在职培训模式，将教师教育理论水平与教学实践技能相结合，提高教师解决问题的能力。

20世纪80年代中期以后，各国教师专业化运动不断发展，欧美等国开始开展大规模的教师校本培训计划。这一时期，校本培训与学校课程、教学改革思想以及教师专业化的内涵紧密结合在一起，以学校为中心，要求教师积极参与并在此过程中同步发展。需要着重指出的是，教师在学校改革、教学中的作用以及中小学校在培训过程中的作用都得到了确认。教师专业化运动的进程更使教育界认识到中小学校在教师专业化发展过程中的重要地位，教师专业化改革要注重教学专业化的内涵发展，教师的专业能力主要是在教学实践中逐步形成和发展的。这一时期，以学校为中心的教师专业化发展计划适应了教师专业化的需要，受到普遍的欢迎与关注。80—90年代，这一计划还被推广到了非洲、拉丁美洲等国家。

---

① 郑金州．走向“校本”[J]．教育理论与实践，2000(6)：13.

② 张国胜．校本培训——教师继续教育模式的创新[J]．教育探索，2001(11)：51.

我国教师校本培训起步于20世纪90年代后期，随着校本培训的成效显现，人们逐步认识到中小学校不仅是教育的场所，更是教师专业化发展的基地。2003年，教育部颁布《建立以校为本的教学研究制度》的文件，明确规定：学校应建立以校为本的教学研究制度，鼓励教师针对教学事件中的问题展开教学研究，重视不同学科教师的交流与研讨，建设有利于引导教师创造性实施课程的环境，使课程的实施过程成为教师专业化成长的过程。学校应与教研部门、高等院校等建立联系，形成有力推动课程发展的咨询、指导和教师进修网络。

二、语文教师的教育行动研究

语文教师在专业化成长和发展过程中，应该逐步具有独特的理论追求和建树，参与教育行动研究，这既是专业化发展对教师学习品质的要求，也是教师寻求专业突破的重要路径。

（一）教育行动研究的界定

行动研究是指实践者为提高行动效果而进行的系统性研究，主要强调了三个方面：一是柯立尔强调行动者用科学的方法对自己的行动所进行的研究；二是斯腾豪斯提出的行动者为解决自己实践中的问题而进行的研究；三是凯米斯提出的行动者对自己的实践进行批判性思考。

（二）教育行动研究的基本价值

教育行动研究的基本价值主要有以下三点：

1. 重申教学基本主张

教育行动研究力图将缄默知识明确化、理论化，将实践知识外显化、公开化，是在教学体验和生命体验的回溯中不断诠释、循环，对教师个体关于语文教学的若干观点进行基于实践的梳理整合、概括提升，进而逐步形成独特鲜明的教育理念。

2. 建构教学模式

通过教育行动研究不断检验、更新教学主张，升华提炼自己丰富的教学经验，形成彰显教学个性的教学模式，即舍去复杂的教学过程中的一些具体、次要、非本质的东西，而抽象出主要的、本质的东西，以简约的方式反映教学过程，最终形成具有教学个性的教学模式。

3. 发展教学学术

教育行动研究是以教学思想为主线，以建构、整合知识为过程，以传播和应用知识为主要方式的学术研究活动，对自己教和学的问题进行系统的研究。教育行动研究源于教学问题，升华于实践，回归于生活。

（三）教育行动研究的基本方向

首先，从发觉教育知识到达成教育理解。这是语文教师在行动研究中的研究基点和重点。

其次，从基本的教学技术到生成性的教育智慧。教育行动研究是教育理论、教学设计和现实课堂教学不断磨合生成的过程，是教师在科学性、艺术性层面对教学操作性、有效性的追求和开掘，也是教师主体、教育观念、教育信仰、教育思维在质疑和澄清中不断确认，在反思中不断优化的过程，直接表现为语文教师教育智慧在教育行为事件中的唤醒和爆发。

最后，从理解教育理论到构成教育生活。行动研究的结果和效益是息息相关的，语文教师在行动研究中自始至终都有其自我的信念和追求，常规性教育教学于行动研究而言，不仅仅是观察和记录写作的过程，更重要的是，它是一种具有教育意义的行为，在教育实践中寻找教育生活的来龙去脉。

（四）语文教师参与教育行动研究的基本模式

第一种模式：语文教师提供资料供校外人员开展研究。

第二种模式：语文教师与校外人员合作，由校外研究人员执行，语文教师较少地参与决定。

第三种模式：语文教师完全参与行动研究，这是一种本位模式。

（五）语文教师参与教育行动研究的基本步骤

语文教师参与教育行动研究的基本步骤如下：

1. 确定所要研究的问题；

2. 分析所要研究的问题；

3. 制定研究计划（例如：明确主题、寻找文献、确定目标方法、确定研究总体和具体方案、进行方案的调整和修改）；

4. 开展行动（即干预研究对象，施加自变量的影响）；

5. 反思和修正（主要是整理、描述和解释）；

6. 在实践中进一步检验。

(六)语文教师教育行动研究的成果表达方式

语文教师教育行动研究的成果表达方式主要有以下四种：

1.研究日志：明确特定时间，明确计划并进行观察，确定必要的信息，明确研究的启示并开展原因解析。

2.教育叙事：要求每次只有一个主题，要求夹叙夹议。

3.案例分析：教育案例要真实不能虚假，同时要指向明确，具有典型性、时代性。

4.教学实录：要有教学过程的基本叙述、重难点概述和总评。

(七)语文教师教育行动研究的方式

语文教师行动研究的行动方式有以下三个方面：

1.通过教育叙事表达开展教育现象解读；

2.通过碎片化信息进行系统化经验反思；

3.通过个性化思考使问题要素化，最终形成思想。

三、发展性语文教师评价

随着我国基础教育改革的深入，发展性评价已经成为促进语文教师专业化成长的一种重要手段，同时这也是提高语文教育质量的一种有效措施。语文教师的发展性评价可以从其目标、内容、主体和方法四个方面来审视。

(一)评价目标的发展性

发展性教师评价是一个互动的过程，更是一个变化的过程，传统教师评价是以教师过去和当前的表现作为奖惩依据，强调的是学校组织目标的实现；发展性教师评价并不仅仅关注教师当前的表现，更注重教师长期的发展。这是一种立足现在、兼顾过去、指向未来的动态评价。

发展性教师评价通过了解参训语文教师的工作状态和表现，根据现有的基础和发展目标对其进行有效的指导并提供培训的条件、目标和内容，从而提升语文教师专业发展能力，促进学校的发展，使教师个人的专业化发展与学校发展相融合。这里需要强调的是，发展性教师评价强调形成性功能，通过民主、高质量的评价指明教师发展的方向，使教师从评估中获得鼓励、思考和智慧，进而获得不断发展的动力和助力。

（二）评价内容的全面性

发展性教师评价强调评价内容的全面性，建议使用多种方法收集评价信息，对语文教师工作的各个方面进行调查，作出整体、客观的评价。不仅对教师工作的某一方面进行单项评价，也包括对教师整体素质和表现进行评价；不仅对教师教学任务和教师职责的履行情况进行评价，也对语文教师的发展规划进行评价；不仅指向语文教师的专业能力，还指向语文教师的综合素质和发展；不仅指向教育知识，更指向教育理解；不仅指向教育技术，更指向教育智慧；不仅指向教育理论，更强调教育生活。

（三）评价主体的多元化

传统的教师评价是管理与控制教师的一种手段，发展性教师评价则强调教师的个体化作用，强调评价的民主化，评价者和被评价者都是评价的主体，他们以信任、合作为基础，评价中重视教师个体的存在，强调独立意识，强调自我评价的作用，更强调评价在各种信息中的交流与反馈，注重领导、教师、学生各个要素之间的沟通。鼓励教师、学生、学校各部门、学校相关人员积极参与教师评价工作。

这里的多元不仅指参与人员的多元，更强调评价的交互作用，强调共同促进和提高，强调每一个参评的主体的角色实现其应有的作用，提高评价的层次和质量。同时通过增强评价主体间的互动，使评价由单一渠道的评价变为相互促进、共同发展的评价。这里需要强调的是，要把被评教师放在首位，使被评价者在评价中获得提升和发展，参与评价者也在评价过程中有所收获和提高。

（四）评价方法的多样化

从方法上看，要将定量分析与定性分析相结合。发展性教师评价比较重视质性的评价方法，强调通过评价比较客观准确地反映教师专业化发展的真实性、科学性和有效性。因而，就具体的方法而言，采用定性分析、定量分析、访谈、观察、研讨等形式考评教师的工作表现，更能体现出对教师的全面评价。具体操作过程中，还强调被评价者的自我评价、同行评价及领导评价等多种方法的综合运用，最终达到促进教师专业化发展的目的。

四、语文教师学习共同体的建构与发展

共同体作为一个学术概念，是1857年德国社会学家费迪南德·腾尼斯在《共同体与社会》一书所提出的。博耶尔在1995年《基础学校：学习的共同体》中首次将“学习共同体”作为教育学概念来使用，他认为有效的学校教育，首要的且最重要的要素是在学校建立真正

意义上的学习共同体。学习共同体就是学习者在共同目标的引领下，在同伴支持和知识共享的基础上，通过对话、分享、协商、反思等实践活动，以达到有意义的学习为目的，以促进个体发展为旨归，以追求共同事业为目标的一种特殊的组织形式。1997年，霍德首次明确提出“教师专业学习共同体”（Professional Learning Communities，简称PLC）这一概念，指出“教师专业学习共同体”是教师之间情感交流与智慧共享的媒介。

基于此，建立良好的语文教师学习共同体有赖于语文教师之间真诚、有效的沟通和交流。

（一）确立语文教师学习共同体的愿景

在语文教师之间建立共同的愿景，是学习共同体确立的基础。语文教师学习共同体愿景的形成绝不是一蹴而就的，也不是学校或者行政机构直接规定的。布莱恩·史密斯提出在共同体中建构愿景的五种预案：①宣布；②说服；③实验；④咨询；⑤共同创造。个人愿景的力量来自对愿景的关切程度，基于此，语文教师共同体愿景的确立就是为加强归属感，使语文教师具有集体荣誉感和使命感，具有发展的意识。只有确立了共同的愿景，学习共同体才真实有效存在。

（二）明确语文教师学习共同体发展的目标

明确语文教师学习共同体发展的目标，可以使语文教师更清晰地了解自身的发展程度、发展方向、发展条件和发展目标。其中，目标是语文教师学习共同体发展的保障。语文教师学习共同体目标的确立应循序渐进，要有详细的过程和阶段性的预设，在难易程度上，应该具备一定的挑战性，进而使完成目标的语文教师具有成就感。此外，共同体发展的目标应该是具体的，是语文教师熟悉了解的，在教育实践中能够参照使用的，能对教学起到改善和促进作用的，同时要求在单位时间内对目标完成的情况做比较及时的评价、反馈、总结和反思。

（三）建立语文教师交流机制

首先要关注语文教师之间的交流共享意识，打破语文教师“各自为政”“个体发展”的局面。交流沟通的内容包括情感上的沟通、教学经验的分享和教学问题的探讨等。通过对话和讨论，语文教师相互交流教学经验，取长补短。基于此，语文教师间的交流机制成为可以参照使用的有效资源和助力，它分为以下几种形式。①反思对话。反思对话即通过与其他语文教师研讨交流的方式来进行反思。可以是交流教学经验，也可以从不同的角度分析教学中的重点和难点，还可以分析讨论如何解决教育教学中普遍存在的问题。②教学伙伴。

即指语文教师为了完成教学目标而建立起的互教互学的组织结构，表现为集体协作。③博客群和微信群。即基于网络的虚拟环境，利用博客、微课等构成具有共同学习任务的学习团体。在博客和微信群中，语文教师之间可经常进行沟通、交流，分享各种有代表性、有典型意义的学习资源，共同完成一定的学习任务。④小课题研究。语文教师参加小课题研究，并组建学习共同体，通过小课题研究实现组内成员的有效合作交流共享，形成有效连接，通过科研进而提升现象解读能力、经验反思能力和思想生成能力，进而提升教学水平，生成教育智慧。⑤读书会。是指语文教师群体针对同一客观材料，学习、讨论和分享的学习型组织。它通过阅读、写作、小组讨论来促进语文教师间的经验交流和学习，能有效提升语文教师的教学能力和水平。

【思考与探究】

1. 简述语文教师专业化发展的内涵与特点。

2. 简述当前我国语文教师专业化发展面临的挑战与困境。

【拓展阅读】

1. 叶澜、白益民等:《教师角色与教师发展新探》，教育科学出版社，2001年版。

2.[加拿大]马克斯·范梅南著，李树英译:《教学机智——教育智慧的意蕴》，教育科学出版社，2001年版。

3. 区培民:《语文课程与教学论》，浙江教育出版社，2003年版。